认认真真讲历史

天涯社区人气佳作

晚唐余晖

全二卷 卷一

孙峰 孙艺真·著

中国文史出版社

图书在版编目（CIP）数据

晚唐余晖. 第一卷 / 孙峰, 孙艺真著. -- 北京：中国文史出版社, 2018.6
（认认真真讲历史）
ISBN 978-7-5205-0287-0

Ⅰ. ①晚… Ⅱ. ①孙… ②孙… Ⅲ. ①中国历史－唐代－通俗读物 Ⅳ. ①K240.9

中国版本图书馆CIP数据核字(2018)第108257号

责任编辑： 刘 夏
封面设计： 陈欣欣

出版发行：中国文史出版社
网　　址：www.wenshipress.com
社　　址：北京市西城区太平桥大街 23 号　邮编：100811
电　　话：010-66173572 66168268 66192736（发行部）
传　　真：010-66192703
印　　装：北京温林源印刷有限公司
经　　销：全国新华书店
开　　本：1/16
印　　张：16.25　字　数：273 千字
版　　次：2018 年 10 月北京第 1 版
印　　次：2018 年 10 月第 1 次印刷
定　　价：42.00 元

目 录

六四九　讨伐党项

大中四年（公元 850 年）的唐宣宗的心情应该是非常好的。

经过三年多的经营，唐宣宗采取“逢武必反”的策略，大力推崇元和中兴，否定穆宗以下四帝，清除武宗及其重臣的影响，起用元和旧臣子弟和牛党人物，形成了听命于自己的朝臣班子，逐步稳定了朝局；在对外关系上，唐宣宗利用武宗和李德裕打下的基础，趁着吐蕃论恐热与尚婢婢之间的激烈斗争，夺取了空虚的河湟之地，赢得了极大的个人声望。到大中三年年底，唐朝群臣就一致请求唐宣宗再加尊号，唐宣宗虽然没有答应，但到大中四年一月一日，心情很好的他还是下令大赦天下，这已经是他即位后第三次大赦了。

想当初，唐宣宗以庶子加皇叔的身份继承大统，原本就名不正言不顺，即位之后，他很快就将武宗朝的名臣李德裕及其一党李让夷、李回、郑肃等人清除干净，相继起用了在武宗朝受到排挤的白敏中（会昌六年五月命）、卢商（会昌六年九月命、次年三月出为武昌节度使）、崔元式（大中元年三月命、二年五月罢为户部尚书）、韦琮（大中元年三月命、二年十一月罢为太子宾客、分司）、马植（大中二年五月命）、周墀（大中二年五月命、三年四月出为检校右仆射、东川节度使）、崔铉（大中三年四月命）、魏扶（大中三年四月命）以及牛党人物。到大中四年，朝中重臣主要有：首相白敏中；中书侍郎同平章事崔铉、马植；魏扶。在过去的三年里，唐宣宗短暂任命卢商、崔元式、韦琮、周墀为宰相，但四人很快就被宣宗罢相了，个中原因大约没有很好地贯彻宣宗“逢武必反”的意图，只有白敏中紧跟宣宗的脚步，因而一直稳坐首相之位。

到大中四年，朝中政局又发生了微妙的变化：经过前三年的打压，武宗一朝得势的李德裕一党已经被清除干净，已对宣宗构不成威胁，而如今最让宣宗感到不安的恰恰是当初把自己扶上皇位的左军中尉马元贽了。

宣宗即位之初，对马元贽非常宠信，“恩遇冠诸宦官”。马植素来就与马元贽是好友，等拜相之后，又与马元贽叙了家谱。宣宗曾经赏赐给马元贽一条上下贯通的犀牛角腰带，马元贽转赠给了马植。大中四年四月一日，马植上朝时，佩带了这条腰带，宣宗素来以苛察为明，一眼就认出了这条腰带，就质问马植是从哪里得来的，马植顿时吓得面如土色，只好说出实情。次日，宣宗就下诏将其罢相，改任为天平（今山东省东平县）节度使。等马植离京之后，宣宗又下令逮捕马植的亲信下属董侔，交由御史台进行审理，完全掌握了马植与马元贽交往的全部细节，宣宗又下诏将马植再贬为常州刺史。在马植贬官之前，还发生了一件事，可能与这次贬官有一定关系。据《唐会要》《东观奏记》记载，自从大中二年令狐绹被唐宣宗召回京师后，平步青云，同年就晋升为知制诰，又升为翰林学士，次年，就拜为中书舍人，不久又拜为御史中丞，可谓是唐宣宗身边的红人。一次，令狐绹的下属、侍御史冯缄下朝，途中遇见集贤校理杨收，杨收没有避让，冯缄命人将杨收的侍从拉回御史台痛打了一顿。这让集贤殿大学士马植很没面子，就到唐宣宗面前说理，他的理由是：昔日，唐玄宗到丽正殿与诸位学士饮宴时，大学士张说、学士副知院事徐坚等十八人不知谁该先举酒杯，张说曾说学士们以德行为先，大家应该一齐举杯。由此可见，学士们都是一样的，他冯缄打了杨收的侍从，就是在打我的侍从，理当予以惩处，而令狐绹则拿出朝廷规矩反驳，唐宣宗两不追究，但还是下令从今往后，学士们遇到御史台的官员不用避让。马植的资历比令狐绹老，唐宣宗这样处理，既照顾了马植，也体现出一种尊重学士的姿态，非常符合唐宣宗的处事作风，表面上看马植赢了，实际上却未必。

史书没有确切说明宣宗对马元贽是如何惩处的，但从《唐将相大臣年表》上看，从此以后，杨钦义接管了左军中尉一职，由此可见，后世的史学家也认为，至少宣宗借此免去了马元贽的左军中尉，而让更听话的杨钦义接管了神策军。

马植罢相一个月后，到大中四年六月，担任宰相一年多的魏扶也因病去世了，宣宗又晋升户部尚书、判度支崔龟从为同平章事。崔龟从，字玄告，清河人。宪宗元和十二年进士，又登贤良方正制科，及书判拔萃二科，入仕后担任右拾遗。到文宗大和二年，改任太常博士，后历任考功郎中、史馆修撰、司勋郎中、知制诰、中书舍人，文宗开成三年担任户部侍郎，判本司事，四年，权判吏部尚书铨事。到十月，宣宗又晋升翰林学士承旨、兵部侍郎令狐绹为同平章事。至此，朝廷宰相分别是：白敏中、崔铉、崔龟从、令狐绹四人。

刚刚收复了河湟之地，国内的党项人又发动了叛乱。唐宣宗命令凤翔节度使李业、河东节度使李拭调兵镇压，但一直未能剿灭。右补阙孔温裕上书劝谏，唐宣宗大怒，将其贬为柳州司马。此后，唐宣宗了解到党项人造反的原因在于：唐军边境将帅首先侵扰党项人，这些边帅们觊觎党项人的羊马，经常抢劫人家，甚至肆意杀戮党项人，最终令党项人忍无可忍才举兵造反。了解了实际情况以后，唐宣宗任命右谏议大夫李福接任夏绥节度使，从此以后，陆续以朝中文臣替换了贪婪残暴的边帅们，唐宣宗还在新任边帅上任前谆谆教诲，党项人也逐渐安定下来。然而，南山（今陕西省长城以南）和平夏（今陕西省长城以北）一带党项人的叛乱一直未能平息，唐宣宗慢慢厌倦了这一旷日持久的战争。到大中五年（公元 851 年），崔铉想独揽朝政，不愿白敏中位在自己之上，就建议唐宣宗派遣朝廷重臣前去安抚。白敏中在文宗时期，曾经先后担任过邠宁节度使李听的从事、邠宁节度使苻澈的副使，对邠宁的情况十分熟悉，因此，崔铉建议以朝廷重臣前去镇抚，白敏中就是不二的人选。果然，三月，唐宣宗以白敏中为司空、同平章事，充招讨党项行营都统、制置等使、南北两路供军使兼任邠宁节度使。白敏中请求比照裴度担任都统的先例，自行从朝廷群臣中挑选幕僚，唐宣宗答应了。四月，唐宣宗任命左谏议大夫孙景商为左庶子，充邠宁行军司马；知制诰蒋伸为右庶子，充节度副使。

白敏中才能平平，会昌末年因缘际会，才爬上高位。自从当上首相后，就紧紧追随唐宣宗，其很多做法在当时的人们看来都是违背常理的。比如，在郭太后附葬宪宗问题上，一味满足唐宣宗，打压朝中舆论，令儒家正统人士对其很不以为然；又如，他尊奉唐宣宗"逢武必反"的方针，恢复佛教、暂停裁减冗员、排挤李党人物，等等，也激起了不少人士的不满；再如，他为了讨好宣宗，用堂帖将南下迎娶卢氏的郑颢从半道上追回，强迫人家改娶了唐宣宗之女万寿公主。郑颢自视高门，打心眼里不愿与唐宣宗结亲，从此对白敏中恨之入骨，时常在唐宣宗面前说白敏中的坏话。朝中新贵令狐绹为了自己的仕途，也主动与郑颢联姻，郑颢的态度自然会影响到令狐绹，因此，朝中逐渐形成了一股以崔铉、令狐绹、郑颢等人为核心的"倒白派"，也许是众口铄金，这些人逐渐影响到了唐宣宗，也许是唐宣宗不愿看到外朝再出现纷争，这才决定将白敏中罢相。

白敏中也认识到自己已经失宠。据《东观奏记》记载，白敏中听说自己被外派之后，对唐宣宗说道："前不久，陛下的爱女下嫁贵臣，郑颢已前往楚州迎娶卢氏，行至郑州，臣以堂帖追回，以满足陛下的心愿。郑颢不愿与皇室结亲，恨臣入骨。臣在朝中，郑颢还拿臣没办法，一旦臣离开朝廷，他一定会联络同党陷害臣，臣不知哪天就会死在他的手里了！”唐宣宗说道：“朕很早就知道了，爱卿为何现在才对朕提及？”遂命侍从宦官拿出一个小木箱交给白敏中，并说：“这都是郑颢告发爱卿的书信，现在就赏赐给爱卿。如果朕听信了郑颢之言，就不会给爱卿这样安排了。”白敏中回到家中，打开木箱，认真看过，对唐宣宗非常感激，经常将这个小木箱放在佛像前面，焚香祷告。

为了安抚白敏中，并营造君臣无猜的假象，在白敏中离京之日，唐宣宗亲自驾临兴福楼相送，并从楼上扔下一封安抚白敏中的亲笔书信，交给白敏中。实际上，白敏中此行并无必要，史称：“帝出近苑，或以竹一个植舍外，见才尺许，远且百步，帝属二矢曰：‘党羌穷寇，仍岁暴吾鄙，今我约：射竹中则彼当自亡，不中，我且索天下兵翦之，终不以此贼遗子孙。’左右注目，帝一发竹分，矢彻诸外，左右呼万岁。不阅月，羌果破殄，余种窜南山。”当白敏中来到宁州时，定远城使史元已经在三交谷（今陕西省榆林市横山区境内）击破了九千余帐党项部落，已经平定了平夏党项的叛乱。另外，表面上白敏中有专征之权，但其实不然。前线军镇都有宦官担任监军，后勤保障工作又由唐宣宗的亲信宦官吴全缋负责，让白敏中担任都统，不过是将其排挤出京的一个借口而已。

大中五年四月二十九日，唐宣宗下诏称：“平夏的党项已经平定。听说南山的党项迫于饥寒，还时常出来抢掠，平夏的党项又不接纳他们，致使他们无处可去。应当交由夏绥节度使李福安抚，在银州和夏州境内分给他们荒地。如果他们能够改过自新，就该将他们视同爱子，既往不咎；他们有什么冤屈，允许他们到本镇告状。如果他们再作乱，或者逃入山林，不接受领导，就杀无赦。对于有功将士，朝廷要一样封赏；死伤人员妥善抚恤。灵州、夏州、邠州、鄜州百姓，免去三年的税负，邻近各州百姓的赋税也酌情予以减免。前不久的叛乱全由边将贪婪残暴所致，从今往后，朝廷将另行挑选廉洁贤良之臣前去任职，如果再发生叛乱，朝廷将先追究边将的罪过，然后再发兵讨伐。”到八月，白敏中再次上奏称，南山的党项也投降了，唐宣宗下令一并予以赦免，令其恢复旧业，并罢免了白敏中都统一职，仅保留司空、平章事充邠宁节度使。

六五〇 义潮归唐

大中四年、五年唐廷讨伐党项的同时，吐蕃论恐热和尚婢婢二人仍在鏖战。

大中三年取得河桥大捷之后，论恐热信心大增，到大中四年，他再派僧将莽罗蔺真率兵在鸡项关（今青海省循化县东）架桥，渡过了黄河，进驻白土岭（今青海省西宁市东）。尚婢婢派遣部将尚铎罗榻藏率军进驻临蕃军（今青海省西宁市西），与莽罗蔺真对垒。两军交战，尚铎罗榻藏失利，向西逃去。尚婢婢再派部将磨离罴子、烛卢巩力率军进驻牦牛峡（今青海省湟源县东）阻挡。烛卢巩力对磨离罴子说："我军应该按兵不动，扼守险要，以奇兵切断敌人的粮道，令其进无法与我们交战，退又无路可退，不出十天半月，敌人一定会溃败的。"但磨离罴子不从。烛卢巩力说道："我宁可被撤职，也不愿当一个战败之将。"遂称病回到了鄯州，果然，磨离罴子战败被杀。接连两次战败，再加上军中已经断粮，尚婢婢留下拓跋怀光驻守鄯州（今青海省海东市乐都区），自己率领三千余人继续西逃到水草丰美的甘州（今甘肃省张掖市）。论恐热听说尚婢婢丢下了鄯州西逃，亲自率领五千精锐骑兵追赶。途中，又听说拓跋怀光还在鄯州，遂大开杀戒，对河西的鄯州、廓州等八州之地大肆劫掠一番，将当地的成年男丁全部屠杀，把老人和妇女砍掉双脚或者割去鼻子，用长枪挑起婴儿为乐，将方圆五千里地内的房屋统统烧毁。

论恐热的暴行令稍稍有良心的人都感到不满，其手下不少部众开始叛逃。拓跋怀光趁机派人拉拢，很多人要么逃归自己的部落，要么投降了拓跋怀光。论恐热见自己已众叛亲离，就吓唬众人道："我如今要去唐朝，借来五十万大军诛杀不服从我的人，然后，我将以渭州（今甘肃省陇西县）为国都，再请唐朝册封我为赞普，还有谁敢不听我的！"大中五年五月，就在唐廷刚刚平定党项叛乱不久，论恐热来到了长安。唐宣宗派遣尚书左丞李景让来到礼宾院询问他有什么打算，论恐热却态度傲慢，言语荒诞，请求唐朝任命他为河渭节度使。唐宣宗没有答应，只是像对待其他外国使节那样在麟德殿召见了他，安抚一番，多少赏赐给他一点东西，就把他打发回去了。论恐热的计划落空，心里很不痛快，路过咸阳桥时，他叹息道："我要举大事，希望将来能以此作为与唐朝的边境。"他返回老巢落门川（今甘肃省武山县东南）后，就积极组织兵力，企图转而进攻唐朝。正巧，遇上连阴雨，粮食缺乏，集结起来的部众逐渐散去，最后，论恐热的身边就剩下了三百多人，无法继续在落门川立足，只好远远地逃到了廓州（今青海省化隆县）。

吐蕃鄯州节度使尚婢婢与落门川讨击使论恐热之间长达数年的鏖战，令二人两败俱伤，也让吐蕃在河西的统治摇摇欲坠。河西各州陷于吐蕃还在安史之乱后期，当时，唐肃宗为了平定安史之乱，下令征调河西、西域唐军精锐部队，导致河西各州唐军兵力空虚，经过近二十年的围攻，吐蕃才将河西各州一一攻取。据《旧五代史·外国列传二》记载："安禄山之乱，肃宗在灵武，悉召河西戍卒收复两京，吐蕃乘虚取河西、陇右，华人百万皆陷于吐蕃。开成时，朝廷尝遣使至西域，见甘州、凉州、瓜州、沙州等州城邑如故，陷吐蕃之人见唐使者旌节，夹道迎呼涕泣曰：'皇帝犹念陷吐蕃生灵否？'其人皆天宝中陷吐蕃者子孙，其语言小讹，而衣服未改。"陷于吐蕃的汉人受到吐蕃人的残酷迫害，他们一直想着回到大唐，而吐蕃衰落给当地的汉人带来了希望。

沙州（今甘肃省敦煌市）汉人张义潮（又记作张议潮）世代就是当地的豪强，"少习文史，长通韬略。虽生长虏中，而心系本朝。"据《张淮深碑》记载：张义潮"论兵讲剑，蕴习武经，得孙武、白起之精，见韬钤之骨髓……知吐蕃之运尽，誓心归国，决心无疑。"元和十年，十七岁的张义潮曾手抄的一首《无名歌》，表达了他对吐蕃统治下河西百姓遭受苦难的同情："天下沸腾积年岁，米到千钱人失计。附郭种得二顷田，磨折不充十一税……舞女庭前厌酒肉，不知百姓饿眠宿。君不见城空墙框，将军只是栽花竹。君看城外衄惶处，打赌段芋花如柳絮。海燕衔泥欲作巢，空堂无人却飞去。"长期以来，他就暗中联络沙州索氏、张氏、李氏等名门望族，又联合在达玛灭佛中受到打击的爱国僧人，并结交安景、阎英达等当地豪杰，计划秘密发动起义。

经过精心准备，到大中二年，张义潮见时机成熟，率众里应外合，一举驱逐了吐蕃守将，光复了沙州，接着，张义潮部署军队，打退了吐蕃的反攻，牢牢站稳了脚跟，这是沙州在沦陷六十三年之后重新回到了唐朝的怀抱。随后，张义潮又派遣押牙（或记作押衙，意为主管军府仪仗侍卫的武官）高进达等十队使者，携带同样内容的文书，从各个方向穿越吐蕃人占领的城池，朝长安进发。这十队使者只有敦煌高僧悟真历经千难万险，穿越茫茫的巴丹吉林大沙漠、腾格里大沙漠和库布齐大沙漠，经过两年的艰苦跋涉，才于大中四年来到了唐朝的天德军(今内蒙古自治区乌拉特前旗),大中五年二月,天德军防御使周丕向朝廷禀报了此事。

当大唐百姓听到这一消息时，几乎不敢相信自己的耳朵。此时，唐宣宗还在为党项人叛乱苦恼，悟真等人的到来无疑让他欣喜若狂，兴奋之余，他说道：“关西出将，真不是虚言啊！”大中五年五月，悟真等人来到长安，受到长安百姓的热烈欢迎。唐宣宗安排他与朝廷重臣和长安高僧会面，相互赠诗，又授予他为京城临坛大德、赐紫、沙州释门义学都法师，以表彰他的功绩。而这时，已经距离张义潮起义两年有余了。张义潮起义，正如藏文史料记载的那样“喻如一鸟飞腾，百鸟影从，四方骚然，天下大乱”，立即引发了连锁反应，在这两年里，张义潮相继收复了瓜州（今甘肃省瓜州县）、甘州（今甘肃省张掖市）、肃州（今甘肃省酒泉市）、伊州（今新疆维吾尔自治区哈密市），到大中五年，张义潮越战越强，已经收复了瓜州、伊州、甘州、肃州、兰州（今甘肃省兰州市）、鄯州（今甘肃省海东市乐都区）、河州（今甘肃省临夏市）、岷州（今甘肃省岷县）、廓州等十个州（《资治通鉴》虽如此说，但实际上，张义潮此时应该是名义上略定了这些州，对一些州并未有效控制，比如，十五年后，论恐热还曾寓居于廓州），八月，他派遣其兄张义泽（一记作张义潭），州人李明达、李明振，押衙吴安正等二十九人携带包括沙州在内的十一个州的地图、档案来到长安，至此，河湟之地才真正回到了唐朝，唐朝也因此而“得地四千余里”。大中五年十一月，唐朝在沙州设置归义军，以张义潮为归义军节度使、十一州观察使，又以张义潮的判官曹义金为归义军长史，李明达为河西节度推官兼监察御史，李明振为凉州司马、检校国子祭酒、御史中丞。张义潮起义，意义非常重大，正如史料所称的那样：“自西河归朝廷，边陲无事者历五朝，垂六十年，张氏世守之，终唐之世云。”正是因为有了张义潮，才让晚唐没有了西边的外患，如果没有张义潮，唐朝的灭亡可能会更早一些吧。

在最初的惊喜之余，唐宣宗君臣对日益强大的张义潮却心存疑虑，感情也是复杂的。唐武宗在世时，就已经作出了收复河湟之地的决策，收复范围包括沙州、凉州在内的河湟四镇十八州全部河西之地，唐宣宗继位后，继承了武宗君臣的既定方针，当唐军在大中三年收复秦州、原州、安乐州三州八关之地时，并不知道沙州的张义潮，而当时的张义潮已经占领了沙州，并派兵东进，夺取甘州和肃州。唐朝原本要收复河西诸州，如今却突然冒出来一个沙州土豪张义潮，等于是让唐朝直接占领河西之地化为了泡影，这当然令人有点哭笑不得。如今，在张义潮的实际控制区与唐朝之间还有廓州、兰州、河州、渭州等地尤其是河西重镇凉州在吐蕃边将之手，唐宣宗任命张义潮为十一州观察使，当然有鼓励他拿下尚未占领的州的意思，但是，唐宣宗并没有把河西枢纽凉州交给张义潮，就为将来朝廷占有这一重镇提供了可能性，也表明对张义潮独霸河西的警惕态度。

沙州沦陷的这几十年，也是唐朝藩镇割据的几十年，赤诚归国的张义潮必须面对的却是对藩镇割据提心吊胆的唐宣宗君臣们，这实在非常滑稽的。在唐宣宗的暗示下，张义泽只好留在了长安，充当了张义潮的人质。

六五一　大中中期（一）

大和四年、五年对党项的战事，让唐朝国库空虚起来，也让朝廷内外一些清醒的人士对唐宣宗恢复佛教的政策产生了质疑。进士孙樵和门下省先后对唐宣宗提出告诫，最终，唐宣宗采纳了门下省的建议，同意州府尚未竣工的寺庙继续修建，远离州府的大县允许设立一座寺庙，至于乡村不得设立寺庙。唐宣宗这种大规模恢复佛教的运动才算告一段落。

党项战事结束之后，唐宣宗就于大中五年十月晋升魏謩为同平章事、仍令其判户部，十一月又将崔龟从罢相，改任同平章事、充宣武节度使。唐宣宗在调换宰相时，总是先提拔一位宰相，而后再将原来的一位罢相，此后也都是照此办理。当时，唐宣宗已经在位五年，可是，他迟迟不册立太子，群臣都不敢进言。魏謩趁入宫谢恩之际，委婉地劝谏道："如今海内无事，唯独陛下尚未册立太子、命正人君子辅佐教育，臣对此非常担心。"说完，掩面哭泣起来。

唐宣宗一生共有十一个儿子。由于唐末史料失散严重，对这十一子的长幼顺序排列相互矛盾，甚至有人认为失去唐宣宗欢心的郓王李温并非唐宣宗之子，但是，根据《旧唐书·宣宗纪》记载，会昌六年四月，制"皇长男温可封郓王，二男泾可封雅王，第三男滋可封蕲王，第四男沂可封庆王"；大中元年二月丁卯，制"皇第五子泽为濮王，第六子润为鄂王"；大中五年春正月甲戌，制"皇第七子洽封怀王，第八子汭为昭王，第九子汶为康王"；大中十一年六月，制"皇第三男（当为十字之误）灌封卫王，第十一男濰封广工"。上述记载是抄录当时制书内容，应当是准确的。据此，唐宣宗的十一个儿子应当是：长子郓王李温、次子雅王李泾、三子蕲王（始封夔王）李滋、四子庆王李沂、五子濮王李泽、六子鄂王李润、七子怀王李洽、八子昭王李汭、九子康王李汶、十子卫王李灌、十一子广王李濰。

然而，《旧唐书·宣宗诸子》《新唐书·十三宗子》在宣宗十一子中多了一个在大中六年被追谥为靖怀太子的李汉（又记作李渼）的人，这样一来，宣宗就是十二个儿子了。实际上，大中六年被追谥为靖怀太子的李汉，并非宣宗之子，而是史家错误地记在了宣宗名下。考察宪宗诸子，沣王李恽有三子：东阳郡王李汉、安陆郡王李源、临安郡王李演。宪宗原太子李宁元和六年去世后，吐突承璀等宦官集团想让沣王李恽当太子，而翰林学士崔群等朝臣担心宦官集团得势，拥护郭贵妃所生的遂王李恒，沣王李恽虽然年长却最终落败。此后，吐突承璀仍然心有不甘，企图动摇李恒的太子之位，最终导致了宪宗被杀。宪宗被杀后，沣王李恽、吐突承璀也为支持李恒的另一派宦官梁守谦等人所杀。宣宗继位后，为了显示自己是继承宪宗正统，一直将穆宗视为谋害宪宗的凶手，将穆宗以下四帝视为“伪朝”，但是，就算如此，宣宗身为十三皇子的庶子也无法合理地继承宪宗的皇位。为了解决这一矛盾，宣宗有必要抬出元和末年落败被杀的沣王李恽，在宣宗看来，李恽年长，应当继承宪宗之位的是他，宣宗追谥李恽长子李汉为太子，就是表明皇统应该在李恽、李汉父子那里，而李恽未能守住皇位，现在宣宗从穆宗一系手中将皇位夺回，多少就有了合理性。在追谥李汉的同时，宣宗还给吐突承璀平反昭雪，据《东观奏记》记载：“宪宗鼎成之夜，左军中尉吐突承□（下一字犯懿宗讳，即吐突承璀）实死其事。上即位，追感承□死于忠义，连擢其子士□（下字与今上御名同，即吐突承璀长子吐突士晔）至显贵，为右军中尉、开府仪同三司，恩礼始终不替焉。”其中的原因也在于此。因此，宣宗十一子以及《宣宗纪》的排序应当是正确的，而《宣宗诸子》等传中将李汉算成宣宗之子、并且因汉与渼旧体相似而记作李渼，应该都是史家的误记，而后来的唐懿宗李温（后改名李漼）应属宣宗长子无疑。

李温生于唐文宗大和七年，到宣宗大中五年已经十八岁了，而这一年宣宗也已四十一岁了，所以，群臣才对宣宗迟迟不立太子而深感忧虑，那么，唐宣宗为何迟迟不立太子呢？固然，唐宣宗有贪权的一方面，但更重要的原因是，唐宣宗并不喜欢这个皇长子李温。《新唐书·懿宗本纪》称：“宣宗爱夔王滋，欲立为皇太子，而郓王长，故久不决。”这当是宣宗不立太子的根本原因。李温的母亲是裴氏，《东观奏记》称，裴氏“上在藩邸时承恩遇，实生郓王、万寿公主焉……”只说宣宗在即位之前宠爱裴氏，故意不言宣宗即位后是否还宠爱裴氏，正说明裴氏在宣宗即位之后已经失宠，结合唐宣宗亲自撰写的《南安郡夫人仇氏墓志铭》

可知，宣宗即位之后，确实移情别恋，爱上了年轻美貌的仇才人了。仇才人应该出身仇士良家族，先生下一女，大中五年又生下宣宗的第九子康王李汶，也许是由于难产，当年五月十八日，仇氏就去世了，死时年仅二十四岁。也许是出于对仇才人的怀念，也许是出于对仇氏家族的报恩，宣宗又在大中五年给仇士良树立了一座“神道碑”，大力表彰这个曾经“贪酷二十余年”的奸宦。

说到表彰仇士良，也让我们看出，此时的唐宣宗虽然敢于向马元贽开刀，但尚不敢与整个宦官集团作对，甚至不敢彻底抛弃仇氏宦官集团。他要的是听命于己的宦官，并给宦官和朝臣树立一个规矩，那就是相互之间不得私下来往，以免内外结党，危及皇权。在对待宦官问题上，此时的唐宣宗采取的策略是：打压跋扈的宦官、重用那些听话的宦官、提拔一批地位较低的宦官、严厉惩处那些违法乱纪的宦官，等等，然而，这些治标不治本的办法，也只能起到一时之效，根本无法撼动庞大的宦官集团。

后世把唐宣宗比作“小太宗”，把唐宣宗大中年间称为“大中之治”，原因大约在于唐末四帝都是宣宗的子孙，有意拔高宣宗，再加上唐末大乱，人们怀念宣宗时期相对安定的生活，才得出这一结论。实际上，考察唐宣宗时期，大中初年党项内扰，大中五年到大中八年民变不止，大中十二年以后兵变屡起，并非像人们所说的那样安定，而唐宣宗的各项政策在某种程度上间接地导致了唐末大乱，唐朝的最终灭亡多多少少与唐宣宗有一定的联系。具体来说：一是大中时期是官僚腐化、朋党斗争激烈的时期。唐宣宗用人不看政绩、不看资历、不看才能、不看门第，就看是否是元和子弟，同时，他也喜欢重用科举之士，然而，宣宗时期的进士们又恢复到李德裕改革前的样子，“率多膏粱子弟，平进岁不及三数人”（《北里志·序》），寒门子弟几乎丧失了仕进之路，这样一来，宣宗所用之人就可想而知了，在大中时期，主要由牛党独揽朝政，这些牛党人物，在政治上胸无大志，没有改革弊政的勇气和魄力，倒是非常擅长结党营私，相互之间又矛盾重重，可以说，宣宗一朝是内无贤相，外无良将。二是大中时期是唐朝中央控制力急剧下降的时期。为了防止贪暴的边帅，唐宣宗大多起用文臣担任节度使，这些人不懂军政，又高高在上，不能制约手下将官，致使军中腐败现象严重，直接导致了大中后期各地的兵变，动摇了唐朝的统治基础。三是大中时期是唐朝中央财政走向崩溃的时期。唐宣宗政治才能低下，意识不到唐朝存在的主要社会矛盾，反而“逢武必反”，恢复佛教、增添冗官，对宦官集团束手无策，得过且过，尤其是他将会昌新钱又重新铸回佛像，又加剧了过去的钱荒。为了解决财政困难，唐宣宗只好加重百姓的负担，“厚赋深刑，天下愁苦”（《新唐书·逆臣传》语），导致在大中末期社会矛盾激化，江淮地区开始出现小规模的民变。

说到民变，大中五年八月平定党项后，到十月，蓬州（今四川省仪陇县南）、果州（今四川省南充市）百姓占据鸡山（在今四川省营山县境内），四处劫掠。唐宣宗赶忙命令果州刺史王贽弘担任三川行营都知兵马使，发兵前去征讨。当时，山南西道节度使封敖奏称这些变民言语无礼，冒犯了皇帝，唐宣宗听后勃然大怒，崔铉劝谏道：“这些变民都是陛下的子民，他们因为饥寒交迫，而在山谷之间玩弄一下陛下的武器罢了,不足以派遣大军前去,只需派去一个使者就可以平定了。”唐宣宗就派了京兆少尹刘潼赶赴果州去劝降。刘潼上书请求唐宣宗不要派兵征剿，并说：“如今，陛下用太阳和月亮一般的光明照耀愚蠢迷惑之众，命其归顺，这非常容易。臣所担心的是武将会以不战而胜为耻，而朝中决策者又想很快看到效果。”刘潼来到鸡山，变民们弯弓指着他，他让侍从们留下来，自己径直来到变民们跟前，对大家说：“我当面接受皇帝陛下的诏书，赦免你们的罪过，令你们恢复平民身份。我听说你们能射杀二百步之外的人，现在我才距离你们十步，你们要是真想谋反，就先杀了我吧！”变民们听后，纷纷扔下弓箭，跪下投降。刘潼回到馆驿，可是，王贽弘和监军似先义逸率军来到山下，竟然发起进攻，将变民们全部屠杀了。

大中六年二月，鸡山变民被灭，到四月，湖南又上奏称，湖南团练副使冯少端又率军讨伐叛乱的衡州变民，将变民头领邓斐杀死，平定了叛乱。与此同时，党项人再次发动叛乱，此时，唐宣宗已经调邠宁节度使白敏中担任西川节度使，一时找不出让谁来接替白敏中。一次，他从容与翰林学士、中书舍人毕諴谈论边防事务，毕諴谈古论今，详细叙述了边防策略。唐宣宗听后大喜，说道：“我正在挑选邠宁节度使的合适人选，没有想到我的身边就有廉颇、李牧这样的良将。爱卿就替朕走一趟吧！”毕諴欣然从命。六月，唐宣宗先任命毕諴为刑部侍郎，而后又晋升为邠宁节度使。到了十月，毕諴就上奏称已经招降了党项。

在毕諴招降党项时，西川又上报称，獠人向昌州（今重庆市大足区）和资州（今四川省资中县）发起了进攻。

六五二 大中中期（二）

后世对唐宣宗的评价褒贬不一，褒扬的把他比作“小太宗”，如《金华子》就说“舆论谓上为‘小太宗’”；贬低的则质疑所谓的“大中之治”，认为唐朝灭亡与唐宣宗有着很大关系，比如，王夫之《读通鉴论》在评价唐宣宗及其时代时称：“小说载宣宗之政，琅琅乎其言之，皆治象也……自知治者观之，则皆亡国之符也。”王夫之为什么这么说呢？我们就仔细研究一下唐宣宗。

唐宣宗是一个十分敏感的人。《大中遗事》记载，一次，裴恽的诗中出现“太康”两字，宣宗说道：“太康丢掉了国家，怎么拿他来比我？”《东观奏记》记载，唐宣宗的听政之余，喜欢吟诗，让翰林学士们附和。一天，唐宣宗赋诗一首赐给值班的学士萧寘。萧寘写道：“陛下的这首诗，就算是‘桂水日千里，因之平生怀’这两句也比不过。”宣宗没听过这两句，第二天，他就问韦澳。韦澳回答：“这是刘宋太子令沈约的诗。萧寘的意思是陛下的诗句清新，可与沈约相仿。”谁知，宣宗听了却很不高兴，说道：“把臣子与朕相比，这合适吗？”萧寘因此失宠，朝中宰相趁机将他排挤出朝。

他还是个非常注重细节的人。这表现在很多方面：一是在用人方面往往因一件小事而提拔或者废弃一个人。《幽闲鼓吹》记载，令狐绹推荐李远担任杭州刺史，宣宗说道：“我听说李远曾写过一句诗叫：‘长日唯消一局棋。’（《北梦琐言》称李远的诗是“人事三杯酒，流年一局棋”）岂能让这种人担任地方官？”令狐绹说：“这都是诗人之言，不一定就是事实。”宣宗这才作罢。《卢氏杂记》称，宣宗任命宰相，往往定下两三个人选，写在纸上，团成纸丸盖在碗下，祷告后随机摸出。二是喜欢微服私访。《唐语林》记载，有一次，唐宣宗在苑北打猎，看见几个砍柴农夫，就问他们是哪里人，回答说是泾阳百姓。唐宣宗又问：“你们县令是谁？”回答：“李行言。”唐宣宗又问：“为政如何？”“个性倔强。有五六个劫匪藏匿在军人家中，强行搜捕出来，军人来索要，竟然不给，反把人给杀了。”唐宣宗回到宫中，把李行言的名字贴在殿柱上，大中八年十月，李行言被晋升为海州刺史，入宫谢恩时，唐宣宗问他：“当过泾阳县令吗？”李行言回答：“在泾阳两年。”唐宣宗又说：“赏赐给金紫（金鱼袋和紫色官服，为三品以上高官的装束）。”李行言再拜。唐宣宗又问：“你知道为什么赏赐给金紫吗？”回答：“不知。”唐宣宗命人把柱子上的小纸条拿出来给他看。唐宣宗提拔李君奭也如出一辙。据《东观奏记》记载，一次，唐宣宗在渭河打猎，看见一二十名百姓在村子里的佛寺内祈祷。唐宣宗问他们所为何事。百姓们说：“我们都是醴泉的百姓，本县县令李君奭政绩优异，如今将要离职，百姓们不愿让他离去，准备去府上挽留，祈祷佛力成全我们。”唐宣宗听后沉默不语，回宫后，在屏风上写下李君奭的名字。中书省拟定的醴泉县令人选，唐宣宗一概抹去。一年以后，到大中九年二月，怀州刺史缺额，唐宣宗亲自写道：“醴泉县令李君奭升任怀州刺史。”宰相们都不知道就里，等李君奭入宫谢恩后，大家才知内情。《中朝故事》称，大中皇帝多微行坊曲间，跨驴重载，纵目四顾，往往及暮方归大内。近臣多谏：“陛下不合频出。”上曰：“吾要采访民间风俗事，只如明皇帝未平内难已前，在藩邸间出游城内韦杜之曲，间行村落之舍，遇王琚闲话，果赞成大事，吾是以要访人物焉。”《北里志》序称：“上往往微服长安中，逢举子则狎而与之语，时以所闻质于内廷学士及都尉，皆耸然莫知所自。”三是记忆力超群。《唐语林》记载，宣宗记忆力超群，宫中打扫厕所的下等宦官数十上百人，宣宗过目不忘。如果要安排某人办某件事，宣宗会直接说出此人名字，令其办理。群臣奏表中涉及的狱卒、小吏姓名，宣宗很多也都能记住。

唐宣宗也还是注重纳谏的。《北梦琐言》记载，一日，后宫有疾，宣宗召医生看病，等病情好转后，宣宗从衣袖里拿出数两金子感谢，医生要跪下谢恩，宣宗赶忙制止道：“别让内官知道了，传到外廷，又有谏官们上书了。”大中六年三月，宣宗下诏免除赏赐给右卫大将军郑光（宣宗的舅舅）鄠县（今陕西省西安市鄠邑区）、云阳（今陕西省三原县北）田庄的赋税劳役。中书省和门下省上奏认为：“赋税之法，天下都是一样的。陛下屡屡下诏，要令中外一致，如今唯独免除了郑光家的赋税，这恐怕与陛下先前说的话不一致了。此事虽小，但关系重大。”宣宗回复道：“朕因为郑光是朕的舅舅，地位尊贵，打算特别优待，作出这一决定，没经过深思熟虑。况且，亲戚之间的事情，外人很难插嘴，如果爱卿们不爱惜我，岂能说出这种正直之言？凡事都能如此尽责，何必担心治理不好天下呢？有始有终，朕与爱卿们当共同遵守，同意你们的建议。”《因话录》记载，大中七年冬天，宣宗下诏来年元旦在含元殿接受群臣朝贺，左补阙赵璘以国家多事，请求改在宣政殿。宣宗问宰相魏謩怎么样，魏謩认为元旦朝贺是大礼，本来就该在含元殿，况且如今天下无事。宣宗说道：“近来华州上奏，匪徒光天化日劫掠下邽县，另外，关中又一直不下雨雪，怎么能说天下无事呢？”此后，宰相们上奏称补阙员额空缺，请求再增补八名。唐宣宗说道：“谏官们关键在于能够尽职，岂在人数！只要有像张道符、牛业、赵璘这几个人就足够了，能令朕闻所未闻。”大中八年，宣宗下令重新整修唐武宗时期修建的望仙台，右补阙陈嘏等人上书劝谏，宣宗很快就采纳了谏官的意见，下令停修，并把望仙台院改为文思院。李璲任命为岭南节度使、刘潼任命为桂州观察使，都是委任状都颁发了，因朝中近臣劝谏，宣宗又收回了成命。

唐宣宗比较吝惜官爵。《唐语林》记载，一次，唐宣宗得了小病，召御医梁新诊治，数日后，梁新请求宣宗给个官当当，但宣宗不同意，只是下令每月另行给他三百串钱。另记载，宣宗经常随驾带两三套红衣官服和紫衣官服，半年或一年不曾用一套，当时以得到朱、紫官服为荣。《东观奏记》记载，牛僧孺的儿子牛丛担任拾遗、补阙五年，屡屡上书言事，宣宗都记在心里。后来，宰相们把牛丛从司勋员外郎外调为睦州刺史，牛丛入宫谢恩时，宣宗问他：“你一直担任谏官，还比较尽职，如今突然将你外调，是不是宰相们猜忌你了？”牛丛回答：“陛下刚下了命令，要求凡是担任近侍官的，必须有在地方上任职的经历。宰相们因此才提拔我的，并非有猜忌。”宣宗说道：“赏赐紫色官服。”牛丛谢恩后，说道：“臣穿的绯色官服，是从刺史那里借来的，陛下突然赏赐给臣紫色官服，是不是有其他缘由？”宣宗赶忙连连说道：“先赏赐给绯色官服，先赏赐给绯色官服。”宣宗对郑太后很是孝敬，也非常看重舅舅郑光，他即位后，就让郑光担任了平卢、河中节度使。后来，郑光入朝，宣宗问及军政，郑光不学无术，应答粗陋，让宣宗很不满意，就免去了他的节度使职务，留在朝中担任右羽林统军、奉朝请。郑太后屡次在宣宗面前说郑光贫穷，宣宗也只是赏赐给郑光很多财物，始终不再让他担任地方官了。

唐宣宗注重儒学，比较看重词学之士。《北梦琐言》称，他“反与朝士从容，未尝一日不论儒学，而颇注意于贡举，常于殿柱上题‘乡贡进士’字”。《卢氏杂说》称："宣宗酷好进士及第，每对朝臣问及第。苟有科名对者，必大喜，便问所试诗赋题目……常于内自题'乡贡进士李道龙'。"《东观奏记》也称："上雅尚文学，听政之暇，常赋诗，尤重科名。"《大中遗事》称："宣宗嗜书，尝构一殿，每退朝，必独坐内观书，或至夜中烛灺委地，禁中谓上为'老儒生'。"《锦绣万花谷》后集称："宣宗雅好儒士，每山池曲宴，与学士属和诗什。每公卿出镇，赋诗饯行。时论大中之政有贞观之风。"唐宣宗还多才多艺。《唐语林》称，唐宣宗"弧矢击鞠，皆尽其妙"。另称，一次，宣宗来到苑中，百步之外有一竿竹子，他说道："我以法制治理天下，而党项羌却敢来骚扰，战争持续多年。我如今射这竿竹子以占卜能否取胜？"遂弯弓搭箭，一箭射穿了那竿竹子。《乐府杂录》称，宣宗喜欢吹笛，自制了《新覆盆乐》。《唐语林》记载，"宣宗妙于音律，每赐宴前，必制新曲，俾宫婢习之"。

唐宣宗还是一个伪诈之人。《续贞陵遗事》记载，江南给唐宣宗送来一名绝色美女，唐宣宗非常喜爱，数月之间，赏赐给这位美女很多东西。有一天早晨，他突然就不高兴起来，说道："玄宗身边就一个杨妃，致使天下至今未能太平，这事我岂敢忘记！"就把那位美女召到跟前，说道："你不能留下来。"身边的宦官有人劝谏道："可以把她放回家。"宣宗却说："要是放她回家，我一定还会思念的，就赏赐给她一杯毒酒。"竟然将这位无辜的女子杀害了。为了了解各地情况，一天，唐宣宗秘密召来翰林学士韦澳，对他说："朕每次在便殿接见节度使、观察使、刺史，与他们交谈，需要了解当地的风俗物产这些基本情况，你要秘密查访，撰写一本书来。即便是家臣子弟，也不能让他们知道此事。"韦澳就以《十道四藩志》为基础，撰写了一本《处分语》呈给宣宗。数日之后，薛弘宗被任命为邓州刺史，韦澳在南阳有一处房产，薛弘宗离京前，韦澳请他吃饭。薛弘宗说道："昨天面谢陛下，陛下安排本州事务令人惊讶。"韦澳相问之下，才知道宣宗说的都是《处分语》里的内容。

六五三 大中中期（三）

王夫之将以猜忌著称的德宗与宣宗相比后，认为，德宗怀疑大处，略过细节，奸人之言也听，忠臣之言也听，而宣宗则是专门以苛察为明，常因小废大。

由于他得位不正，一定程度上来说，他又是一个“弱势”皇帝。为了巩固自己的地位，在他即位之后，就借惩治“元和逆党”之名，开始清除宦官、外戚中的异己分子，这一行动打击面很广，波及很多人，也引起一定的恐慌，到大中八年（公元 854 年）一月，唐宣宗下诏称：“长庆之初，乱臣贼子，前不久惩处余党，已逃窜殆尽，其余疏远的亲族，一概不再追究。”同年，唐宣宗认为只有李训、郑注二人该杀，其他被杀之人都是无辜的，遂下令给王涯、贾餗等人平反昭雪。宣宗这两项举措表明了此时他已初步控制了内廷，而大约也在这个时候，他开始思索如何解决宦官专权问题了。

大中八年九月，一位中使路过硖石（今河南省新安县境内），见驿站提供的烧饼颜色很黑，不禁大怒，将驿站小吏打得皮开肉绽。陕虢观察使高少逸将烧饼原封不动送给了唐宣宗，汇报了此事。等那位中使出使返回，唐宣宗斥责他道：“深山中，像这种黑饼，岂能容易吃到！”遂将其贬到恭陵（唐高宗原太子李弘之墓）护陵。就在此事发生不久，唐宣宗借讨论诗词为由，把翰林学士韦澳召入宫中，命侍从们全部退下，偷偷问韦澳：“近来，外面舆论认为宦官们的权势如何？”韦澳回答：“陛下威严明断，前代都无法相比。”唐宣宗闭上眼睛，摇了摇头，说道：“根本不是！根本不是！我尚且对他们心存畏惧。爱卿有什么好办法？”韦澳回答：“如果与外朝重臣商议的话，恐怕甘露之变会再次出现，不如从宦官之中挑选有才能见识的，与之商议。”唐宣宗当即否决韦澳这一建议，他说道：“这是下策。朕已经尝试过了，把他们从黄色官服（九品）提拔到穿上绿色官服（六品、七品），再到红色官服（四品、五品），这些人都还知道感恩，可是，一旦把他们提拔到穿上紫色官服（三品以上），又都与原来的高品宦官们合为一体了。”显然，韦澳这一“以宦治宦”之法是行不通的。唐宣宗又曾经就诛杀宦官一事征询令狐绹的意见，令狐绹担心怕事，密奏道：“只需对于犯了罪的宦官不予赦免，出现缺额不再递补，自然淘汰，最终就消灭了。”这种“自然淘汰”之法，实际上是在变相地阻止唐宣宗对宦官集团采取断然措施。

唐宣宗在宰相那里得不到支持，只能采取有限的办法来防止宦官集团对自己的皇位产生威胁。一是，对犯法的宦官予以严厉惩处。大中九年七月，浙东发生兵变，将士们驱逐了观察使李讷（宪宗时期户部侍郎李逊的侄儿）。李讷性格急躁，对将士们十分无礼，才导致了这场兵变。九月，宣宗将李讷贬为朗州刺史，将监军王宗景杖打四十，发配到恭陵护陵；并下诏：“从今往后，凡是军镇节度使违法乱纪的，监军一律连坐。”改任礼部侍郎沈询（敬宗时期吏部尚书沈传师之子）为浙东观察使。据《东观奏记》记载，宰相郑朗下班途中，受到内园使李敬寔的冲撞，宣宗得知后，召来李敬寔问话。李敬寔振振有词，说道：“根据惯例，供奉官不用避让。”宣宗说道：“奉天子之命，当然不用回避。哪有你私自外出而不避让宰相的道理！”遂剥夺了李敬寔的紫绶，贬至南衙。另记载，高品宦官吴居中为了固宠，将宣宗的尊号写在袜子底下，事发后，宣宗下令将其弃市。《南部新书》记载，宣宗在内廷设置棍棒，对于犯错的宦官，经常拉到延英殿棒打。宰相们劝谏，但宣宗不听，说道：“此是朕的家臣，打一顿又如何？就像你们家的奴仆犯了错，不可不惩处。”此段显示：一是宣宗在无法彻底清除宦官专权这一毒瘤的情况下，采取加大惩处力度，来抑制跋扈宦官。二是宣宗对犯错宦官的惩处，并未得到宰相们的支持，这也令宣宗非常不满。《东观奏记》另载，度支部门上奏，称“渍污疋段”，结果误写成了“清污”。枢密使承旨孙隐中以为宣宗没看出来，就偷偷改正为“渍”字。等到中书省再把奏表拿来后，宣宗看到勃然大怒，以擅自更改奏表之罪将相关宦官一一处罚。盐州监军使杨玄价（杨钦义之子）诬陷盐州刺史刘皋谋反，将其杀害，朝廷群臣群情激愤，唐宣宗不得已惩处了杨玄价。三是开延英殿议事，剥夺宦官们的参政权。《资治通鉴》载昭宗天复元年曾经下令，要求恢复“大中旧制”，枢密使在宰相们奏事之后，才能上殿接受旨意，以免在宰相奏事时，枢密使干预朝政。也就是说，宣宗时期，为了让宰相们畅所欲言，宰相们在延英殿奏事时，神策两中尉先下殿，枢密使则在殿西等候，等宰相们奏事完毕后，枢密使再上殿接受命令。宣宗的这一举措，在一定程度上剥夺了宦官干预朝政之权。四是对于高品宦官采取轮流外调的策略，以防他们长期盘踞朝中，对皇权构成威胁。据《杨玄略墓志》记载，右军中尉杨钦义之子杨玄略在大中元年担任浙西监军，大中四年召回京师担任总监使，大中七年，又外调为襄阳监军。其他如李敬实等宦官也是如此，宣宗尽可能地将他们调来调去，或者将其本家子弟分散到各地。

从大中五年白敏中、崔龟从相继罢相后，朝中宰相就剩下了崔铉、令狐绹、魏謩三人，到大中六年八月，宣宗又晋升礼部尚书裴休为同平章事。裴休，字公美，他是德宗时期浙东观察使裴肃的次子。裴休为人操守严正，自幼与兄弟们在别墅中读书，终年足不出户。唐穆宗长庆年间，裴休进士及第，文宗大和二年，又登贤良方正、能直言极谏科第三等，后担任监察御史、右补阙、史馆修撰等职。大和五年，宋申锡冤案中，时任补阙的裴休与右散骑常侍崔玄亮等人恳请文宗对此案进行复查，最终救下宋申锡一命。武宗时期，裴休以尚书郎被外派担任几个地方的刺史。宣宗大中年间，裴休已晋升为户部侍郎、充诸道盐铁转运使，不久又被调任兵部侍郎、兼御史大夫、领使如故。裴休之所以能被晋升为宰相，与他个人政绩有很大关系。文宗以来，朝廷重臣兼管转运使的，每年通过漕运运的江淮谷米不过四十万石，顺利抵达关中的又不到十之三四。负责漕运的下级官吏想尽一切办法贪污谷米，一年下来沉没的运米船常有七十余艘之多。裴休主管此事后，派遣下属深入各地查明原因，设立了十条新法、二十条税茶法，继续采取刘晏分段运输之法，规定运船经过之地，由当地县令负责管理，根据实效予以奖惩；全程核算佣金二十八万钱，如果能如数运抵关中，全部奖励给各地漕运官吏，巡院不得擅自截留。新法施行三年以后，每年运抵关中的谷米达到一百二十万斛（当时一斛等于一石），是过去的十倍之多，还杜绝了沉船现象。裴休为人宽厚仁慈，不喜苛察，他还擅长写作，精通书法。其家世代信佛，裴休尤其精通佛经，中年以后，不吃荤腥，时常斋戒，耽于佛法。裴休拜相后，建议宣宗道："宰相们在陛下面前讨论政事，而后由值班宰相撰写《时政记》，如果出现争论，就会详细记载自己说的话，而略写他人之言，致使很多事情出现遗漏，史官们也无法看到事情的来龙去脉。建议允许宰相们各自记载各自的意见，一并交付史官。"宣宗表示同意。

大和六年年初，唐朝朝廷刚刚平定了鸡山变民，党项人就再次侵扰边地了。宣宗想挑选一人担任邠宁节度使，但思来想去找不到一个合适的人选，一次，他平静地与翰林学士、中书舍人毕諴讨论边防，毕諴旁征博引，详细论述了备边之策。宣宗听后大喜，说道："朕正要挑选一个邠宁节度使，真没想到朕的身边竟然还有廉颇、李牧之类的人。爱卿就替朕前去吧！"毕諴欣然从命。宣宗想提高毕諴的声望，就先晋升他为刑部侍郎，而后才任命其为邠宁节度使。毕諴，字存之。他从小孤贫，学习非常刻苦，夜里烧柴照明读书，长大以后，博通经史，尤其擅长诗赋。大和中，进士及第，一直担任杜悰的下属。杜悰拜相后，毕諴也入朝，被拜为监察御史、侍御史。武宗时期，李德裕为相，杜悰被外贬为东川节度使。杜悰昔日的下属都不敢再与杜悰来往，唯独毕諴毫无顾忌，李德裕知道后，十分气愤，就把毕諴外贬为磁州刺史。宣宗即位后，李德裕失宠，凡是被李德裕打压过的人都被召回了京师，毕諴也被召回朝廷，担任户部员外郎、分司东都，此后，又历任驾部员外郎、仓部郎中。过去，高门子弟都觉得仓部、驾部低贱，不愿在这两个部门任职，听说被任命为这两个部门，都很不高兴，唯独毕諴毫无怨言，当朝宰相们见了都很满意。不久，毕諴又被调任职方郎中，兼侍御史知杂（即常务）、翰林学士、中书舍人。

毕諴上任后，派人招降党项，同年十月，叛乱的党项人全都归降了。毕諴认为，边防最重要的是边防军人数要多、粮食要充足，遂大力招募将士，组织屯田，一年过后，收入三十万石谷米，节省朝廷数百万钱。毕諴上任时，率军进驻宁州（今甘肃省宁县），到大中九年（公元 855 年）三月，宣宗以南山、平夏党项均已平定，遂下诏命令毕諴返回了邠州（今陕西省彬县）原驻地。

六五四　大中中期（四）

宣宗任命的裴休、毕諴、高少逸、李行言、李君奭等人，都还是比较称职的，毕諴的任职似乎又与另外一个人免职有一定的关联，而这种关联似乎又能多多少少地揭示大中中期复杂的政治斗争，这个人就是河东节度使李业。

李业，史书无传，结合出土的墓志等资料考证，他出自李唐先祖李虎第七子郇王李祎之后，为李唐宗室疏属，到李业时，其家已与普通百姓无异。李业早年从文，但一直未能考中进士，此后弃文从武，李业的哥哥李权曾任泾原节度使，李业很可能曾在李权手下担任幕僚。在中晚唐高门把持文官仕途的背景下，宦官集团“慓士奇材，则养以为子；巨镇强藩，则争出我门”（《新唐书·宦官》语），没有功名的李业兄弟为了能够出人头地，也很有可能转投到了宦官门下。宣宗大中元年六月，李业为鸿胪卿，曾被任命为册封黠戛斯可汗的使节，出使黠戛斯，回朝后，即被外任为夏绥、凤翔等节度使。大中五年五月，李业由凤翔节度使接替李拭担任河东节度使。

大中六年党项的再度叛乱，原因不详，但从李业很快受到追究来看，可能与李业有关。据《资治通鉴》记载，李业纵容吏民侵扰、劫掠杂虏，又擅自杀降。另据《新五代史·后唐庄宗纪》称：“明年，僖宗即位，以谓前太原节度使李业遇沙陀有恩，而业已死，乃以其子钧为灵武节度使、宣慰沙陀六州三部落使，以招缉之。”由此可以看出，李业以讨伐党项起家，他担任河东节度使后，极力安抚沙陀人，以强悍的沙陀骑兵对付党项等杂虏，李业纵容沙陀人劫掠党项人应该是真实的，这可能是导致党项人再度叛乱的直接原因。如果在武宗时期，甚至是在大中初期，李业的这种带有明显进攻姿态的做法，也许会为试图开疆拓土的宣宗所容忍，然而，经历了大中初年收复河湟和对党项持续用兵之后，宣宗对连年的战事已颇为厌倦（“颇厌用兵”），他已经将主要精力用于应付外廷朝臣和内廷宦官们了，显然，李业这种继续刺激党项人的做法已经不合时宜了，除此之外，李业的这种做法更不符合牛党宰相们苟安妥协的政治立场，于是，就在宣宗任命毕諴的同时，朝廷也开始追究起李业的责任来。

大中六年闰七月，宣宗免去李业河东节度使一职，改任年逾七旬的太子少师卢钧担任河东节度使。卢钧上奏以度支郎中韦宙为副使。韦宙到任后，走遍边塞，召集各部落酋长，一一分析利害祸福，并严禁唐朝百姓进入少数民族辖区劫掠，凡是违反的一律处死，这些少数民族才慢慢安定下来了。掌书记李璋（前宰相李绛之子）杖打了一名牙将，次日，一百余名牙将集体到卢钧那里申诉，卢钧下来将为首的杖打一顿，贬谪到外镇，其余人员也都一一责罚。事后，卢钧说道："边镇一下子聚集了一百余人，无故申诉，不可不杀一儆百。"由于李业有宦官背景，宰相们大多选择了三缄其口，唯独魏謩上书请求对其加以贬谪。宣宗没有答应，只是将李业调往了滑州，担任天平军节度使。

宣宗彻底解决宦官集团的图谋在外廷朝臣那里受阻，只好退而求其次，采取个案处理的办法威服宦官，效果还算差强人意，起码大中时期，仇氏集团逐渐淡出了政治舞台，枢密使王归长、马公儒等人对宣宗也是唯命是从，这让宣宗多少放下心来，将注意力转向了外廷朝臣们。

《南部新书》记载的宣宗杖打犯错的宦官一事，受到宰相规劝一事，没有明言劝谏的宰相究竟是谁，但结合大中后期宣宗怠于听政等事实，此事应当发生于大中中期，即崔铉当政时期，而书中所言的宰相，极有可能就是崔铉。考察崔铉的生平，其人与宦官集团有着千丝万缕的联系，其规劝宣宗也在常情之中，而恰恰是崔铉这一规劝，反而让宣宗怀疑外廷宰相与宦官集团有染，这正是犯了宣宗的大忌。

同时，牛党擅长结党营私，崔铉也不例外，这也让宣宗耿耿于怀。《东观奏记》记载："魏国公崔铉秉政，郑鲁、杨绍复、段瓌、薛蒙一时俊逸，铉所取信，凡有补吏、议事，或与之参酌。时人语曰：'炙手可热，杨、郑、段、薛；欲得命通，鲁、绍、瓌、蒙。'时鲁为刑部侍郎，铉欲引以为相，圣旨授河南尹，不测其事。赴后，上问：'郑鲁发后，除改卿还自由否？'铉惊恐，密以此事访于左右，云：'御扆上题此四句。'铉益畏。"这段记载起码透露了四个信息：一是崔铉确实结党营私；二是宣宗对此已经知晓，并非常在意；三是崔铉与宦官集团不清不楚，能够从宣宗身边侍从那里得到底细；四是宣宗已经疏远了崔铉。

同为牛党人物的杜悰时任淮南节度使，大中九年，淮南发生严重的旱灾，百姓们因饥荒而纷纷逃亡，不少人只好淘出漕运沉船河床的谷米糊口，将湖中的茭白都吃尽了，杜悰反而上表称这是祥瑞。淮南监狱中积压了数千囚犯，而杜悰却整日喝得烂醉，根本不予审理。宣宗听说后，就于大中九年七月免去了杜悰节度使一职，改任其为太子太傅、分司，而将崔铉罢相，以其为同平章事、充淮南节度使。宰相外任节度使，是平调还是外贬，视情况而定，但首相外任节度使，一般来说都是外贬。但是，为了显示君臣亲密无间，宣宗故技重演，像几年前对待白敏中一样，专门在太液亭设宴给崔铉送行，还在宴席上赋诗一首相赠，诗中有“七载秉钧调四序”之句，对崔铉的“政绩”予以肯定。

大中九年外贬了首相崔铉，已经显示了宣宗与外廷宰相争斗的苗头，在接下来的一两年里，这种争斗还在持续。

为了防止外廷宰相蒙蔽自己，宣宗非常重视延英殿听政制度。据《东观奏记》记载：“上临御天下，得君人法。每宰臣延英奏事，唤上阶后，左右前后无一人立，才处分，宸威不可仰视。奏事下三四刻，龙颜忽怡然，谓宰臣曰：‘可以闲话矣。’自是，询闾里闲事，话宫中燕乐，无所不至矣。一刻已来，宸威复整肃，是将还宫也，必有戒励之言。每谓宰臣：‘长忧卿负朕，挠法，后不得相见！’度量如此。赵国公令狐绹每谓人曰：‘十年持政柄，每延英奏对，虽严冬甚寒，亦汗流洽背。’”延英殿听政，要求宰相们集体奏事，以免出现权臣的欺瞒现象，而且，宣宗通过大殿之上的威仪，以显示自己高高在上的地位，给宰相们制造压力，然而，宣宗的这些“恐吓”手段效果非常有限，根本无法防止权臣们私下的作为。

贬出崔铉之后，宣宗开始着手起用一些牛党色彩不浓的人物，以期改变朝廷朋党的乱局。大中九年十一月，就在崔铉外贬数月之后，宣宗就任命吏部侍郎柳仲郢担任兵部侍郎，充盐铁转运使。我们知道，柳仲郢是名臣柳公绰之子，原本柳公绰与李德裕之父李吉甫是有过节的，史称：“公绰素与裴垍厚，李吉甫出镇淮南，深怨垍。六年，吉甫复辅政，以公绰为潭州刺史、兼御史中丞，充湖南观察使。湖南地气卑湿，公绰以母在京师，不可迎侍，致书宰相，乞分司洛阳，以便奉养，久不许。”但柳仲郢与其父一样都是非常正直的人，党派色彩并不明显。武宗时期，李德裕当政，将其提拔为吏部郎中，此后，柳仲郢忠实地执行了武宗、李德裕君臣沙汰冗员的政策，被晋升为谏议大夫。会昌五年，李绅上报吴湘一案，御史崔元藻请求复审受到惩处，柳仲郢仗义执言，李德裕知道他并非出于朋党私利，对他更加敬重，不久就推荐他担任京兆尹，后因得罪了宦官集团，而被改任右散骑常侍，权知吏部尚书铨事。宣宗即位后，凡是得到李德裕重用的人都被贬谪，柳仲郢也不例外，被外贬为郑州刺史。等周墀拜相后，路过郑州，见当地治理得很好，遂大加赞赏，不久，在周墀的推荐下，柳仲郢被晋升为河南尹，入朝担任户部侍郎。牛党内部相互倾轧，周墀罢相，柳仲郢也随之被贬为秘书监，数月之后，外调为河南尹，此后又被转调东川节度使。在东川五年，柳仲郢将辖区治理得井井有条，其政绩传到宣宗的耳朵里，这次召回朝廷，担任吏部侍郎，还未谢恩，宣宗又改任其为兵部侍郎，充盐铁转运使。柳仲郢一直没有忘记李德裕的知遇之恩，大中一朝，李德裕一家无一人入仕，等柳仲郢担任盐铁转运使后，就提拔李德裕的侄儿李从质担任推官，主管苏州院事，好让他有一份俸禄养家。令狐绹知道后，很不高兴，柳仲郢专门给令狐绹写信解释道："李太尉受到责难已经很久了，其家已空无一人，无人祭奠，确实令人痛心。"此后，令狐绹才答应了。有名叫刘集的民间医生通过宦官求官，宣宗下令让此人当一名盐铁场的管理员。柳仲郢上书反对道："医生医术高明，可以当一名医官，如果让他管理盐铁，拿什么来考核他呢？况且，一个场官是非常低贱的职位，这不是陛下的诏命该任命的，臣不敢奉命。"宣宗见后，赶忙在上面批示道："应赏赐给刘集一百匹绢，将他打发走。"此后，宣宗见到柳仲郢夸奖他说："爱卿你对刘集一事的意见，非常妥当！"

六五五 大中中期（五）

斥退崔铉之后，大中十年（公元 856 年）一月，宣宗又任命御史大夫郑朗为工部侍郎、同平章事。

郑朗，字有融，是前宰相郑覃的弟弟。长庆元年，郑朗登进士甲科，后晋升为右拾遗；文宗开成年间，担任起居郎，此后历任考功郎中、谏议大夫；武宗时期，郑朗又历任给事中、华州刺史、御史中丞等职；宣宗继位后，郑朗又历任定州刺史、义武军节度使、汴州刺史、宣武军节度使、宋亳汴颍观察使等，入朝担任工部尚书、礼部尚书。郑朗之兄、前宰相郑覃是李德裕的好友，在牛李党争其间，与李党一起沉浮，此时宣宗晋升郑朗为宰相，指导思想与提拔柳仲郢是一致的。

在提拔郑朗的同时，宣宗又将裴休罢相了。一次，宣宗让裴休直抒胸臆，谈谈朝中当今亟待解决的问题。裴休请求宣宗早早册立太子，宣宗说道："如果册立了太子，朕就成了一个闲人！"裴休吓得不敢再说什么了。不久，裴休就称病请求辞职，宣宗一开始没有答应，到了六月才将其外调为同平章事、充宣武节度使，裴休担任宰相共计五年。宣宗之所以迟迟不立太子，自然有担心大权旁落的考虑，但更重要的是宣宗不喜欢长子郓王李温，一直想立三子夔王李滋为太子，然而，毕竟李滋排行老三，如果强行册立李滋为太子，势必掀起一场轩然大波，不管是册立李温还是李滋为太子，得势与失势双方的争斗肯定不会停止，让原本就暗流涌动的朝廷内部再起波澜；另外，目前朝中牛党已形成一股强大的势力，这已经让宣宗警觉起来，一旦再介入太子一党，牛党人物、宦官集团等等势必投靠到太子门下，与宣宗分庭抗礼，这才是宣宗最为担心的，所以，他才说出立了太子，自己就成为闲人的话，这也有可能就是当时现状，也从另一方面反映出宣宗对朝局的控制力是非常有限的。

大约从大中八年开始到大中十年，宣宗与宰相之间的摩擦开始增多。大中八年，牛党人物京兆尹孙景商被晋升为刑部尚书，京兆尹一职出现空缺。宣宗打算起用杜中立，但宰相们认为杜中立年少，还需要进一步历练，最终宣宗妥协，杜中立被外任为义武军节度使。京兆尹地位重要，宣宗继位后，京兆尹大多是牛党人物担任，这些人对权贵们包庇纵容，长安城内又恢复到武宗朝以前权贵横行不法的状态，这让宣宗十分不满。杜中立是宪宗朝河南尹杜兼的儿子，文宗开成年间娶了宪宗第十二女真源公主，被拜为驸马都尉。杜中立精明能干，他曾说过："朝廷法令完备，如果不起用我，那些权贵们犯起法来该怎么办呢？"后历任太仆、卫尉二少卿、左右金吾大将军、司农卿等职，在任其间，他用法严明，也得罪了不少人。杜中立如果受到重用，又有皇权撑腰，势必令宰相们感到忌惮，所以他们借口杜中立年轻将其打发出了朝廷。

宰相们推荐的京兆尹人选是崔罕。不久，一名内园巡官没有避让崔罕的仪仗，崔罕竟然下令杖打五十四下，将此人活活打死。宣宗听说后，勃然大怒，打算将其贬到偏远的郡县，但宰相们再三营救，宣宗说道："崔罕身为京兆尹，本该锄强扶弱，有人冲撞了他，杖打一顿当然是可以的，可是，他不该先问那人的身份，等知道那人是个小小的巡官后才行刑，这是一个错；第二个错，崔罕身为臣子，只能杖打二十七下，超过这个数，就是朕的权力，他竟然杖打此人五十四下，将人活活打死，真是骇人听闻！"但宰相们依然替崔罕说好话，最终宣宗再次妥协，只将崔罕贬为湖南观察使。

显然，宣宗从轻处罚崔罕，是给宰相们卖了一个人情。大中十年五月，宣宗绕过宰相们当面任命翰林学士、工部侍郎韦澳担任京兆尹，并命其立即上任。《东观奏记》称，韦澳"在翰林极承恩遇"，连密谋诛除宦官之事，宣宗就与韦澳商量，显然韦澳是宣宗的心腹之人，况且，韦澳为人正直无私，自然是京兆尹最合适的人选。《东观奏记》另称，过去，京兆尹住在家里，单日在京兆府上班，双日在递院上班，宣宗任命韦澳后，还专门命令度支部门拨付两万钱，给韦澳重修京兆府，让他就住在府中。

果然，韦澳不负宣宗的厚望，他上任以后，京师权贵们都不敢再为非作歹了。宣宗舅舅郑光田庄的小吏横行乡里，多年不交赋税，韦澳派人将其打入大牢。宣宗在延英殿上问韦澳，韦澳将情况一一汇报。宣宗问道："你打算怎么处理？"韦澳回答："依法论处。"宣宗说道："郑光非常喜欢此人，你说该咋办呢？"韦澳回答："陛下亲自任命臣为京兆尹，就是想清除京师长期存在的问题，如果郑光家的小吏长年不交赋税，还能得到宽恕，那说明陛下的法律只管平民百姓而已，臣不敢奉诏。”宣宗又说：“确实如此，可是郑光一直纠缠着我，没完没了，你将那人痛打一顿，饶其一死，可以吗？”韦澳回答：“臣不敢再不奉诏了。请陛下让臣继续关押此人，等他缴清赋税再放。”宣宗回答：“当然可以，朕替郑光给你说情，干预你公平执法，深感惭愧。”韦澳回到衙门后，当即将那人痛打一顿，督促其家缴清拖欠的数百斛田租后，才将其释放了。《东观奏记》对此事有一段更为有趣的记载，据称，当时韦澳逮捕了郑光家的主管，限定郑光田庄在五天之内把欠租交齐，不然就要正法。郑太后替郑光求情。宣宗问韦澳：“今天缴纳，放不放人？”韦澳回答：“今天还在期限之内，明天就来不及了。”韦澳走出大殿，宣宗又连连问道：“国舅欠税今天缴足，放人不放？”韦澳回答：“一定放人。”宣宗回到后宫，对郑太后说：“不可冒犯了韦澳，暂且把田租送去。”不久，郑光家就把所欠田租送到京兆府，韦澳这才把人放了。

司农卿韦廑想当夏州节度使，有位术士得知后，就主动找到他，自称：“我擅长向星辰求福，凡是求官的，无不如意。”韦廑信以为真，就把他安排在家中，在夜里设坛祈祷。术士对韦廑说：“请大人亲自写出想要的官位。”术士拿到韦廑写的东西后，却突然仰天大喊道：“韦廑心怀不轨，令我祭天！”韦廑顿时吓得面如土色，瘫倒在地，全家老少都跪地恳求术士饶命，就这样，在术士的胁迫下，韦廑把全家的钱财都拱手送给了这位术士。巡逻的人见术士衣着光鲜，怀疑其有偷盗嫌疑，盘问之下，术士遂说出实情。九月，宣宗当面问韦廑，才知道了事情的来龙去脉，遂对宰相们说：“韦廑是城南的高门，被奸人诬陷，不要让狱吏羞辱了他家人。”遂命人将术士押送京兆府，立即用棍棒打死，将韦廑贬为永州司马。《唐语林》还记载，韦澳担任京兆尹其间，还发生了一件巫蛊案，案件涉及飞龙厩人员郭群，京兆府传唤了三次郭群都没到案。韦澳亲自向宣宗反映这一情况，宣宗问内侍：“郭群属飞龙厩，这不错吧？”得到肯定回答后，宣宗命令宦官们次日将郭群押送到了京兆府。

如果说宣宗提拔柳仲郢还没有遇到牛党太大的阻力，那么，他提拔翰林学士、工部侍郎韦澳就不一样了。韦澳原为周墀的下属，自然是周墀的人，周墀没有附和宣宗单独安葬郭太后而被罢相，韦澳靠着自身的才干能力和公忠之心赢得了宣宗的赏识，被宣宗提拔为翰林学士承旨，史称：“与同僚萧寘深为宣宗所遇，每二人同直，无不召见，询访时事。每有邦国刑政大事，中使传宣草词，澳心欲论谏，即曰：‘此一事，须降御札，方敢施行。’迟留至旦，必论其可否。上旨多从之。”这自然让牛党其他人物心存忌惮。另据《东观奏记》记载，过去，京兆府上报的进士、明经人选，要分出上、中、下三等，以示差别，到宣宗时期，世风日下，上报之日，各色人等纷纷找人请托，弄得乌烟瘴气。韦澳到任后，下令：“朝廷将裨教化，广设科场。当开元、天宝之间，始专重明经、进士。及贞元、元和之际，又益以荐送相高。当时务尚切磋，不分党甲，绝侥幸请托之路，有推贤让能之风。等列标名，仅同科第，既为盛事，固可公行。近日已来，前规顿改，互争强弱，多务宾士。定高卑于下第之初，决可否于差官之日。曾非考覆，尽系经营。奥学雄文，例舍于贞方寒素，增年矫日，尽取于党比群强。中选者曾不足云，而争名者益炽其事。澳叨司畿甸，合贡英髦，非无藻鉴之心，惧有爱憎之谤。且李膺以不察孝廉去任，胡广以轻举茂才免官；况其管窥，实难裁处。况礼部格文，本无等第，府廷解送，不当区分。今年合送省进士、明经等，并以纳策试前后为定，不在更分等第之限。”韦澳对京兆府举子不再区分等级，实际上触犯了权贵阶层的利益，也得罪了一大批人。

六五六 大中中期（六）

宣宗提拔韦澳为京兆尹，只是他整顿朝廷重臣的一环。

如今，在他相继贬斥了崔铉、裴休之后，朝廷重臣只剩下了令狐绹、魏謩和郑朗三人，还有一名空额，就此宣宗与宰相们又进行了一番博弈，而这场博弈又多多少少影响到了韦澳以后的命运。

最想爬上宰相高位的是户部侍郎、判度支、驸马都尉郑颢。宣宗依靠宫廷阴谋登上皇帝宝座，在朝中没有什么根基，与武宗一朝群臣关系紧张，而当时的山东高门士族也通过科举制度的漏洞，采取请托、行卷、解送等不太正当的途径，渗透到朝廷各个部门，科举几乎被高门士族子弟垄断，“礼部放榜，岁取三二姓氏稀僻者，谓之色目人，亦谓之榜花”（《南部新书》语）。在这一过程中，又逐渐增强了朋党势力，因此，在他登基之后，就纡尊降贵，极力拉拢山东高门士族，让白敏中强迫将爱女万寿公主嫁给郑颢就是一例。万寿公主嫁给郑颢后，宣宗还要求公主像平常人家那样谨遵妇道，郑颢姐姐病重其间，万寿公主亲自擦洗，令身边的侍从都感动得落泪。尽管如此，到大中十三年宣宗再次挑选女婿时，山东士族依然不愿与他结亲，弄得宣宗十分尴尬。据《旧唐书·王徽传》记载，当时有人把王徽的名字报上去，王徽听说后，竟然“忧形于色”，到宰相哀告说自己已年逾四十了，身体多病，才辞掉了这门婚事。王徽出身门第并不高，只是一般的官宦子弟，尚且不愿与宣宗联姻，那些自视甚高的高门子弟不愿娶宣宗之女，也在情理之中了。再者，唐朝公主大多跋扈，也令士人以与皇帝结亲为畏途。《中朝故事》就记载：“缙绅子弟皆怯于尚公主，盖以帝戚强盛，公主自置群僚，以至庄宅库轝尽多主吏，宅中各有院落，聚会不同。公主多亲戚聚宴，或出盘游，驸马不得与之相见，凡出入间婢仆不敢顾盼，公主即恣行所为，往往数朝不一相见。”

郑颢找到于琮（秦王府十八学士之一于休烈曾孙、于敖之子）说：“你虽然有才华，但行为不检点，所以名声不太好，你愿意当驸马吗？”仕途无望的于琮就答应了。作为交换条件，当年郑颢就托付李藩，让他在主持贡举时把于琮取为进士，唐宣宗又提拔他为左拾遗、内供奉。原本说好是将次女永福公主嫁给于琮的，一次，吃饭的时候，不知何故，永福公主发了小脾气，当着宣宗的面把筷子折断了，宣宗唯恐永福公主嫁出去后，会得罪了婆家，就把贤惠的第四女广德公主嫁给了于琮。公主嫁到于家后，果然没有辜负宣宗的期望，史称：“治家有礼法，尝从琮贬韶州，侍者才数人，却州县馈遗。凡内外冠、婚、丧、祭，主皆身答劳，疏戚咸得其心，为世闻妇。”

在宣宗的纵容下，高门士族日益跋扈。武宗朝，李德裕为了改变高门子弟垄断贡举的不良现象，曾鼓励朝廷重臣子弟以门荫入仕，给寒门子弟创造升迁的条件，但是，早在大中元年宣宗刚刚即位时，吏部侍郎魏扶主持贡举，奏称录取的进士中有三人父亲系朝廷重臣，不敢录取，宣宗就下令：“从今往后，根据惯例录取，不用再奏闻了。”取消了对高门子弟的限制。此后，高门大族有恃无恐，科场舞弊层出不穷，大中七年，崔瑶知贡举，自恃出身高贵，不害怕舆论指责，录取的都是权贵子弟；大中九年，又发生了博学鸿词科泄题事件，京兆尹柳惠之子柳翰从主考官裴谂处得到考题，托温庭筠代笔，柳翰果然及第，弄得满城风雨。大中十年，郑颢知贡举，录取的也都是“膏粱子弟”。除了在科举考试方面，高门士族相互请托，上下其手，在其他方面也非常跋扈。大中时期，如果是寒门子弟出身的官员冲撞到高门子弟出身的，动辄被打死。据《玉泉子》记载，谏官崔瑄因私回家，与办理公务的京兆参军卢甚因住店而发生争执，因崔瑄出身大族，朋党众多，并且宰相崔铉还是他的门生，而卢甚却出身寒微，无人替他说话，结果，崔瑄仅仅被贬为阳翟县令，而卢甚却遭到流放，途中又被赐自尽。前述的内园巡官冲撞了京兆尹崔罕，竟然被活活打死，而崔罕由于有宰相们求情，宣宗不得已只将其贬为湖南观察使。《旧唐书·魏謩传》记载，大理卿马曙家中私藏兵器，其侍从王庆告发，马曙只受到贬官处分，而魏謩曲解法律，竟然将有功无罪的王庆用棍棒杀死了。《北梦琐言》记载，像白敏中、毕諴等门第不高而登上高位的，都被高门大族鄙视，崔慎由就曾说过：“该辞官回家了，如今的中书省里都是些‘蕃人’。”所谓的“蕃人”，就是这些姓不是纯正的汉族，祖上有少数民族血统。大中四年，吏部侍郎孔温业请求担任外职，当时的宰相白敏中就非常顾忌，对同僚们说："我们该检点了，孔吏部不肯在朝廷任职了！"这也说明了当时世家大族的影响力。

郑颢不仅是状元，又是高门大族，还是当今驸马，完全有条件竞争宰相之位。令狐绹拜相后，因自己门第不高，与郑颢联姻，当郑颢一心想当宰相时，令狐绹自然会鼎力相助了。然而，此时，宣宗对待高门大族的态度已经发生了微妙的变化，登基之初，强大的宦官集团令他如芒刺在背，在朝中素无根基的他不得不一方面与宦官集团虚与委蛇；另一方面赦免牛党人物，主动与山东士族靠拢，随着时间的推移，跋扈宦官受到打压，暂时对皇权构不成太大的威胁，而外廷朝局却纷繁复杂，权贵们已经结成一张无形的大网，影响甚至对抗宣宗的政令，这让宣宗深感不安。大中九年、十年，宣宗的一系列举措就已经透露出削弱朋党势力的意图，显然，按照宣宗的思路，是根本不可能让郑颢当宰相的，而郑颢的父亲郑祇德似乎早已看出其中的端倪。当他听说儿子一心想爬上宰相高位时，就给他写信道："我听说你主管了户部，我就已经看到我死之年了，而今你还想当上宰相，我就看到我死的那一天了！"郑颢接到父亲的书信后，这才心生恐惧，顿生退意，屡屡上书请求辞掉户部繁重的事务，果然，宣宗于大中十年十月，将郑颢调任秘书监。

判盐铁、户部、度支三司地位重要，是通过宰相的一条门径，比如，郑朗原为工部侍郎、判度支，后以工部尚书拜相，郑颢空出了户部侍郎、判户部，宣宗遂暂时让中书舍人萧邺接替。萧邺，南梁长沙王萧懿的九世孙，进士及第，大中时，入朝担任中书舍人、户部侍郎、判户部，《新唐书》称，此人"在官无足称道"。不久，宣宗又改任萧邺为判度支，打算提拔萧邺为宰相，这样一来，就空出一个户部侍郎、判户部的位置，也就是郑颢原来的职位。宣宗打算把这个职位让给京兆尹韦澳，然而，任职不足一年的韦澳承受了来自各方的压力，让他不敢再与宣宗走得更近。据《旧唐书·韦澳传》记载，当时，在延英殿上，宣宗对韦澳说："户部还缺一个判使。"韦澳却佯装不知，继续汇报京兆府的公务。宣宗一口气说了三遍"户部还缺一个判使"。见韦澳还是装聋作哑，只好主动问他："你愿意不愿意当？"话说到这个份儿上，韦澳只好回答："臣近年以来心力俱疲，难以担当繁重的事务，已屡屡请求外调到一个小镇，而陛下一直没有答应。"宣宗一直对韦澳寄予厚望，谁知才经过数月，韦澳却已心灰意冷，连京兆尹都不想继续当下去了，更不要说户部侍郎或者宰相了，宣宗听了，沉默了很久，心里很不高兴。退下后，韦澳的外甥柳玭（柳仲郢之子）劝韦澳道：“舅舅深受陛下恩遇，此次在延英殿上的回答，恐怕不妥啊。”韦澳这才说出心中的苦衷：“我不受当今宰相的信任，陛下亲自下旨让我当上要职，宰相们肯定认为我是通过其他不正当途径换取的，我怎么来自证清白？我的回答不错。你该明白如今的国事已逐渐败坏，全都是我们贪图爵位导致的，你要铭记这一点！”受到高门大族左右的舆论是如何诬蔑韦澳的，已无从查考了，当时所谓的不正当途径无外乎宦官渠道。

不久，心灰意冷的韦澳就被任命为河阳节度使，从此再也没能回到朝廷，宣宗以御史中丞兼尚书右丞夏侯孜担任户部侍郎、判户部。夏侯孜，只是一名碌碌无为的普通官吏，史书对其事迹没有过多的记载，《东观奏记》称他与李景让一样“偘偘（刚直之意）立朝”。韦澳辞别之时，宣宗说道：“是你自己想离开的，可不是我想让你走的。”在河阳其间，宣宗还时常想到韦澳，中使王居方曾出使魏州，宣宗专门让他给韦澳捎话：“久别无恙！听说你修道，有什么药方、术数，可由王居方带回。”韦澳回奏拜谢，并劝宣宗：“方士之言千万不可相信，金石有毒，切不可服食。”《东观奏记》记载，王居方此行，宣宗专门写下书信，称：“偷偷办理行装，等到秋天，朕当与爱卿相见。”又告诫王居方：“路过河阳时交给韦澳，千万不可让外人知道。”宣宗是想避开宰相的干扰，突然提拔韦澳为相，但是，此后不久，宣宗就去世了，此事也就不了了之。显然，宣宗在大中中期已经意识到其所用的宰相们庸碌无能，治国乏术，想要起用像韦澳这样既忠诚于自己，又敢于干事的能臣，然而，那些既得利益者已经遍布朝廷各个角落，在很多时候，宣宗也深感无可奈何。

再到后来，懿宗即位后，韦澳被征召入朝，担任吏部侍郎。他在任其间，选举公平，不接受权贵们的请托，“为执政所恶”，又被贬到地方任职，此后，韦澳再次对世事感到失望，屡屡请求退休，最后郁郁而终。韦澳之子韦潾也受到打压，他虽然进士及第，但一辈子无官可做，终老一生。正直之人难以自立于昏暗之朝，像韦澳这种正直之士不仅在懿宗朝难于立足，就是在所谓“小太宗”的宣宗一朝也是如此，这也是我们将宣宗朝定为晚唐的原因之一。

六五七 大中中期（七）

大中十年以后，宣宗在任命朝廷重臣时越来越多地绕开宰相，采取直接任命的办法，也说明了宣宗与以令狐绹为首的宰相之间面和心不和的现实，他坚持延英殿奏事制度，并时常拿语言威胁宰相，也是他力不从心、色厉内荏的表现，宰相们阳奉阴违、结党营私，让宣宗神经更加敏感，时常处于高度紧张的状态。

在挑选下一个宰相人选之前，宣宗用一件事来试探一下群臣的态度。《东观奏记》记载："李景让为吏部尚书，抗疏言：'穆宗至敬宗、文宗、武宗四庙当迁出。以穆宗是上兄弟，文宗以下是上犹子。陛下拜兄尚可，拜侄可乎？使陛下得亲事七庙，宜重升代宗以下入庙，以正三昭三穆之序。'事下百官集议，不定而止。时人以上方衔穆宗，深谓景让希旨，多不直其事。"这就是大中十年所谓的"迁庙风波"。

宣宗即位以后，出于私心，一直试图否认穆宗、敬宗、文宗、武宗四朝的合法性。大中二年，其嫡母郭太后去世，宣宗就与礼官发生一次激烈的冲突，坚决拒绝了礼官们将郭太后与宪宗合葬的合理要求，大中三年，又将武宗之母、穆宗之后宣懿太后的神位迁出太庙，不承认宣懿的太后资格，主要是因为宣懿对于宣宗而言是嫂子，宣宗不承认自己是继承武宗的皇统，而是直接继承父亲宪宗的皇统，故此再称宣懿为太后就于理不顺了。宣宗的最终目的是想从太庙中彻底迁出穆宗、敬宗、文宗、武宗，抹杀四帝的存在，当然，这不过是他的一厢情愿，四帝统治达二十七年之久，这是一个客观事实，抹杀这段历史其实在儒家正统思想的人们中间也是不得人心的，但是，在大中十年宣宗试图重新认识"忠于"自己的朝臣之时，用这事来做文章，就成了他选定心腹朝臣的试金石。

李景让，字后己，是安史之乱中为叛军所杀的东都留守李憕的曾孙，他在文宗大和年间为尚书郎，外派担任商州刺史，开成二年入朝担任中书舍人，后为礼部侍郎。宣宗朝为山南东道节度使，大中八年三月入朝担任吏部尚书，一直未被晋升。《金华子》称，李景让非常孝顺，他很小的时候，父亲就去世了，寡母艰难将几个孩子抚养成人。其母对儿子们要求非常严格，李景让兄弟都已头发斑白，成为达官显贵，还不免因错受到其母的责打。李景让的弟弟李景庄参加科举考试，屡屡落第，每次，其母都要责打李景让。亲戚们劝说其母，其母说："朝廷知道他是李景让的弟弟，不是滥竽充数之人，自当会让他及第的。"不久，宰相果然对知贡举的官员说："今年得把李景庄录取了，再不录取，可怜那个老儿每一年都要挨一顿打。"遂将李景庄录取了。李景让担任浙西节度使其间，一次，因怒将一名下属打死，军中一片哗然，行将爆发兵变。李景让的母亲听说后，当众令李景让站在厅堂之下，斥责道："天子令你镇守一方，岂能轻易用刑！如果导致地方叛乱，不仅你对不起君王，而且还让你这个年迈的老母含羞而死，还有什么脸面在地下再见你的父亲！"拿起棍棒就要打李景让。李母的言行感动了军中将士们，纷纷替李景让求情，军中也因此安定下来。《卢氏杂说》记载，大中年间，一次众官一起喝酒，席间，蒋伸突然举起一杯酒，对大家说："席上有在家中孝顺，对国家忠心，又名重一时之人，可以满饮此杯。"众人都一脸茫然，不敢举杯，唯独李景让站起身来，接下此杯酒。蒋伸说道："你喝这酒确实适当。"从上述两则逸事上可以看出李景让家的家风，李景让之母表面上严厉整肃，但其实内心很是狡黠。李景让的弟弟考不上进士，完全是因为自己的水平不行，而李母却要痛打身为吏部尚书的李景让，这其实是在给朝廷重臣施加压力。李母早年守寡，心理不太正常，对儿子们稍不满意就棍棒相加，这种高压之下培育出来的"孝顺"，其实有点心理扭曲的味道。由此，我们也可以揣测出李景让的为人：一是自负；二是外方内圆；三是进取心很强；四是容易意气用事。

李景让身为吏部尚书，迁庙之事似不是其主管范围，而他却在大中十年下半年这一节骨眼上突然提出此议，不能不令人感到疑惑。大中十年正是宣宗出手整顿朝廷的关键时期，他相继提拔或者贬斥了很多人，也引起了既得利益者的普遍抵制，韦澳受到致命打击就是一个明显的例证。在这种情况下，李景让突然提出迁庙之事，就不能不令人怀疑是受到宣宗的指使，命其抛出这一颇具争议的话题，来试探朝臣们的态度，看清他们究竟是不是自己的人。

宣宗下诏命令群臣一起商议迁庙一事，果然，此事在群臣中间引起轩然大波。迁庙一事等于将穆宗以下四帝一概否定，这是众多朝臣根本难以承受的政治代价，也是儒家传统所无法接受的，也是很不得人心的，最终反对迁庙的意见占了大多数，此事也就不了了之了。迁庙一事的后果：一是正统的士大夫们从内心深处对宣宗和李景让感到轻视；二是宣宗也更清醒地认识到了朝臣们的力量；三是宣宗以这次对待迁庙的态度，来决定下一个宰相的人选。

据《东观奏记》记载，就在宣宗想任命韦澳担任户部侍郎、判户部未果的同时，大中十年十一月，他原本打算秘密提拔已调任兵部侍郎、判度支的萧邺为宰相，命枢密使到学士院起草诏书。萧邺过去担任判度支，枢密使王归长、马公儒仔细看过圣旨后，发现上面并没有明说萧邺拜相后免去判度支，就到宣宗那里询问："是否免去萧邺判度支？"宣宗听了，就怀疑二人是萧邺一党，是在有意袒护萧邺，当即改变了主意，任命萧邺的死对头户部侍郎、判户部崔慎由为相，写下崔慎由的名字交给学士院，还特意注明："免去判户部"。萧邺拜相之事也就暂时泡汤了。

崔慎由，字敬止，清河武城人。其父崔从在宪宗朝曾任御史中丞、尚书右丞，曾说服成德王承宗归顺朝廷，此后担任山南西道节度观察等使。穆宗即位后，入朝担任尚书左丞、东都留守等职。文宗时期入朝担任户部尚书，因其与裴度、李德裕是一党，在李宗闵执政时，被贬为检校尚书右仆射、太子宾客、东都分司，引起舆论不满，后李宗闵将其改调为淮南节度使。崔慎由端庄厚重，记忆力超群，在大和初年进士及第，历任右拾遗、员外郎、知制诰、翰林学士、户部侍郎，又担任方镇节度使，后入朝为工部尚书。崔慎由出身清河崔氏，是典型的山东高门大族，他们与上文中的权贵、牛党人物，有联系，有交叉，但也有一定的区别。

虽然我们不知道萧邺在这次迁庙之争中的态度，但从萧邺出身江南贵族的家世、史料对其极低的评价以及宣宗在这次迁庙不久就自行决定让萧邺担任宰相等诸多方面，可以推定萧邺是支持宣宗和李景让的，只不过仅仅因为枢密使王归长和马公儒的一句问话，引起了宣宗的怀疑，才临时起意让崔慎由替换了萧邺。

不过，仅仅过去数月，到大中十一年（公元857年）二月，宣宗就又将牛党人物魏謩贬出了京师，以其为同平章事、充西川节度使，朝中四相再次出现了一个缺额。魏謩言论切直，得罪宣宗不止一处，曾率先建议宣宗册立太子，在这次迁庙之争中极有可能是极力反对者。虽然《旧唐书·魏謩传》称，宣宗常夸奖魏謩有其祖父之风，是名臣子孙，我内心是非常看重他的。但这其实与宣宗对待白敏中、崔铉是一样心口不一的。该传还说，魏謩之所以遭到贬谪，是他言语过刚，受到了令狐绹忌惮。这更是一句欲盖弥彰的谎话：如果魏謩是一位低级官吏的话，说其贬官是首相令狐绹所为还算勉强，而魏謩同为宰相，并且是在宣宗独揽朝政、拜相罢相根本不与宰相商量的特殊时期，还说是源于令狐绹，这就是睁眼说假话了。

让谁来接替魏謩呢？其实，宣宗早已成竹在胸。到大中十一年七月，他就任命兵部侍郎、判度支萧邺为同平章事，仍判度支。显然，在这半年时间里，宣宗消除了对萧邺的误会，反而对其更加信任了。《旧唐书·崔慎由传》称，崔慎由和萧邺曾都是翰林学士，同僚之间关系恶劣，等崔慎由拜相后，就免去了萧邺的翰林学士一职，但不久，萧邺不仅也当上了宰相，还兼判度支，宣宗对其“恩顾甚隆”。迁庙风波让李景让得不偿失，声望顿减，但宣宗又不得不答谢一下他，就在迁庙风波一个月之后，宣宗就晋升其为御史大夫，然而，宣宗迫于舆论的压力，对李景让的答谢也就到此为止了。《唐语林》称，根据惯例，当上了御史大夫，一般很快会被拜相。御史台内部有种说法：如果在一百天之内另有他人被拜相的话，就称之为“辱台”，羞辱了御史台或御史大夫之意。因此，李景让被拜为御史大夫后，自我感觉良好，上任之初就大刀阔斧，以不称职为名惩处了侍御史孙玉汝、监察御史卢狷、王觌等人，然而，等魏謩罢相后，宣宗任命了萧邺为相，还将李景让外贬为西川节度使。这让李景让非常难堪，不久，满腹牢骚的他就上书提出退休，宣宗竟然也答应了。李景让回到洛阳闲居后，离群索居，见到新贵们，心里极度不平衡，后来，李琢（李晟之孙、李听之子）从浙西节度使任上被征召入朝，路过洛阳，要与李景让相见，李琢到了李家大门前，正要下马进门，看门人却传出李景让的话来，不肯与李琢见面；等李琢怏怏而去后，偏执的李景让又命家人把李琢的拴马桩砍去。

经过一番调整，到大中十一年，宣宗朝廷的宰相分别是：令狐绹、郑朗、崔慎由和萧邺四人。

六五八 宣宗晚年（一）

大中十一年（公元 857 年），宣宗已经四十七岁了。

宣宗是个明察秋毫又事必躬亲的皇帝，唯恐臣下欺瞒自己，所以他经常微服私访，还重新规制了诸如延英殿奏事等制度，以防受到蒙蔽，实际上，这些措施与用人制度相比都是些细枝末节，假如你能知人善任，解决好用人制度上的种种弊端，真正选拔出德才兼备之人委以重任，真正做到用人不疑、疑人不用，国家自然会治理好。正如胡三省批评宣宗那样："如令狐绹之欺蔽，罢其相而罪之可也。如任之为相而畏其有权，则宰相权充位而已。"

说到令狐绹，宣宗这些年来，宰相换了一茬又一茬，唯独令狐绹自大中四年拜相后地位一直稳固，这自然有其高明之处。宣宗以伪诈之术统御臣下，令狐绹更懂得以伪诈之术应对，其固宠的主要方式就是在宣宗面前尽最大能力表现出一副谨小慎微、胆小怕事、唯命是从的样子。据《金华子》记载，宣宗即位后，曾经下令各地刺史任满调往别处时，不得擅自前往，要先回到京师面见皇帝后，才能上任。一次，令狐绹的一位旧交，由随州刺史调任房州刺史，也许是害怕宣宗觉察此人能力不强，令狐绹擅自做主，命其直接到房州上任去了。宣宗在看到此人的谢恩表时，就问令狐绹："此人为何能直接上任去了？"令狐绹当然不敢透露此人系自己旧交这一信息，而是回答："因两地距离很近，便于迎送。"宣宗说道："朕就是因为近来很多地方官不爱惜百姓，才让他们到京，朕要亲自询问他们治理地方的办法是好是坏，赏优罚劣，以安百姓。朕的命令已经施行，为何要违反？当个宰相，权力可真大啊！"当时正值隆冬，听了宣宗的话，令狐绹顿时吓得汗流浃背，汗水竟然湿透了层层棉衣。令狐绹的表现有真有假，真的是，他确实担心宣宗打破砂锅问到底，可能会危及自己，另外，令狐绹性格"懦缓"（《旧唐书·令狐绹传》语），也是本性使然；假的是，一副唯唯诺诺、大祸临头的样子，主要是用来满足宣宗虚荣心的，而其表演的成分要更多一些。

然而，令狐绹的为人绝非自己在宣宗跟前表现的那样。此人表里不一，惯于阳奉阴违，说一套，做一套，他在政治上毫无作为，尸位素餐（《北梦琐言》称其“别无所长”），嫉贤妒能，拉帮结派，收受贿赂，只不过在苛察而又猜忌的宣宗面前，他做得更为隐秘罢了。

其一，令狐绹有意不让他的儿子令狐滈参加科举考试，以避嫌疑。懿宗即位后，令狐绹被罢相，改任河中节度使，他上表懿宗，请求让令狐滈就试，奏表中说：令狐滈会昌二年时已经应试，到大中二年也没考中。等自己从湖州刺史被先帝征召入朝后，继而拜相，因“事体有妨，因令罢举，自当废绝，一十九年”。令狐绹有两个叔父令狐从和令狐定，令狐从早死，留下一子令狐紞，一直在各地幕府担任幕僚；令狐定有一子令狐缄，也仕宦无闻。令狐绹的哥哥令狐绪，曾任汝州刺史、随州刺史，在令狐绹担任宰相其间，令狐绪专门上书，以弟弟当上宰相“官不由人，出自宸衷”，表达了令狐家族对宣宗的感谢之情，并推辞当地百姓给自己立功德碑，这一系列作为树立了令狐绹家族不谋私利的形象。

然而，实际情况是什么样子呢?

在不提携直系亲戚的同时，令狐绹却大力提拔那些关系相对疏远的族人。《南部新书》就称，“令狐相国以姓氏少，族人有投者，不惔其力。由是远近皆趋之，至有姓胡冒令狐者。进士温庭筠戏为词曰：‘自从元老登庸后，天下诸胡悉带令。’”《北梦琐言》亦称，令狐绹“自以单族，每欲繁其宗党与崔、卢抗衡，凡是富豪，率皆引进。皇籍有不得官者，欲进状请改姓令狐”。

令狐绹还通过无官一身轻的儿子令狐滈一直间接地收受贿赂，令狐绹罢相后，据谏议大夫崔瑄上书中说：“令狐滈昨以父居相位，权在一门。求请者诡党风趋，妄动者群邪云集。每岁贡闱登第，在朝清列除官，事望虽出于绹，取舍全由于滈。喧然如市，旁若无人，权动寰中，势倾天下。”左拾遗刘蜕上书称：“（令狐滈）恃父秉权，恣受货赂。取李琢（应记作李涿）钱，除琢（应记作涿）安南都护，遂致蛮陷交州”云云。《旧唐书·令狐滈传》更称，“及绹辅政十年，滈以郑颢之亲，骄纵不法，日事游宴，货贿盈门，中外为之侧目。以令狐绹党援方盛，无敢措言”。《南部新书》也说：“令狐绹在相位，大事一取决于子滈，比元载之用伯和，李吉甫之用德裕。”

其二，极力巴结宣宗，曲意迎合宣宗，巩固自己的地位。令狐绹在宣宗面前一直表现出一副“无害”模样，以避免宣宗的猜忌，正如令狐绹对别人说的那样，自己虽然贵为宰相，但每次延英殿奏对时，即便是寒冬腊月，在宣宗面前，他也是汗流浃背，一副提心吊胆、小心翼翼的样子。《尚书故实》记载，东晋顾恺之的名画《清夜游西园图》，在大中年间落入令狐绹之手，一次，宣宗在与令狐绹闲谈中问及他家中收藏有什么名画时，令狐绹赶忙将这幅名画送给了宣宗。

其三，令狐绹嫉贤妒能，以巩固自己的权位。据《北梦琐言》记载，令狐绹“尤忌胜己”，其中举了温庭筠、李商隐、罗隐三个例子，称，有一次，他询问温庭筠一个典故，温庭筠回答该典故出自《南华经》，说完，温庭筠又说：“这又不是一本难找的书，希望相公在听政之暇，还是多读读书。”弄得令狐绹恼羞成怒，在宣宗面前说了温庭筠很多坏话，再加上宣宗微服私访，遇到了温庭筠，也被温庭筠触犯，最终，温庭筠只当上了一个方城县尉，因此，温庭筠诗中才有“因知此恨人多积，悔读南华第二篇”之句。李商隐曾任令狐楚的幕僚，原本与令狐楚、令狐绹父子私交甚深，但等令狐楚担任兴元节度使后，连连写信催促他入府任职，而李商隐迟迟未能成行，不久，令狐楚去世，李商隐很快就娶了李党人物王茂元之女，这让令狐绹对李商隐非常愤恨，认为他“背恩无行”，一直打压李商隐。江东罗隐虽然也很有名，但也一直未能受到令狐绹的提拔。客观地说，《东观奏记》把温庭筠、李商隐、罗隐三人仕途挫折完全归咎于令狐绹，也是有失公允的，我们一一考证：先说温庭筠，《旧唐书·艺苑下》记载，（温庭筠）“初至京师，人士翕然推重。然士行尘杂，不修边幅，能逐弦吹之音，为测艳之词，公卿家无赖子弟裴诚、令狐滈之徒，相与蒱饮，酣醉终日，由是累年不第”。其他野史也都说他品行不端，比如，《北梦琐言》称他“士行有缺，缙绅薄之”；《雅言杂录》说他“少敏悟，薄行，无检幅”；《玉泉子》称，他“所得钱帛，多为狭邪所费”；《唐摭言》称他“罕拘细行，以文为货，识者鄙之”等等，综合起来，温庭筠的特点：一、终日与贵公子们混在一起，游宴无度；二、考试时，替贵公子们当枪手，且惊动了朝廷；三、恃才傲物，言语不当。由此，他先后得罪过宣宗本人和相国令狐绹，落第与个人品性关系更大一点。再说李商隐，李商隐与令狐楚、令狐绹父子很有交情，但由于李商隐此后投靠了李党，让令狐绹很难原谅，李商隐的落魄，很大程度源于与令狐绹的私人恩怨。最后说罗隐，罗隐到大中十三年才第一次来到长安应试，到懿宗咸通九年，一共参加了八次科举考试，均落第，到咸通十四年、乾符四年罗隐又考了两次，也都落第。罗隐的十次落第，只有第一次考试时，令狐绹还是宰相，其他九次，均与令狐绹无关，因此，举出这三人说令狐绹嫉贤妒能似乎有失偏颇。不过，考察令狐绹在任其间，一直未能做出什么政绩，这当然与其上面有一个碌碌而苛察的宣宗有关，但身为宰辅，亦难辞其咎，并且，《资治通鉴》也称，其“执政岁久，忌胜己者，中外侧目”，其在位其间，确实没有提拔重用过贤能之士，说他嫉贤妒能大约也是实情。

其四，善于见风使舵，转危为安。《北梦琐言》记载，中书舍人刘蜕曾向宣宗密奏，说其子令狐滈招权纳贿。令狐绹就想出一条计策，派了一个人去当刘蜕的侍从，深得刘蜕的赏识，被其视为心腹。后来，刘蜕接受了一名应试举子十万贿赂，结果被此人告发而被贬官。大中九年，科场发生试题泄露事件，应试举人柳翰从主考官裴谂处提前拿出考题，由温庭筠代笔写赋，此事也涉及令狐绹的旧交之子赵矩。令狐绹担心会连累到自己，就把所有中举的全部作废，连考官也一并贬斥。刘蜕，荆南人（一说桐庐人），《北梦琐言》记载：“唐荆州衣冠薮泽，每岁解送举人，多不成名，号曰天荒解。刘蜕舍人以荆解及第，号为‘破天荒’。”这就是俗语“破天荒”的来历。《唐摭言》记载，当时，崔铉镇守荆南，赠送给刘蜕“破天荒”钱七十万，刘蜕写信予以拒绝，信中称：“五十年来，自是人废；一千里外，岂曰天荒？”对崔铉等牛党人物排斥异己提出严厉的批评。

六五九 宣宗晚年（二）

不过，说令狐绹就是一个奸相，也有失公允，他只是在一个自以为是的君王下面的平庸宰相罢了，他和他的君王都是会耍一些小聪明而已。

在对待前任宰相李德裕上，令狐绹与其他牛党人物就有所不同。李德裕被贬崖州后，宣宗君臣并未罢休，任命牛党人物张鹭担任桂管观察使，大中三年八月，李德裕之妻刘氏去世，张鹭不许贬为立山县尉的李德裕之子李烨奔丧，十二月，李德裕去世。次年，令狐绹叔父令狐定接任桂管观察使，但不久，令狐定就去世了。据《东观奏记》记载："太尉、卫国公李德裕，上即位后，坐贬崖州司户参军，终于贬所。一日，丞相令狐绹梦德裕曰：'某已谢明时，幸相公哀之，放归葬故里。'绹具为其子滈言。滈曰：'李卫公犯众怒，又崔、魏二丞相崔铉、魏謩皆敌人也，见持政，必将上前异同，未可言之也。'后数日，上将坐延英，绹又梦德裕曰：'某委骨海上，思还故里。与相公有旧，幸悯而许之。'既寤，召其子滈曰：'向来见李卫公精爽尚可畏，吾不言，必掇祸！'明日，入中书，具为同列言之。既于上前论奏，许其子蒙州立山县尉（名与今上御名同）护丧归葬。"另据《李烨墓志铭》称："会先帝与丞相论兵食制置西边事，时有以公前相位事奏，上颇然之，因诏下许归葬。"云云。李德裕在令狐绹被召回朝廷之前就已被贬，故而他虽同为牛党人物，但对此介入不深，有鉴于其叔父令狐定猝死，令狐绹深恐系李德裕索命所致，借宣宗问及备边库一事，替李家求情，当在情理之中。

另外，令狐绹在一些事情上也能做到规劝宣宗。人中十二年年初，宣宗要驾临城楼宣布大赦，令狐绹就劝谏道："陛下驾临城楼，花费太大，另外，要有个名义，国家不可一赦再赦。"因为，每次皇帝登楼宣布大赦，都要赏赐给禁卫军大批金钱，所以，令狐绹才这样劝谏。

说完了令狐绹，我们再回到宣宗。到大中十一年，宣宗已经当了十一年的皇帝，在大中之初，他一面稳住宦官；一面提拔牛党人士，同时，借武宗君臣遗留的政治遗产，正巧遇上良好的外部环境，收复了河湟，平定了党项，树立了威望，慢慢掌握了政局，而后，他采取严防内廷和外朝联系、规范延英殿奏事、严厉惩处违纪宦官、频繁调整宦官职务、提拔下级宦官等诸多办法，逐渐整肃了宦官集团，又采取频繁调整宰相、屡屡进行微服私访、口头教育训导、私自除授宰相等办法，防止外廷朝臣欺上瞒下，地方上则重用文臣领兵，防止武将贪暴，又制定了地方官调任回京汇报制度，命韦澳编写了全国各地情况的《处分语》，加强对各地的控制，然而，整个大中政治仅仅维持一个粗安的状态，也谈不上“大中之治”。这是因为，唐宣宗学习唐太宗，只是学到了皮毛，而没有学到其实质：唐太宗用人唯才是举，像魏徵、尉迟恭、秦叔宝、程知节，等等，原本都不是秦王府的旧人，而唐太宗不计前嫌，以巨大的个人魅力将这群能人汇聚到自己身边，有了他们鼎力相助，唐太宗只需引领方向，就可以把国家治理得很好。反观唐宣宗，由于个人的不自信，企图将穆宗以下四帝全盘否定，把德才兼备的一代名相李德裕贬死，所用之人都是些碌碌无为之徒，弄得自己事必躬亲，苛察为明，国家面临的根本问题一个也没有解决；唐宣宗向往元和政治，又没有唐宪宗的文治武功，文治方面，朝廷内部内讧不断，内臣与外臣势同水火，外臣们不思进取，得过且过，贪婪强横，武功方面，早已无心，也无力收复河北藩镇，各级官吏货贿公行，整个王朝的基础已经动摇。

宣宗当然想把国家治理好，但其胸怀、能力只是中人以上，如果把他放在治世，应该还是能够把国家治理好的，而他却身处宦官专权、朋党斗争、藩镇割据、世风日下的晚唐，又没有一个能力超群的宰辅，以其个人能力确实无法让帝国转危为安。长期以来，宣宗“忧勤之道，始终如一”（《金华子》语），“励精理天下，一纪之内，欲臻升平”（《东观奏记》语），然而，虽然朝廷粗安，但君臣隔阂严重，朝中朋党未消，河北藩镇未灭；文臣领兵，导致不恤士卒，各地军镇开始不稳；太子还迟迟未立，令不同政治势力明争暗斗等等，这一切也让宣宗精疲力尽，早已消弭了昔日的雄心壮志，到了大中晚期，宣宗开始步武宗的后尘，竟然也迷惑于神仙之术了，大中十一年，派遣中使前往罗浮山迎接道士轩辕集来京。

据《杜阳杂编》记载，轩辕集来到长安后，宣宗把他召入宫中，询问道：“长生之术能学吗？”轩辕集回答：“君王不接近歌舞和女色，不吃美味，对待悲哀和快乐没有什么两样，施舍恩惠不偏不倚，自然符合天地之德，与日月齐明，达到尧、舜、禹、汤之道，长生不老又算什么难事呢？”宣宗又问：“先生之道与张果老的哪个更好？”轩辕集回答：“臣不知其他，只是知道我比张果老年轻些。”退下后，宣宗命一名宫女把一只白雀放在盆内来测试轩辕集，当时，轩辕集正在住处休息，突然对身边的宦官说：“陛下怎么能让我射覆呢？”大家都不懂他说的什么意思，这时，宣宗又召他入宫，刚走到殿门台阶，轩辕集就说：“赶快把盆内的白雀放了吧。”宣宗笑道：“原来先生早就知道了。”

宣宗命宫女给轩辕集上茶，宫女耻笑轩辕集长相古怪，突然，这名十六七岁的宫女就变成了一个丑陋的老太婆，顿时吓得跪在宣宗面前失声痛哭。宣宗忙让她拜求轩辕集，不一会儿，这名宫女又恢复了原样。宣宗随便提及京师没有豆蔻荔枝花，不一会儿，这两种花都出现在宣宗面前，连着叶子，各有近百朵，仿佛刚摘下的一般。宣宗又问：“朕能当几年天子？”轩辕集拿起笔来写了四十，但十字跳脚。宣宗笑道：“朕岂敢指望四十年啊！”等宣宗驾崩，正好在位十四年。轩辕集留在长安数月，恳请回山，宣宗只好将其放回。从长安到江陵，一路上，随行中使看到轩辕集从布囊中拿出金钱不停地向贫苦百姓施舍财物，共计有几十万钱，却不知道这些钱都是从哪里来的。到江陵后，中使突然找不到轩辕集了，非常不安，数日后，岭南上报说轩辕集已经回到罗浮山了。

《大中遗事》另称，轩辕集能把桐叶、竹叶按在手下，变成金钱；又能坐在地上，把披散的一头乱发一一吹直。《感定录》称，广州监军吴德鄘上任时，得了脚病，已步履蹒跚，等三年后回朝，脚病竟然痊愈了，宣宗问他原因，他说是轩辕集治好的，宣宗遂将轩辕集召到长安。等轩辕集离京时，宣宗问他自己能治理天下几年，轩辕集回答：“五十。”宣宗听了非常高兴，等宣宗驾崩时，正好五十岁（虚岁）。

这些年来，宣宗君臣对地方藩镇的控制力也在下降。如前所述，大中三年，幽州节度使张仲武去世，军中拥立其子张直方。张直方残暴凶狠，张氏家族内部发生内讧，其堂兄弟张德辅发动兵变，差一点杀死张直方，虽然张德辅的兵变没有成功，但已极大地动摇了张直方的统治基础，年底，张直方谎称出外游猎，举族逃往长安。幽州军中又推举周綝为留后，不到一年，周綝又去世了，军中又以张允伸为留后。原本藩镇内讧，对朝廷而言是一个绝好的机会，想当初，宪宗朝魏博发生内讧，李绛抓住这一时机，促使田弘正归顺了朝廷；武宗朝，李德裕也是利用了幽州内讧，让新任节度使张仲武听命于朝廷，而如今的宣宗君臣却毫无执政经验，在长达一两年的幽州变故中，竟然毫无作为，一一应允。宣宗君臣不仅不利用逃回京师的张直方拿幽州做文章，反而对客居长安的张直方另眼相看，视为异类，据《北梦琐言》记载，张直方喜欢大宴宾客，他欣赏裴休，在朝中盛赞裴休之美，而朝中其他人听了都非常吃惊。裴休“恐涉杂交，不遑安处，自是不敢更历其门”，再也不敢和张直方交往了。大中五年，朝廷又以张直方出外打猎、不按时上班，将其贬为左骁卫将军，次年，又以其因小事杀死奴婢，再贬为恩州司户。大中五年八月，张义潮献出瓜州、沙州等十一州地图后，宣宗君臣也缺乏应对之策，按照地图授予其为归义军节度使，此后，将归义军几乎等同于河朔三镇，视为化外之地。大中九年一月，成德节度使王元逵去世，军中拥立其子王绍鼎，朝廷也是无所作为，予以照准。王绍鼎游乐无度，还喜欢在城楼上用弹弓射人，《海录碎事》称其号为“酒阿郎”。军中意欲发动兵变，正巧到了大中十一年八月，王绍鼎去世，军中又拥立其弟王绍懿，朝廷很快就答应了。

六六〇 宣宗晚年（三）

除了对河朔三镇和归义军外，朝廷对其直接控制的藩镇的控制力也呈现下降趋势。

大中时期，牛党人物为了一己之私大肆扩充地方官员的下属员额，一方面可以解决他们子弟的仕途问题；另一方面，朝廷根据编制发放俸禄，而这些地方大员有权决定僚属的俸禄多少，从而从中克扣，据为己有，因此，下属员额越多，他们从中获利也就越多。宣宗和宰相们碌碌无为，各地大员也上行下效，极度腐化。像杜悰，一日五餐，每餐都要上万钱，整日沉湎酒色，被人称为“秃角犀”，他的继任者崔铉也好不到哪去，在淮南任职九年，法令从不改动，被人称为“九年老”。荆南节度使杨汉公因贪污而得罪监军，闹得沸沸扬扬，但宣宗后来还是起用其为同州刺史。大中九年，右威卫大将军康季荣在担任泾原节度使其间，擅自挪用公款两百万，事发后，康季荣请求用家财补偿，宣宗答应了。给事中封还诏书，谏官们也纷纷上书反对，宣宗这才不得已将康季荣贬为夔州长史，但两年后，再度起用为武宁节度使。大中十一年十月，朝廷任命李光弼的孙子李承勋担任泾原节度使。吐蕃酋长尚延心过去率领河湟两州的部落归降唐朝，被朝廷拜为武卫将军。李承勋上任后，垂涎尚延心各部富裕，引诱他们进入凤林关，居住在秦州西部。李承勋与众将商议逮捕尚延心，诬陷其谋反，然后将他们的财物全部据为己有，再把其部众统统赶到偏远之地。尚延心知道了李承勋的阴谋，就在宴会上对李承勋说：“河渭两州，地广人稀，加上饥荒，唐朝人大多东迁到三川，吐蕃人也远远逃到了叠宕以西，这样一来，这里两千余里之间，没有人烟。我想入朝觐见天子，请求率领全部部众迁至内地，作为唐朝百姓，令唐朝永无西边之警，这样的功劳可以与张义潮相比了。”李承勋听了，也想以此为功，所以犹豫起来。尚延心见状，又说：“我入朝之后，部落内迁，只可惜秦州再无存在的必要了！”李承勋与众将面面相觑，无言以对。第二天，众将对李承勋说道：“大人首开屯田，设置使府，拥有万余军队，全靠度支供给，将士们不仅没有征战的劳苦，还能坐收屯田之利。如果按尚延心的做法，国家西边就没什么事情了，朝廷一定会裁撤使府，裁减兵员，把秦州重新划归凤翔镇，我们都没什么盼头了。”李承勋觉得大家说得对，就上奏朝廷任命尚延心为河渭都游弈使，让其率众留在那里了。李承勋身为备边大将，先是贪图尚延心的财物，继而又担心失掉尚延心这个筹码后，自己再也无利可图了。唐朝边将们的贪婪心态，就此可见一斑，一切都是为了个人的私利，哪考虑一点国家的利益？这也是大中朝文臣武将们一个真实的写照。大中一朝，高级官吏贪污之事频发和宣宗惩处不力，说明了整个吏治已经腐败，仅仅依靠宣宗的恐吓、微服私访，根本起不到什么作用。

大中时期，地方官员对百姓的盘剥也是名目繁多，主要是正常税收之外加收损耗、利用所征收的财物虚实差价从中舞弊、将逃亡户所欠赋税摊派到现有农户头上、在杂役上偏袒富户，等等，再加上各地灾害时有发生，百姓不堪生活，逃户越来越多，《唐会要·逃户》记载，大中二年，宣宗曾下诏将耕种逃户桑田的农户合法占有的期限从两年延长到了五年。在社会矛盾日益尖锐的情况下，宣宗君臣不知从根源上解决，而是加大了刑罚惩处的力度，在大中五年、七年相继出台了《大中刑法总要格后敕》《大中刑法统类》等法律，无疑是缘木求鱼。《新唐书·逆臣传》史臣赞对这一时期有一个比较清醒而又准确的概括：“唐亡，诸盗皆生于大中之朝，太宗之遗德余泽去民也久矣，而贤臣斥死，庸懦在位，厚赋深刑，天下愁苦。”

大中前期，各地民变、兵变时有发生，但还未影响大局，但是到了大中后期，兵变陡然增多起来，而且集中在江淮地区。据学者统计，宣宗一朝共计出现十二次兵变，只有三起发生在大中九年以前，这三起分别是：会昌六年九月，浙西观察使李景让打死军吏，李母杖打李景让后，军中兵变未遂；大中三年五月，军中驱逐节度使李廓；同年十一月，幽州节度使张直方逃离幽州。第一次的浙西兵变是未遂，没有什么影响；第二次武宁兵变，朝廷另派卢弘止前去，也很快平定下来；第三次系河朔三镇内讧，于朝局并无太大的影响。剩下的九次兵变，都发生在大中中后期。

大中九年（公元855年）七月，浙东发生兵变，驱逐了观察使李讷。引发这次兵变的是李讷对将士们无礼，令将士们愤怒，将其驱逐。此后，朝廷将李讷贬为朗州刺史，监军王宗景也受到杖打，另派沈传师之子、礼部侍郎沈询担任观察使，妥善处理了这次兵变，已见前述。

到大中十一年（公元 857 年），岭南各地山蛮也不时出来劫掠，四月，朝廷任命右千牛大将军宋涯担任安南、邕管宣慰使，五月，又以其为安南经略使。此时，容州发生兵变，驱逐了经略使王球。六月，朝廷又改任宋涯为容管经略使。同年八月，成德节度使王绍鼎去世，军中意欲发动兵变，因其恰巧死亡，未遂。

再到大中十二年（公元 858 年），各地兵变开始集中爆发。这一年四月，岭南都将王令寰发动兵变，扣押了节度使杨发。杨发，字至之，是隋朝越国公杨素的后代。大和四年进士及第，历任太常少卿、苏州刺史等职，后为岭南节度使。他严于治军，招致军人怨恨，遂发动兵变。杨发也是唐末有名的诗人，所作诗歌大多清新雅致，如《春园醉醒闲卧小斋》："酣醉送余春，醒来恨更频。花残蜂蠹物，叶暗鸟欺人。帘闭高眠贵，斋空浩气新。从今北窗蝶，长是梦中身。"《秋晚日少陵原游山泉之什》："喧浊侵肌性未沈，每来云外恣幽寻。尘衣更喜秋泉洁，倦迹方依竹洞深。暂过偶然应系分，有期终去但劳心。唯怜一夜空山月，似许他年伴独吟。"等等，杨发因这次兵变被贬为婺州刺史，并死于任上。杨发有四个弟弟：杨收，懿宗时官至宰相；杨假，常州刺史；杨严，懿宗时官至工部侍郎、翰林学士、浙东观察使，僖宗时官至兵部侍郎判度支；杨涉，昭宗时官至吏部侍郎，哀帝时官至宰相。

五月，朝廷任命右金吾大将军李燧为岭南节度使。宣宗已经命令中使赏赐给李燧符节，但给事中萧倣退回了诏书。当时，宣宗正在后宫作乐，来不及另派中使收回符节，赶忙派身边的乐工追赶中使，终于在中使来到李燧家门口时追回了符节。随后，宣宗改任泾原节度使李承勋为岭南节度使，李承勋上任后，调派邻近各道兵马前去讨伐，终于将王令寰的叛乱扑灭了。萧倣，字思道，是前宰相萧俛的堂弟，大和进士；此后安南叛乱，令狐绹任用的安南都护李涿被罢免，但不久又被起用为寿州团练使（据《李涿墓志》应为宋州刺史），萧倣弹劾，无所回避，后萧倣被任命为岭南节度使。懿宗即位后，萧倣历任左散骑常侍、义成节度使、兵部尚书判度支，后拜为宰相。史称："时天下盗起，宦人持兵柄，倣以鲠正为权近所忌。"

宣宗任命李承勋的同一天，湖南发生兵变的消息也传到了朝廷。湖南都将石载顺等人驱逐了湖南观察使韩悰，杀害都押牙王桂直。这次兵变，与四年前浙东兵变如出一辙，也是观察使对待将士们无礼。宣宗下诏命令山南东道节度使徐商发兵讨伐，徐商在任其间，针对山南东道辖区很大，盗贼众多，专门挑选数百精兵，组成一支突击部队，号称捕盗将。等宣宗命其讨伐湖南后，徐商派遣两百名捕盗将前去，一举就将叛乱平定了。徐商，字义声，是武曌时期的司刑少卿徐有功的五世孙。年幼隐居中条山，进士及第，大中时担任尚书左丞。宣宗以其为巡边使，还朝后拜为河中节度使。突厥残部渡河降唐，宣宗命徐商前去招抚，徐商建议将他们迁移至山东，组建成常备军。懿宗时期，徐商曾任诸道盐铁转运使、荆南节度使。

湖南兵变的次月，即六月，江西也发生了兵变，都将毛鹤率众驱逐了观察使郑宪。同月，安南被山蛮攻陷。安南都护李涿贪婪残暴，强买山蛮的马牛，一头只给一斗盐，又杀害了山蛮酋长杜存诚，致使安南山蛮非常愤恨，引导南诏发兵侵扰边境。《李涿墓志》则称，杜存诚送给李涿五百万钱贿赂，李涿更加愤怒，下令将其诛杀。

李涿，何许人？《新旧唐书》均记作李琢，而《资治通鉴》则记作李涿，但没有说明其身世。《两唐书》均未给李涿立传，致使李涿的身世在古代就已经成谜，《通鉴考异》就说：《实录》或记作涿，或记作琢，《蛮志》记作涿，《实录》和《新唐书》都有李涿的传记，系李听之子，但不曾说过当过安南都护，因此，怀疑这个李涿是另外一个人，而不是李听之子。实际上，在晚唐时期，既有李涿，也有李琢，而到五代《旧唐书》成书时，人们就已经将二人弄混了，像《北梦琐言》等野史也把李涿与李琢混为一谈，才让人摸不着头脑。司马光在《通鉴考异》上虽然提出疑问，但尚无具体的证据，只是存疑而已。

现代出土的《李涿墓志》终于在一千多年后解开了这个谜团，根据该墓志记载，李涿，字燕卿，是前天德军都防御使李景略的孙子、前沧景节度使李有裕的儿子。李涿进士及第，历任左神武仓曹参军、太子舍人，后担任武宁节度使田牟的从事，又历任慈州、虔州刺史。而李琢，则是中唐名将李晟的孙子、李愬的侄儿、李听的儿子，历任义昌、平卢、镇海节度使，《新唐书》称他："无显功，不为士大夫称道。"前述的，李景让拒不见面的也是李琢，而非李涿。

峰州（今越南越池市）有一处叫作林西原的地方，过去唐朝驻扎了六千防冬兵，旁边居住七股山蛮，酋长叫李由独，经常派人协助唐军守边，还向朝廷缴纳赋税。峰州刺史建议李涿，撤下边境上的唐军边防军，将这一带的防务全都交给李由独负责，李涿同意了。此后，李由独失去了唐军的支持，不能单独对抗南诏军队，南诏拓东节度使趁机写信劝诱，又将外甥女嫁给了李由独的儿子为妻，任命李由独为拓东押牙，在这一系列条件的诱惑下，李由独率众臣服了南诏，南诏军队也得以长驱直入，骚扰安南了。

七月，宣州都将康全泰作乱，驱逐了观察使郑熏。郑熏狼狈逃往扬州。《新唐书》称，这次兵变发生的原因是，“前人不治，熏颇以清力自将。牙将素骄，共谋逐出之”。郑熏因此而被贬为棣王府长史、分司东都。同月，容管上奏都虞候来正阴谋发动叛乱，容管经略使宋涯将其斩杀。当初，忠武军的精兵都头戴黄帽，号称黄头军。李承勋以百人黄头军平定岭南，宋涯非常羡慕，就让部下也头戴黄帽，从而也安定了容州。安南有一股经常为非作歹的乱民，听说后，相互谣传道：“黄头军渡海来袭击我们啦！”遂趁夜包围了交趾城，高喊道：“请将都护送到北方，我们要以此城抵御黄头军。”此时，李涿已被罢免，新任安南都护王式到任后，整顿军政，构筑防御工事，训练士卒，跋扈都校罗行恭手握两千精兵，而都护的中军才有数百老弱之兵，王式将其棍打一顿，将其派往边地驻守，王式到来后，安南局面顿时改观。当乱民来到城下时，王式正在城内吃饭，有人劝说他出城避一避风头。王式镇定地说道：“我一动脚，城内就乱了。”他慢慢吃完饭，穿上铠甲，率领亲随登上城墙，竖起大将旗帜，坐下来斥责乱众，乱众遂相继退去。次日，王式又命人出城将乱众全部逮捕处斩。有一个叫杜守澄的人，其祖上从南朝齐梁年间就开始拥众占据山洞，割据一方，长期以来，朝廷都未能平定。王式到任后，离间其内部，最后，杜守澄逃亡而死。安南长期处于饥荒和战乱，六年都未向朝廷缴纳赋税，军中也从未发放赏赐，在王式的治理下，安南逐渐步入正轨，开始向朝廷缴纳赋税，也有钱给将士发放赏赐了，并且，安南安定后，占城、真腊也恢复向唐朝进贡了。王式，出身太原王氏，穆宗时期的宰相王播是他的伯父，其父王起，也是前朝名臣，武宗时任吏部尚书、知贡举、尚书左仆射、山南西道节度使。宣宗即位，晋升检校司空，死后追赠太尉。王式的哥哥王龟，曾任浙东观察使。王式以门荫入仕担任太子正字，历任殿中侍御史，因通过郑注结交王守澄而被弹劾，外任江陵少尹。大中年间，王式担任晋州刺史，以善政而被晋升为安南都护。

六六一 宣宗晚年（四）

大中十二年（公元 858 年）上半年，在短短的数月之间，全国各地就接连爆发了四五起兵变，令朝廷大为震动。

七月，右补阙内供奉张潜上书，认为："藩镇节度使移镇时，往往要向朝廷禀报仓库结存的财物数量，结存的财物越多，考核的政绩就越好，朝廷因之予以奖励。臣私下认为，军镇的钱财收入和支出都是一定的，假如不向百姓加收赋税，或者克扣将士们的军饷，又从哪里结存下财物呢？近期以来，南方各军镇屡屡发动兵变，原因均在于此。一旦发动兵变，结余的财物全都被洗劫一空。朝廷还需要发兵征讨，费用超出结余的百倍，这样看来，对朝廷又有什么好处！请求陛下下令，从今往后，凡是各个军镇的长官，只有那些不增加百姓赋税，不克扣将士军饷，只是靠减少游宴、节俭不应有的支出的情况下，仍然有盈余的，朝廷才予以赏赐和奖励。"宣宗表示赞赏，并加以采纳。

淮南节度使崔铉上报朝廷，已经派兵前去讨伐宣州康全泰。八月，朝廷以崔铉为兼任宣歙观察使，不久又以宋州刺史温璋为宣州团练使。温璋是文宗大和四年（公元 830 年）平定杀害节度使李绛的兴元兵变的温造之子，温造后任兵部侍郎、礼部尚书。温璋年少以门荫入仕，担任大理丞，阴平县吏盗窃公家财物，以失火掩盖罪行，温璋明察秋毫，查出真凶，被晋升为侍御史，后历任三郡刺史，温璋为政严明，精明强干，所在都很称职。数月后，崔铉上奏称，已经平定了宣州兵变，诛杀康全泰以及同党四百人。崔铉以宣州已平，推辞宣歙观察使。十一月，宣宗以温璋为宣歙观察使。

宣宗以光禄卿韦宙的父亲韦丹曾任江西观察使，有惠政，遂任命韦宙为江西观察使，调派邻道兵讨伐毛鹤。韦宙乘坐驿马快车来到襄阳，请求徐商发兵，刚刚派兵平定了湖南兵变的徐商，再次派遣部将韩季友率领捕盗营将士赶赴江西。

行至江州，韩季友请求趁夜率领本部从陆上小路奔赴洪州，天明时分，这支突击部队进抵洪州城下，城内人对此毫无察觉，当日，洪州就被攻克，斩杀毛鹤及其同党五百余人。事后，韦宙上奏朝廷，留下两百名捕盗将担任自己的亲兵，并以韩季友为都虞候。韦宙的父亲韦丹在宪宗朝曾任江西观察使，为百姓做了很多好事。文宗太和年间，裴谊担任江西观察使，曾上书请求给韦丹修建祠堂纪念，文宗没有理睬。宣宗即位后，曾读《元和实录》，见韦丹的政绩，问宰相："元和时期在治理百姓方面，哪位地方官数第一？"周墀回答："臣曾经治理江西，知道韦丹有大功于百姓，死后四十年，当地百姓一直对他非常怀念。"宣宗遂下令当地给韦丹立碑。当时，韦宙以门荫担任河南府司录参军，宣宗问周墀："韦丹有儿子吗？"周墀就提及了韦宙。宣宗说道："给个好官。"遂拜韦宙为侍御史，又经三次晋升，升任度支郎中。卢钧担任河东节度使时，请求以韦宙为副使，已见前述。此后，韦宙被召回朝廷，担任吏部郎中，外调为永州刺史。韦宙到任时，永州正发生饥荒，他下令筹集原本用来提供给刺史之用的钱，得九十万，购买赈济百姓的粮食；永州地处偏远，山路难行，运粮困难，每次遇到饥荒，都会饿死很多百姓，韦宙到任后，设立了常平仓，丰年时收来粮食以备荒年；当地百姓都不懂法，韦宙将重要的法律条文写下来，并加上一些种植方法，分发给每家每户；他还清理冗员九百四十四名；过去，每个县都要配备专门人员督促税收，韦宙令百姓们自我监督，每十家联保，常能提前缴清赋税；湘源县出产零陵香，每年要向朝廷进贡，令百姓苦不堪言，韦宙上书朝廷取消了这项负担；有些贫民家中没有耕牛，只好亲自耕作，韦宙设立了合作社，每二十家每月拿出一部分钱，抓阄抓到自己名字的人家先租用耕牛；韦宙还给永州百姓设立了学堂，令十五名士人子弟充当学官。当地民俗结婚时，会大宴宾客，号称"破酒"，宴会多则数百人，少也数十人，家贫办不起酒宴的，就私奔。韦宙给当地百姓立规矩，使得婚礼多少符合了儒家传统，改变了不良风俗。韦宙任期届满后，回朝担任大理少卿。此次拜为江西观察使，后来晋升为岭南节度使，均以能干著称，加使相（藩镇节度使等外臣所加的宰相头衔），死于懿宗朝。

大中十一年（公元857年）十月，担任不足两年的宰相郑朗因病提出辞职，宣宗以其为太子少师，朝中宰相又剩下令狐绹、崔慎由、萧邺三人，空出一个名额。崔慎由和萧邺二人矛盾由来已久，虽然崔慎由比萧邺早拜相半年，但萧邺后来居上，被宣宗拜为宰相后，非常宠信，萧邺就向宣宗举荐了河东节度使刘瑑。刘瑑，彭城人，是武曌时期宰相刘仁轨的五世孙。开成进士，会昌末年晋升为尚书郎、知制诰，后拜为中书舍人。大中初年，调任刑部侍郎。刘瑑精通法律，挑选大中以前二百四十四年诏命可行的条款，汇总为两千八百六十五条，分为六百四十六门，根据罪名轻重，编纂成一部法律汇编，号称《大中统类》，上奏宣宗后颁布施行。后来，刘瑑被外派担任河南尹、宣武节度使，大中十一年九月，河东节度使卢钧调任山南西道节度使，刘瑑接任河东节度使。刘瑑刚上任不久，宣宗就亲自写诏书，征召刘瑑进京。刘瑑动身后，人们才知道此事，到京后，即被宣宗拜为户部侍郎、判度支，大中十二年（公元 858 年）一月，刘瑑又被拜为宰相。

据《刘瑑碑》称，刘瑑，字子全，自幼苦学，文章写得很好。大中初年担任翰林学士，当时，朝廷刚刚收复河湟，起草诏命的任务很重，一次，正巧其他学士都请假了，只有刘瑑一人值班，一天下来，他起草了上百道诏命，等夜半时分，宣宗又将他召到跟前，命其起草一份颁布天下的诏书。刘瑑领命后，很快就写好了，等天明，宣宗又召来刘瑑，刘瑑呈上草稿，宣宗大喜，当即赏赐给他金紫官服。《东观奏记》称，刘瑑入京拜为户部侍郎、判度支后，十二月十七日，宣宗拿出黄历让他在下旬找一个好日子，刘瑑不明就里。宣宗又说："就找一个拜官的日子。"刘瑑回答："二十五日。"宣宗说道："就在这一天拜你为相，要保密。"刘瑑的老部下、集贤殿校理高湜，被任命为凤翔节度使从事，二十四日，到刘瑑家中向刘瑑辞行，高湜说道："私下判断不出十天半月，大人一定能够拜相。"刘瑑笑道："明天就会了，何须十天半月？"高湜大惊失色，第二天也不敢出发了。次日清晨，果然刘瑑被拜为宰相了。

刘瑑拜相后，与崔慎由在宣宗面前议政。崔慎由说道："需要甄别门第高低，才能起到一定的成效。"刘瑑当即反驳道："昔日，西晋王衍推崇浮华，无端分出门户高低，最终导致中原沦陷。如今圣明之朝，应当实事求是，令百官各司其职，而突然以门户高低为先，臣不知什么时候才能令天下太平！"说得崔慎由张口结舌，无言以对，从此失去了宣宗的信任。到了二月，宣宗打算驾临丹凤楼宣布大赦，令狐绹以费用太大、要有个名义提出反对，宣宗听后，一脸不高兴，说道："叫我到哪里去找一个名义？"崔慎由接口说道："陛下现在还未立储，四海瞩目，如果行此大礼，就算是举行祭祀上天的大典，也是可以的，更何况是驾临城楼呢？"当时，宣宗一直吃着术士们的丹药，身体已感到燥热，他预感到自己可能将不久于人世，所以，在刚刚过去的二月初一，就下令以后禁止百官朝拜穆宗的光陵以及在穆宗的忌日上香，还把光陵的守陵宫女都分配到其他陵墓，也许，这是宣宗在预感到自己来日无多的情况下，试图否定穆宗一系的一次最后的努力。为了平息舆论的压力，他才决定驾临城楼宣布大赦，可是，一出口就遭到了两位宰相的反对，尤其是崔慎由竟然在这个节骨眼上提出要自己立太子的请求，更让宣宗火冒三丈。十天之后，宣宗就下令将其罢相，贬为礼部尚书、兼御史大夫、东川节度使。崔慎由被贬后，四月，宣宗又提拔兵部侍郎、盐铁转运使夏侯孜为同平章事。五月，刘瑑去世。朝中又剩下令狐绹、萧邺、夏侯孜三位宰相了。接下来就发生了前述的四五起兵变，宣宗把另拜宰相的事就暂时搁置起来了，直到年底，各地兵变相继被平定之后，他才又把此事提上议事日程。

一次，兵部侍郎、判户部蒋伸从容对宣宗说道："近段时间以来，很容易就能得到一个官位，人人都想侥幸。"宣宗听后，吃惊地说道："如此一来就乱了！"蒋伸回答："乱倒也未乱，但是，如果心存侥幸的人多了，乱起来也不难。"宣宗再三感叹。蒋伸一连三次起身告退，宣宗三次挽留，说道："来日就不能单独与你交谈了。"蒋伸不明白宣宗的意思。十二月，宣宗突然下诏任命蒋伸为宰相——宣宗规定宰相们不得单独与皇帝奏对，以免自己受到蒙蔽。

六六二 懿宗继位

蒋伸拜相后，朝中宰相又恢复为四位，分别是：令狐绹、萧邺、夏侯孜和蒋伸。

蒋伸，是德宗、顺宗、宪宗朝著名史官蒋乂的儿子，而蒋乂是唐代著名史学家吴兢（《贞观政要》作者）的外孙。蒋乂有五个儿子：蒋係、蒋伸、蒋偕、蒋仙、蒋佶。蒋係，子承父业，文宗大和年间担任右拾遗、史馆修撰，与沈传师、陈夷行、李汉等人一起撰写《宪宗实录》。宋申锡冤案发生时，他与崔玄亮等人一起苦劝，宋申锡得以不死。开成末年，宰相李德裕厌恶李汉，蒋係受到牵连而被外贬为桂管观察使，后再贬为唐州刺史。宣宗即位后，召为给事中、集贤殿学士判院事，转为吏部侍郎，后又历任兴元、凤翔节度使。蒋偕，也历任史官修撰，奉宣宗之命与崔龟从、韦澳等人分年编撰大历以后一直到元和年间的历史，以补充柳芳的《唐历》。大中八年，他又与牛丛等人编撰了《文宗实录》。蒋仙、蒋佶都位居刺史。蒋家三代都编修国史，号称“蒋氏日历”。

蒋伸，字大直，蒋氏子弟只有他和侄儿蒋兆是进士及第。大中二年，以右补阙担任史官修撰，后转为驾部郎中，知制诰。白敏中担任邠宁节度使时，以蒋伸为副使，后蒋伸入朝担任户部侍郎。大中九年，担任翰林学士，不久晋升为承旨。大和十年，改为兵部侍郎、判户部。在高门士大夫看来，史官地位是低贱的，因此，即使蒋伸也是进士及第，但史称：“然不为文士所多。”《北梦琐言》就记载，李景让在西川听说蒋伸拜相后，叹息道：“我才不会服侍此人呢！”遂称病辞职，回到洛阳了。当时还有人写诗赞叹李景让说：“成都十万户，抛却一鸿毛。”《唐摭言》还记载了一件趣事，说的是九年后的懿宗咸通七年，韩愈的孙子韩衮考中了当年状元，蒋伸的儿子蒋泳也考中了进士，杏园开宴时，蒋伸以旧相之尊也突然驾临宴会，当时的人们都引以为荣。可是韩衮是个喝酒乱性的人，见蒋伸到了，竟然厉声喝道：“你的儿子在座，两边都是侍酒的美女，这种场合大人来这里合适吗？”蒋伸顿时惊愕而去。等蒋泳回到家后，蒋伸把儿子痛斥一顿：“席上有癫酒同年，你也不提前告诉我一声，还是当儿子的吗？”从此以后，再也没人敢和韩衮一起喝酒了。

大中十二年的兵变相继平定，又外贬了崔慎由，到大中十三年（公元859年）一月一日，宣宗终于如愿以偿，宣布大赦天下。三月，将河东镇的云州、蔚州、朔州划归大同军。到了四月，武宁节度使康季荣不关心士卒，士兵们发动兵变，将其驱逐。康季荣原任泾原节度使，原本就有劣迹。左金吾大将军田牟（田弘正之子）曾经担任过武宁军节度使，有能力有政绩，宣宗又命其担任武宁军节度使，武宁镇才安定下来；将康季荣贬谪到岭南。

自大中十二年开始，宣宗服用医官李玄伯、道士虞紫芝、山人王乐等人的丹药，身体已渐感不适，同年，宣宗下诏命令天下佛寺修治诸佛塔，以给自己祈福增寿。虽然他忌讳他人谈及身后之事，崔慎由还因谈及立嗣问题而受到贬谪，但随着身体状况的日渐不佳，宣宗也不得不考虑其身后之事了。据《东观奏记》记载：“大中十二年，始用左谏议大夫郑漳、兵部郎中李邺为郓王已下侍读。时郓王居十六宅，夔、昭已下五王居大明宫内院。数日，追制改充夔王已下侍读，五日一入乾符门讲读。郓王即位后，其事遂停。”宣宗选拔郑漳、李邺给诸王侍读，有明显的培养储君的意味，一开始，宣宗碍于郓王长子身份，让郑漳等人给郓王当侍读，但不久还是出于私爱而改令给夔王侍读。

为了能够确保夔王顺利登基，宣宗开始极力拉拢宦官集团。大体而言，神策左军实力较强，右军实力较弱，也较为恭顺，到大中十三年，神策右军中尉是西门季玄，而神策左军的情况就复杂得多。大中初期，宣宗借马植与马元贽交通事件，打压了马元贽，而以杨钦义接替了神策左军中尉，此后，杨钦义又被宋叔康所取代，到大中八年，宣宗又提拔王宗实担任神策左军中尉，然而，王宗实掌握大权之后，就与旧宦官集团沆瀣一气，不再听命于宣宗了，这才导致宣宗与韦澳商议彻底清除宦官一事。无果后，宣宗只能“依法”敲打王宗实，次年，浙东兵变驱逐观察使李讷，宣宗借此严厉惩处了王宗实的兄弟工宗景，这显然是在削弱王氏集团的势力。

大中十三年（公元859年）六月，由于长期服用丹药，最终导致宣宗背上长疮。八月，宣宗背上的疮已非常严重，宰相和群臣都没有机会见到皇帝，宣宗暗中嘱咐恭顺的枢密使王归长、马公儒以及宣徽南院使王居方，请他们在自己死后拥立夔王李滋为帝。三人与神策右军中尉王茂玄都是宣宗的心腹，唯独神策左军中尉王宗实与宣宗不是一心，三人遂一起商议，将王宗实外调为淮南监军。王宗实已经在宣化门外接受了诏书，将要从银台门出宫，神策左军副使亓元实劝阻道："皇帝身体不适已经超过月余，大人只能隔着房门问安，今日的调令真假难辨。为何不面见皇帝陛下以后再出宫呢？"王宗实听了，顿时醒悟，赶忙又返回了宫中，宫中各门已经依照惯例增添了卫兵。亓元实领兵护送王宗实径直来到宣宗的寝宫，而宣宗已经驾崩了，头朝东方，宫中男女已经在哭泣了。王宗实斥责王归长等人假传圣旨，几个人都吓得抱住王宗实的双脚乞求饶命。王宗实遂派遣宣徽北院使齐元简前往奉迎郓王李温。

大中十三年八月九日，朝廷下诏册立郓王李温为皇太子，暂时主管军国大事，改名李漼。李漼命令逮捕王归长、马公儒、王居方三人，全部处死。十日，宣布宣宗的"遗诏"，以令狐绹为冢宰。十三日，李漼即皇帝位，史称唐懿宗，李漼继位时二十七岁。二十日，懿宗尊皇太后郑氏为太皇太后，晋升王宗实为骠骑上将军。又诛杀了医官李玄伯、道士虞紫芝、山人王乐。九月，懿宗又追尊亡母裴氏为元昭皇太后。加魏博节度使何弘敬兼中书令，幽州节度使张允伸同平章事。十月九日，宣布大赦天下。

十一月七日，将萧邺罢相，改任其为同平章事，充荆南节度使。十二月三日，以翰林学士承旨、兵部侍郎杜审权为宰相。杜审权，字殷衡，是杜如晦的六世孙，穆宗朝宰相杜元颖是他的伯父，其父杜元绛官至太子宾客。杜审权进士及第，历任江西观察使判官、右拾遗、左补阙。宣宗朝被拜为翰林学士，后晋升为兵部侍郎、翰林学士承旨。史称，杜审权"清重寡言，性长厚，居翰林最久，终不漏禁近语……与杜悰俱位将相，悰先进，故世谓审权为'小杜公'"。懿宗提拔杜审权不久，到十六日就把令狐绹罢相了，改任其为同平章事、充河中节度使，以前荆南节度使、同平章事白敏中为守司徒、兼门下侍郎、同平章事。

当初，韦皋在西川担任节度使时，开凿清溪道（清溪关在今四川省石棉县东南），以联络南蛮。又挑选蛮族子弟到成都学习，既用来安抚他们，又可以将这些人充当人质；这些人学成之后回去，再另行选派其他人前来，这样推行了五十年，唐朝培养的蛮族子弟多达上千人，也给军府带来了不小的负担。另外，蛮人使者进贡，贪图唐朝的赏赐，因此随行人数越来越多，等杜悰担任西川节度使后，就上书裁减这些使团的人数，唐朝朝廷同意了。南诏国王丰祐听说后，很不满意，所派祝贺冬季的使者把奏表交给嶲州刺史后就回国了。丰祐又向唐朝索要在成都留学的子弟，公文言辞傲慢，从此以后，逐渐开始骚扰唐朝南方边境。正巧宣宗去世，唐朝派使者前往南诏通知这一消息，而南诏国王丰祐也死了，其子酋龙继位，大怒道："我国也有丧事，朝廷不来吊唁，颁布的诏书还是给先王的。"遂将唐朝使者安排在城外的馆驿内，态度十分冷淡。唐朝使者回国后，将情况一一向朝廷做了汇报。懿宗认为，酋龙并没有派人通知其父的死讯，再加上酋龙的名字与唐玄宗的名字读音相似，遂不再派人前去加封。酋龙遂自立为皇帝，建国号曰"大礼"，改元为建极，派兵攻克了唐朝的播州（今贵州省遵义市）。

六六三　裘甫起义（一）

就在大中十二年十二月，浙东百姓裘甫聚众造反，他们攻克象山（今浙江省象山县），官军屡屡战败。

大中时期，由于逃亡户的增多，朝廷正常税收开始减少，再加上从大中五年到九年，全国各地相继出现严重的旱灾，大中十二年，黄河南北以及淮河流域又暴发了大面积的洪水，徐州（今江苏省徐州市）、泗州（今江苏省盱眙市北）水深五丈，被洪水冲走了数万家，同时，宣宗恢复佛教，复置冗员，朝廷法令不振，各级官吏迅速腐化，也加剧了财政状况的困窘。

为了缓解财政困难，宣宗君臣就把眼睛盯上了盐茶和山泽之利，对贩卖食盐、茶叶征收重税，又将矿产专营从地方上收归朝廷，并制定了严酷法律惩处百姓贩运私盐。《新唐书·食货志四》记载："宣宗即位，茶、盐之法益密，粜盐少、私盗多者，谪观察、判官，不计十犯。户部侍郎、判度支卢弘止以两池盐法敝，遣巡院官司空舆更立新法，其课倍入，迁榷盐使。以壕篱者，盐池之堤禁，有盗坏与鬻鹾皆死，盐盗持弓矢者亦皆死刑。兵部侍郎、判度支周墀又言：'两池盐盗贩者，迹其居处，保、社按罪。鬻五石，市二石，亭户盗粜二石，皆死。'是时江、吴群盗，以所剽物易茶盐，不受者焚其室庐，吏不敢枝梧，镇戍、场铺、堰埭以关通致富。宣宗乃择尝更两畿辅望县令者为监院官。户部侍郎裴休为盐铁使，上盐法八事，其法皆施行，两池榷课大增。"另称："武宗即位，盐铁转运使崔珙又增江淮茶税。是时茶商所过州县有重税，或掠夺舟车，露积雨中，诸道置邸以收税，谓之'搨地钱'，故私贩益起。大中初，盐铁转运使裴休著条约：私鬻三犯皆三百斤，乃论死；长行群旅，茶虽少皆死；雇载三犯至五百斤、居舍侩保四犯至千斤者，皆死；园户私鬻百斤以上，杖背，三犯，加重徭；伐园失业者，刺史、县令以纵私盐论。庐、寿、淮南皆加半税，私商给自首之帖，天下税茶增倍贞元。江淮茶为大摸，一斤至五十两。诸道盐铁使于悰每斤增税钱五，谓之‘剩茶钱’，自是斤两复旧。”在朝廷的盘剥下，不少盐商走上了武装贩卖私盐的道路，农民因穷困而反抗朝廷情形也在南方各地蔓延起来了，裘甫起义就是在这种大背景下发动的。

当时，两浙地区长期没有战事，武备空虚，各地兵员奇缺，裘甫起义后，明州（今浙江省宁波市）城门白天关闭。义军避实就虚，没有北上进攻明州，而是西去进逼郯县（今浙江省嵊州市），拥众一百余人，浙东地区一片骚动。浙东观察使郑祗德（郑颢之父）派遣讨击副使刘勍、副将范居植率领三百人马，并会合台州（今浙江省临海市）的驻军一起前去讨伐。

公元 860 年（该年此后被懿宗改元为咸通元年）一月四日，浙东讨伐军与裘甫的军队在桐柏观（今浙江省天台县北）前交战，唐军战败，副将范居植战死，刘勍侥幸逃出一命。十四日，裘甫乘胜率领部众一千余人攻克了郯县，打开仓库，招募壮士，部众猛增至数千人，浙东治所越州（今浙江省绍兴市）一片恐慌。

郑祇德见越州城内只有弱卒三百，铠甲武器也都陈旧不堪，又招募了一批新兵，而负责此事的小吏们又从中受贿，结果招来的都是些羸弱之卒。郑祇德又派遣子将（武官名，为大将下的偏将）沈君纵、副将张公署、望海镇将李珪率领这五百新兵前去进攻裘甫。二月十日，唐军与裘甫军在郯县以西交战。义军在三溪（一说在今浙江省新昌县西岭乡）以南设下埋伏，而将主力置于三溪以北，并将三溪上游堵住，使得下游水浅，人马可以蹚水而过。等两军交手以后，义军假装战败后撤，唐军开始追击，义军见一半唐军渡过溪水后，就掘开上游堤坝，瞬间溪水上涨，与此同时，早已埋伏在溪水以南的义军也冲杀出来，唐军大败，唐军几乎全军覆没，三将均被杀死。

取得三溪之战的胜利之后，裘甫的声势大振，浙东各地的土匪、亡命之徒纷纷前来投靠，一时之间，裘甫的军队又增至三万人，分为三十二队，在这些领兵将领中，有谋略的是刘暀，勇敢的要推刘庆和刘从简。一些距离较远的土匪也纷纷送来书信和礼物，请求归裘甫统领，裘甫遂自称天下都知兵马使，改元罗平，铸造大印为天平，开始大肆屯聚粮食，招募工匠，打造兵器，声威远远传到了中原。

郑祇德屡屡上书向朝廷告急，并向邻近各道求援。浙西（治所今江苏省镇江市）派遣牙将凌茂贞率领四百人、宣歙派遣牙将白琮率领三百人前来增援。郑祇德先命他们驻扎在城门以及东小江（今曹娥江）防御，不久又召入府中自卫。郑祗德供应给这些外道兵团的物资要超过正常十三倍，但这些人仍然不满足。两道将士请求以本地士兵作为向导，但浙东将士早已成了惊弓之鸟，有人称病，有人假装落马，答应当向导的，一定要给晋职晋级，最终也未能成行。义军的侦察骑兵已经出现在平水小东江（今曹娥江支流）一带，越州城内人心浮动，家家准备好逃跑的小船，带上粮食，坐以待旦，时刻准备逃命。

朝廷知道郑祗德不是一位将才，打算挑选一名武将接替他。宰相夏侯孜说道："浙东山高水远，只能计取，不可力攻，武将之中还没有可以谈论这个问题的人。前安南都护王式虽然出身文臣，但在安南威震四方，可以任命他。"其他各位宰相也觉得有理，懿宗遂以王式为浙东观察使，征召郑祗德为太子宾客。三月一日，王式入宫，懿宗询问他平乱方略。王式回答："只要有军队，就可平定乱党。"旁边的宦官插嘴道："调动大军，花费太大了。"王式反驳道："臣正是要替国家节省费用才这样的。军队多了，平乱就快，费用就省下来了。如果发兵太少，不能消灭敌人，拖延时日，乱党声势更大，江淮之间的强盗势必纷纷响应。朝廷的花销全靠江淮，如果漕运不通，则上自太庙供应，下到禁卫军的军饷，都无从筹措，那时候的费用可就大了去了。"懿宗对宦官们说道："应当给他军队。"于是，朝廷遂调派忠武（治所在今河南省许昌市）、义成（治所在今河南省滑县）、淮南（治所在今江苏省扬州市）等各道军队交给王式统领，南下平叛。

与此同时，裘甫也没闲着。他分兵四出，相继进攻衢州（今浙江省衢州市）、婺州（今浙江省金华市）、明州（今浙江省宁波市）、台州（今浙江省临海市）等地，试图夺占邻近州县，扩大自己的统治区。衢州押牙房郅、散将楼曾、衢州十将（低级武官）方景深等人率众抵御，裘甫之兵无法继续推进。明州军民商议道："如果敌人进入城内，妻儿老小将被剁成肉酱，更不要说家财了，哪还是我们自家的呢？"遂一起拿出家财招募勇士，修缮武器，构筑防御工事，切断桥梁，固守待援。裘甫军未能攻下衢州、明州。裘甫之军又攻破了唐兴（今浙江省天台县）。三月十九日，裘甫亲自率领一万余人进攻上虞（今浙江省绍兴市上虞区），纵火焚烧房屋。二十三日，裘甫之军攻入余姚（今浙江省余姚市），杀死了县丞和县尉，接着，又向东攻克慈溪（今浙江省宁波市旧城）、奉化（今浙江省宁波市奉化区）、宁海（今浙江省宁海县）等地，所到之处，杀死县令，占领城池，掳掠壮丁，屠杀老弱，而后，又分兵包围了象山。

等王式受命南下的消息传来，浙东人心才稍稍安定下来。裘甫正与下属们饮酒，听到这一消息后，顿时郁闷起来。刘晊叹息道："我们拥有如此多的部众，却没有通盘的计划，真是太可惜了！如今，朝廷派遣王中丞领兵前来，我听说此人智勇双全，不出四十天一定能抵达。兵马使大人您应该即刻率兵夺取越州，依托坚城，占据仓库，派遣五千人马固守西陵（今浙江省杭州市萧山区西北），沿着浙江构筑防御工事；筹措船只，如果有隙可乘，就长驱直入，攻克浙西，再横渡长江，劫掠扬州的钱财以充实自己。然后回师，整修石头城，就驻守在那里，如此一来，宣歙、江西一带一定有人会起兵响应。再派遣刘从简率领一万余人南下袭占福建，这样，朝廷的赋税就尽入我们的手中了。形成了这种局面，只是恐怕我们的子孙守不住，但我们这一辈子就可以无忧了。"裘甫说道："今天喝醉了，明天再说吧！"刘晊看裘甫不采纳自己的建议，很是气愤，假装喝醉而出。有一个叫王辂的进士落在义军之中，裘甫以客人之礼相待，他对裘甫说道："刘副使的计策，不过是孙权所为罢了。孙权身处乱世，所以才能割据江东；如今天下无事，这样难以成功。不如率众依托险阻固守，在陆地上耕作，还可出海打鱼，一旦事情危急，又可以逃入海岛，这才是万全之策啊。"

裘甫畏惧王式，一直犹豫不决。

六六四　裘甫起义（二）

四月，王式率军推进到柿口（今地不详）。

义成军军容不整，军纪败坏，王式要斩杀其领兵大将，过了很久才将其人释放，自此，唐军所过之处，秋毫无犯。等唐军来到西陵时，裘甫派人请求投降。王式说道：“我看他肯定没有归降之心，不过是想打探我们的虚实，并且让我们放松警惕而已。”就对使者说道：“裘甫如果自我捆绑前来投降，可以饶他不死。”十五日，王式进入越州城，与郑祇德交接完毕后，给郑祇德设宴饯行，说道：“我主持军务，不可饮酒，监军和其他宾客可以一醉方休。”众人喝到傍晚，王式又命人点上蜡烛，说道：“我王式在此，乱兵岂能妨碍我们喝酒作乐！”次日，又在远郊再次给郑祇德饯行，又大喝一顿，才返回城内，整顿军纪，以往那些声称供应不足的，不敢再吱声了；那些称病回家的，也出来上班了；过去要求进职晋级的，也都不敢再提了。裘甫的手下洪师简、许会能率部投降，王式说道：“你们投降很对，但是还需戴罪立功。”遂命他们率领本部与裘甫军作战，立功后，王式奏请朝廷授予他们官职。

在王式还未到来之前，就有裘甫的间谍混入越州城内，有些同情义军的军吏将他们藏匿起来，好吃好喝予以招待。越州城内的文武将吏们也大多暗中与义军来往，请求城破之日义军能够保全自己全家老少。也有人引来义军将领诈降，想查明唐军的虚实。城内的一举一动，义军都了解的一清二楚。王式到来后，经过暗中调查，掌握了实际情况，遂将义军间谍一网打尽，又把平素非常骄横的将领一律处死。加强城门盘查，没有通行证的一律不得出入，日夜巡查，义军遂无法知道城内的动静了。王式下令打开仓库，赈济灾民，有人劝说道：“乱党还未消灭，正急用军粮，不可散粮啊。”王式说道：“这你不懂。”唐军缺乏骑兵，王式说：“发配到江淮之间的吐蕃和回鹘人，精于骑射，可以重用。”拿出户口簿，从中挑选了一百多名身体强壮的人。这些人流落异乡，当地官府对他们非常歧视，他们的生活也非常困苦。王式把他们召集起来，设宴好好款待，还赈济他们的妻子儿女，这些人都非常感动，纷纷表示愿意以死报答，王式把他们组织成一支骑兵部队，命骑兵将领石宗本统领。凡是浙东各县的，也都照此办理，又上奏皇帝，从龙陂（今河南省正阳县）牧场送来二百匹战马，于是，骑兵部队的兵员、装备都充足了。

有人建议设立烽火台，以侦察义军的动向，王式笑了笑，不置可否。他挑选了一些体弱胆小的士兵，让他们骑上良马，带上很少的武器，令他们担任侦察骑兵，众人都很奇怪，但又不敢多问，随后，王式从本道各营和民团中挑选出四千人，让他们充当各道军队向导，分头讨伐义军。越州城内没有了守军，王式又从民团中挑选了一千人充任，于是，他兵分两路：东路，由宣歙将领白琮、浙西将领凌茂贞率领本军，北方军镇将领韩宗政等人率领民团，合计一千人，由石宗本率领骑兵为前锋，从上虞直扑奉化，目标是解象山之围；南路，由义成将领白宗建、忠武将领游君楚、淮南将领万璘率领本军与台州唐兴的军队会合。王式下令："不要与敌人争夺险要之地，不要焚烧民房，不得妄杀平民以增加首级；对于那些胁从的平民，要予以招降；敌人的钱财，就归你们所有；所有的俘虏都是越州百姓，一律予以释放。"

四月二十三日，唐军攻克义军沃州营寨（今浙江省新昌县东南），次日，又攻克了新昌寨（今浙江省新昌县），击破义军将领毛应天，进逼唐兴。五月二日，东路军在宁海击破义军将领孙马骑部。九日，南路军在唐兴南谷大破义军将领刘暀、毛应天部，临阵斩杀毛应天。

在发起进攻之前，王式以讨伐军人数较少，再次向朝廷请求增派忠武、义成、昭义军队，懿宗答应了。三道军队来到越州后，王式命令忠武将领张茵率领三百人驻守唐兴，切断了义军南撤之路；命义成将领高罗锐率领三百人，增援台州的守军，直扑宁海，进攻义军的巢穴；又命令昭义将领跌跌戣率领四百人增援东路军，切断义军进入明州之路。五月十一日，南路军在海游镇（今浙江省三门县）大破义军，义军撤退至甬溪洞（今浙江省天台县东）。十九日，唐军封锁了洞口，义军出洞反击，再次被唐军打得大败。二十日，高罗锐率部奔袭义军刘平天的营寨，击破义军，至此，唐军与义军接连交战十九次，均大获全胜。刘暀对裘甫说："过去如果听从我的计谋，攻入越州，哪还有今天这种窘境！"王辂等数名进士在义军中都受到重用，身穿绿色官服，刘晗命人将他们全部斩杀，说："正是这几个青虫败坏了我的大计！"

高罗锐攻克了宁海，收编逃散之民，组织起一支七千人的军队。王式说道："敌人已走投无路，又没有粮食吃，一定会逃入大海，一旦他们逃入大海，短期内就难以擒获了。"遂下令高罗锐率军封锁了出海口。又命令望海镇将云思益、浙西将领王克容率领水军在海上来回巡逻。云思益等人在宁海以东的海面上遭遇义军将领刘从简，义军万万也没有想到在这里竟然遇到了唐军的水师，纷纷弃船登岸，逃往深山密林，唐军缴获义军十分之七的船只，全部焚毁。王式听了，说道："敌人逃不掉了，唯独经过黄罕岭（今浙江省新昌县北）可以逃往郯县，遗憾身边再也无兵可调了，不过，就算他们从那里逃跑，也是跑不掉的！"裘甫自从丢掉了宁海老巢之后，就率领部众逃到了南陈馆（今浙江省宁海县西南六十余里），身边尚有一万余人。五月二十二日，东路唐军在上畽村（今浙江省宁海县西北）击破义军将领孙马骑部，义军将领王皋投降。二十三日，右拾遗内供奉薛调上书，认为："平叛战争以来，朝廷征税无度，各地盗匪多半都是逃亡百姓，这当然需要消灭，但也确实值得怜悯。希望下令各地州县除去正常赋税之外，不得再额外征收。"懿宗答应了。

二十九日，唐军东路军在南陈馆大破裘甫军，斩首数千级，义军丢弃在路上的财物堆积如山，企图延缓追兵。跌跌戮命令士兵们："有胆敢看一眼的，斩！"所部无人敢捡拾。义军果然从黄罕岭向北逃去，六月五日，裘甫军进入郯县。一场混战之后，唐军各部都找不到裘甫的踪迹，唐兴将领张茵抓住了一名俘虏，将要严刑拷打，这名俘虏求饶道："他们已经进入郯县了，要是你们饶了我，我愿意当你们的向导。"在这名俘虏的带领下，张茵所部在裘甫进入郯县第二天就赶到了郯县，驻扎县城东南。

当裘甫逃入郯县的消息传到总部时，众人都十分担心。王式却说："他来到此地，就是等着被擒呢！"遂命令各部迅速北上，在郯县会师。十二日，唐军各军分别来到郯县城下，将郯县围得水泄不通，但义军防守严密，唐军强攻不能得手。众将商议切断城内水源，义军听说后，这才主动出城决战。两军一连苦战三天，会战了八十三次，义军虽然不能取胜，但唐军也已精疲力尽了。裘甫派人前来求降，众将向王式禀报，王式说道："敌人不过是想稍稍休整一下罢了，要更加警惕，大功就要告成了！"义军果然又从城内杀出，一连会战了三次。二十一日夜晚，裘甫、刘晆、刘庆带着一百余人出城投降，远远地与唐军将领喊话，唐军见他们已走出城门数十步，突然杀出，切断了他们的退路，将他们生擒。二十三日，裘甫等人被押送到越州，王式下令将刘晆、刘庆等二十余人全部腰斩，将裘甫打入囚车，押往长安。

裘甫等人投降后，郯县城内的义军仍然在坚守着，而城外的唐军却认为已经拿下了裘甫，就放松了警惕。刘从简率领五百名壮士突围而逃，众将发现后，赶忙率军追击，一直追到大兰山（今浙江省余姚市南），刘从简依托险要固守。七月九日，唐军终于攻克大兰山。台州刺史李师望引诱义军相互残杀，以赎罪，最终投降了数百人，得到了刘从简的人头。

众将回到越州后，王式大摆筵席。席间，众将问道："我等长年在军中，今年追随大人讨平乱贼，但其间有很多事情弄不明白，请问：大人刚来时，正需要军粮，而大人却拿出来赈济灾民，这是什么原因？"王式回答："这很好理解。反贼聚敛了很多粮食，就是为了引诱饥民，我开仓赈济饥民，这些饥民就不会追随反贼了。况且，当时各个县城都没有守军，反贼来了，仓库里的粮食正好资助了他们。"又问："为何不设置烽火台？"王式回答："烽火台是为了催促救兵的，我们的军队都已经到前线去了，城内再也无兵可继，只会惊扰了城内百姓，让他们惊慌溃乱而已。"又问："让懦弱之兵担任侦察骑兵，又让他们带很少的武器，这是什么原因呢？"回答："那些手持锋利武器的勇猛之兵，一旦遇到敌人就会不自量力，挺身而斗，一旦战斗而死，就算敌人到了城下，城内也不知道了。"众人听了，纷纷下拜，说道："我们赶不上您啊！"

八月，裘甫被送到长安，在东市上被斩首。懿宗加王式为检校右散骑常侍，众将各有升赏。先前，懿宗对裘甫起义非常担忧，夏侯孜说："王式才干有余，用不了多久，就会传来捷报了。"又给王式写信道："你只用专心讨伐裘甫一事，军中需要什么，朝廷都会全力满足的。"王式所奏，朝廷无不听从，所以才能立下大功。《玉泉子》记载，王式是因金吾将军诱骗裘甫等人投降的，但等裘甫等人投降后，王式出尔反尔，诛杀了刘晆等人，刘晆临死前，嘲笑裘甫道："难道你真的以为你要当金吾将军了吗！"文中认为，王式杀降不祥。

六六五 稳定朝局

懿宗即位之后，一直忙于东南战事，无暇顾及改元，等到裘甫被杀后，他才在大中十四年十一月二日祭祀天坛，大赦，将本年改为咸通元年。

如果我们把宣宗朝分为初期、中期、晚期三个阶段的话，那么，我们就可以把懿宗朝以咸通七年为界分为前期和后期两个阶段。《旧唐书·懿宗》史臣曰：“臣常接咸通耆老，言恭惠皇帝故事。当大中时，四海承平，百职修举，中外无粃（秕）政，府库有余赀，年谷屡登，封疆无扰。恭惠（指懿宗）始承丕构，颇亦励精，延纳谠言，尊崇耆德，数稔之内，洋洋颂声。然器本中庸，流于近习，所亲者巷伯，所昵者桑门。以蛊惑之侈言，乱骄淫之方寸，欲无怠忽，其可得乎！及衅结蛮陬，奸生戍卒。发五岭之转输，寰海动摇；征二蜀之捍防，蒸人荡覆。徐寇虽殄，河南几空。然犹削军赋而饰伽蓝，困民财而修净业，以谀佞为爱己，谓忠谏为妖言。争趋险陂之途，罕励贞方之节。见豕负涂之爱竖，非次宠升；燋头烂额之辅臣，无辜窜逐。是以干戈布野，虫旱弥年，佛骨才入于应门，龙辅已泣于苍野，报应无必，斯其验欤！”

懿宗即位之初，裘甫就在浙东发动叛乱，可以说是给懿宗一个下马威。裘甫起事之初仅有百人，却在很短的时间内席卷浙东五州，这次叛乱历经八月最终被平定，但也反映出唐朝江南藩镇武备薄弱、社会矛盾激化的现实，亟须唐朝朝廷进行政策调整，然而，还没等懿宗缓过神来，到咸通元年十二月，安南的山蛮就趁安南都护李鄠发兵北上夺取播州（今贵州省遵义市）之际，引来三万南诏军队乘虚攻陷了安南治所交趾城（今越南河内市）。安南都护李鄠和监军闻讯后，逃奔武州（疑为武安州，今越南海防市）。咸通二年（公元 861 年）一月，懿宗下诏调发邕管（今广西壮族自治区南宁市）以及邻道军队解救安南，一场大战即将爆发。

在部署收复安南的同时，懿宗还在按部就班地调整着朝中重臣，巩固自己的统治地位。

大中后期，宣宗身体状况不好，怠于朝政，宦官势力有所抬头，大中十二年，蒋伸在受到宣宗接见时曾称："近日官颇易得，人思侥幸。"可能就是指当时已经出现了内廷宦官与外朝朝臣相互勾结的情况，懿宗即位时二十七岁，正值壮年，他虽然不得宣宗宠爱，但身居长子，神策左军中尉王宗实拥立懿宗，并无多少困难，懿宗即位后，除了晋升王宗实为骠骑上将军之外，未见大肆升赏其他宦官，也体现了其继承宣宗压制宦官集团的做法。

在对待外朝朝臣上，懿宗也在逐步更换大中旧臣，构建自己的朝臣集团。由于宣宗偏爱三子夔王李滋，故大中朝臣要么赞同宣宗，要么采取观望态度，据《唐语林》记载："宣宗崩，内官定策立懿宗，入中书商议，命宰臣署状，宰相将有不同者。夏侯孜曰：'三十年前，外大臣得与禁中事。三十年以来，外大臣固不得知，但是李氏子孙，内大臣立定，外大臣即北面事之。安有是非之说！'遂率同列署状。"提出异议的有可能是萧邺、蒋伸，萧邺，宣宗恩遇甚隆，蒋伸之所以拜相是官易得，矛头直指宦官。如今，懿宗即位后，自然不会容忍那些异己势力。驸马都尉郑颢，在宣宗朝主管贡举两年，可谓炙手可热，《金华子》就曾称，（崔雍）"与郑颢同为流品所重。举子公车得游历其门馆者，则登第必然矣。时人相语为崔、郑世界，虽古之龙门，莫之加也"。但等懿宗即位后，大中十三年，郑颢就被外贬为河南尹，不久就去世了。懿宗即位时，朝中宰相分别是令狐绹、萧邺、夏侯孜和蒋伸，懿宗率先将萧邺罢相，贬出京师，改任其为荆南节度使，此后又把令狐绹贬出了京师，起用翰林学士承旨杜审权担任宰相。宣宗在世时，对萧邺恩遇甚隆，令狐绹在大中朝为相十年，二人都是宣宗的左膀右臂，在选择太子时，肯定倾向于宣宗，懿宗即位之初就拿下二人，原因可能就是在于此，而提拔杜审权，也是为了酬谢其配合王宗实起草遗诏之功。

在罢免令狐绹的同时，懿宗又将前荆南节度使、同平章事白敏中召回朝廷，晋升为守司徒、兼门下侍郎、同平章事。白敏中在大中初期配合宣宗"务反武宗之政"，贬斥李德裕，得罪了很多人，《旧唐书》称："及李德裕再贬岭南，敏中居四辅之首，雷同毁誉，无一言伸理，特论罪之。"《新唐书》称："德裕贬，敏中抵之甚力，议者訾恶。德裕著书亦言'惟以怨报德为不可测'，盖斥敏中云。"实际上，在大中朝就有人替李德裕鸣不平，而对白敏中的做法深感不满，对此，懿宗不可能一无所知。懿宗此举无非想让白敏中这位老臣暂时做一过渡，以消除令狐绹长期执政的影响。懿宗刚刚登基，就让自己当首辅，这也让白敏中感到忐忑不安。推测起来，可能会有以下几个因素：一是情况不明。他在外任职长达十年，朝廷内情不甚熟悉。二是朝中重臣可能对其有所提醒。《新唐书·蒋伸传》称："白敏中领邠宁节度，表伸自副，加右庶子。"可知二人私交很好。蒋伸以暗示宣宗"官颇易得"而得位，可能得罪了庞大的宦官集团，现在卷入一场是非之中很不划算。三是舆论压力。懿宗即位后，给李德裕平反的呼声甚嚣尘上，作为将李德裕落井下石的白敏中自然成为千夫所指，这也让他自感羞于上位。

咸通元年二月二十五日，白敏中回朝，在入宫朝见时，一不小心从台阶上跌落下来，伤到腰部，被人用软轿抬回了家中。自从这次摔倒事件后，白敏中就接连上书请求辞职，但懿宗一直没有答应。右补阙王谱（王珪的六世孙）上书认为："陛下登基之初，正是与宰相们尽心尽力之时，宰相之位不可空缺。白敏中从年初就卧病在家，迄今已经四个月了，陛下与其他宰相们坐下议事，也从未超过三刻，哪有工夫和白敏中谈论天下大事呢？希望答应白敏中的请求，再寻访道德声望之臣，来辅佐陛下。"四月二十九日，懿宗将王谱贬为阳翟令。五月一日，给事中郑公舆驳回了诏书，懿宗下令夏侯孜、蒋伸、杜审权讨论，三位宰相认为王谱言语侵犯了白敏中，最终还是将其贬谪了。到了九月，白敏中已五次上书提出辞职，九月四日，懿宗以其为司徒、中书令。史称，裴度拜为中书令靠的是功劳，而白敏中则靠的是恩典。二十六日，右拾遗刘邺上书认为："李吉甫、李德裕父子为相，有声望政绩，贬谪以来，家属死亡殆尽，家产为之一空，希望能予以怜悯，追赠一官。"十月十一日，懿宗下诏给李德裕平反，恢复其太子少保、卫国公官爵，并追赠为尚书左仆射。李德裕三子均已死亡，长子李烨留下一子李延古（后改名李敬义），后唐庄宗时为官。二十三日，懿宗以门下侍郎、同平章事夏侯孜为同平章事、西川节度使，改任户部尚书、判度支毕諴为礼部尚书、同平章事。至此，经过一年的调整，朝中宰相分别为：蒋伸、杜审权、毕諴。次年二月，懿宗又以中书令白敏中为兼中书令、凤翔节度使，晋升尚书左仆射、判度支杜悰为兼门下侍郎、同平章事，确立了以杜悰（杜悰娶妻宪宗长女岐阳公主、系懿宗的姑父）为核心的宰辅集团。

大约在杜悰拜相不久的一天，两位枢密使来到中书省，不一会儿，宣徽使杨公庆也到了，只传令让杜悰接受诏书，另外三个宰相蒋伸、杜审权、毕諴都起身出屋，到西厢房暂避。杨公庆取出斜封的密旨交给杜悰，杜悰打开后，是宣宗去世前宦官们请求册立懿宗的奏表，杨公庆接着说道：“凡是在这奏表上没有署名的时任宰相，当以谋反之罪论处。”杜悰反复阅读，等了很久，说道：“圣明的君主登基，万方欣喜拥戴，今日所下诏书，不是臣下一人该看的。”封好以后交还给杨公庆，说道：“皇上要降罪宰相，就该在延英殿上展示圣旨，正大光明地予以谴责、诛杀。”杨公庆离去后，杜悰又对两位枢密使说道：“内外大臣，其实是一体的，宰相和枢密使共同商议朝政。如今，主上刚刚登基，还对国事不太熟悉，正要内外臣子合力辅佐，该以仁爱为先，刑杀为后，岂能突然就发出诛杀宰相之事？如果主上形成习惯，中尉、枢密使都位高权重，你们难道不担心自己吗？杜悰受恩六朝，就是希望辅佐主上成为尧舜之君，不想看到君王以个人爱憎来执法。”两位枢密使听后，都沉默不语，一会儿才说道：“一定将大人的话转达主上，若非大人之德，无人能说出这话。”两位枢密使走后，三位宰相见到杜悰，都非常害怕，恳请杜悰能够保全他们的家族，杜悰说道：“无须多虑。”此后，等懿宗驾临延英殿论政时，已面露喜色，不再提及此事了。懿宗所要杀的自然不全是时任宰相，杜审权、毕諴都是懿宗即位后新任命，最有可能的只有蒋伸，至于已经罢相的，则可能是令狐绹和萧邺，而三位宰相一起惶恐不安，多少就令人感到奇怪了。难怪《通鉴考异》也觉得此事可能出自杜悰家传，有所夸大，而胡三省更是怀疑其真实性，因为，根据《旧唐书·杜悰传》记载，杜悰“无他才，常延接寒素，甘食窃位而已”，不过，懿宗即位后，朝局没有出现大的动荡，这倒是实情。

六六六 岌岌可危（一）

如前所述，宣宗大中后期，唐朝与南诏的关系逐渐恶化。

安南经略使李涿贪暴，导致安南民怨沸腾，再加上失去了峰州屏障，安南治所交趾城就暴露在南诏军队的打击之下，王式到任后，南诏军队不敢再犯，却转而东进，攻克了播州（今贵州省遵义市）。新任安南都护李鄠奉命率军北上，重新夺回了播州，但南诏军队乘虚端掉了安南都护的老巢交趾城。

李鄠在武州招募当地百姓，组成了一支军队，向交趾城发起进攻，再次夺回了交趾城。懿宗怪罪李鄠丢掉交趾城，将其贬为儋州司户。王式担任都护时，设计削弱了当地豪强杜守澄的势力，等李鄠到任后，就诛杀了杜守澄，这让杜氏家族非常气愤，联络其他山蛮攻陷了交趾城。唐朝朝廷认为杜氏家族在当地非常强盛，试图通过拉拢，希望他们为朝廷所用，遂追赠杜守澄的父亲杜存诚为金吾将军，又将李鄠流放到了崖州。咸通二年（公元 861 年）六月十日，朝廷以盐州防御使王宽为安南经略使。

七月，南蛮又攻克了邕州（今广西壮族自治区南宁市）。过去，广州、桂州（今广西壮族自治区桂林市）、容州（今广西壮族自治区容县）三道一共调派三千军队协防邕州，每三年一轮换。邕管经略使段文楚曾上书朝廷，请求用配发给这三道将士们的衣服粮食自行招募军队，然而，其在本地才招募了五百多人，等段文楚离任回朝担任金吾将军后，新任邕管经略使李蒙贪图缺额省下的钱粮，就把三道戍卒全部遣返，只留下新招募的士兵戍守，比过去的兵员少了十之七八，所以，南蛮才得以乘虚而入。当时，李蒙已经死了，继任的邕管经略使李弘源刚刚上任十天，无兵可用，邕州最终陷落，李弘源和监军一起逃到了蛮州（今广西壮族自治区宾阳县），等了二十余日，南蛮撤离，二人才返回邕州。李弘源因此而被贬为建州司户。段文楚时任殿中监，懿宗又将其任命为邕管经略使，段文楚到任后，邕州城内活下来的百姓还不足昔日的十分之一。段文楚是段秀实的次孙。

杜悰上书认为："南诏归顺七十年，蜀中一直平安无事，各种山蛮也都顺服，如今，西川军队、粮食都很缺乏，不可轻易与之断绝关系，暂且应该派遣使者前去吊唁，告知他们的清平官等人他们新王的名讳犯了先帝名讳，所以才没有册命，等其改名谢恩后自然会派使者加封，如此一来，也许会恢复两国的正常关系。"懿宗答应了，就派遣左司郎中孟穆担任吊祭使出使南诏。孟穆还没出发，南诏国就发兵进攻嶲州（今四川省西昌市）了，兵锋直指邛崃关（今四川省汉源县北），孟穆遂未成行。

咸通三年（公元 862 年）一月一日，群臣给懿宗上尊号为睿文明圣孝德皇帝，懿宗下令大赦天下；以中书侍郎、同平章事蒋伸为同平章事、河中节度使。至七月，又调回西川节度使、同平章事夏侯孜为尚书左仆射、同平章事。至此，懿宗朝宰相分别是：杜悰、杜审权、毕諴、夏侯孜，都是懿宗可以信赖的人了。《北梦琐言》记载，懿宗即位后，"唯以崇佛为事"。《玉堂闲话》也称，懿宗"多变服私游寺观"。咸通三年四月一日，懿宗下诏命令长安两街慈恩寺、荐福寺、西明寺、庄严寺这四座寺庙各自设立戒坛，剃度僧尼二十一天。懿宗还曾经在咸泰殿设立戒坛，剃度宫女，长安两街僧尼也都参加了仪式；懿宗还在宫中开设讲经坛，亲自讲经说法，手写佛经，还多次驾临佛寺，施舍了大量财物。吏部侍郎萧倣上书劝谏道："玄祖（指老子）之道，以慈悲节俭为先；素王（指孔子）之风，以仁义为首，他们名垂百代，无以复加。佛，丢掉王位出家，割舍最难以割舍的亲情之爱，想得到寂灭之后的辉煌，这不是帝王应该羡慕的。希望陛下经常驾临延英殿，接见四位宰相，关心百姓疾苦，虔诚地祭祀祖先。陛下还应该知道：滥赏、滥刑，一定会招致灾祸；克制、少杀，必定能带来福报。希望陛下撤去讲经坛，更加勤于政事。"懿宗虽然对其进行了嘉奖，但不能听从。揣测懿宗事佛的原因，大约与其继位之前的经历有关：懿宗长期以来，不得父皇的宠爱，地位朝不保夕，也许其在佛前许下了大愿，继位之后不得不还愿。

南诏在向北进攻的同时，在南方也发动了攻势。咸通三年二月，南诏军队再次入侵安南，安南经略使王宽屡屡上书向朝廷告急，朝廷以前湖南观察使蔡袭接替王宽担任安南经略使，并调派许州、滑州、徐州、汴州、荆州、襄州、潭州、鄂州等道人马共计三万人，交由蔡袭指挥，南诏人听说唐军声势浩大，赶忙从安南撤离。朝廷又追究邕管观察使段文楚变更旧制之罪，将其贬为威卫将军、分司，以胡怀玉代之。太子左庶子蔡京，为人贪婪残暴，又诡计多端，当时的宰相却以为此人很有才干，就上奏懿宗将其派往岭南，处置善后事宜。三月，蔡京从岭南返回朝廷后，应对如流，令懿宗非常满意，又晋升其为权知太仆卿，充荆襄以南宣慰安抚使。过去，岭南分为五管，分别是：广管、桂管、邕管、容管、安南，全部隶属于岭南节度使。蔡京奏请朝廷将岭南分为两个节度使，朝廷同意了。五月，懿宗以广州为岭南东道，邕州为岭南西道，将桂管的龚州（今广西壮族自治区平南县）和象州（今广西壮族自治区象州县）、容管的滕州（今广西壮族自治区藤县）和岩州（今广西壮族自治区来宾市）划归岭南西道。不久，又任命岭南节度使韦宙为岭南东道节度使，以蔡京为岭南西道节度使。

等蔡京当上岭南西道节度使后，见安南都护蔡袭率领各道重兵驻扎安南，就心生猜忌，唯恐蔡袭立下大功，就上奏朝廷称："南蛮已经远远逃走，边境太平无事，武将企图立功，妄自拥兵自重，浪费军粮，这全在于岭南地处偏远，朝廷无法实地核实，所以他们才得以欺上瞒下，请求朝廷撤回各道守军。"朝廷不明情况，就答应了。蔡袭屡屡上奏称，各族山蛮早已觊觎安南，不可没有防备，请求留下五千人马，但朝廷先入为主，置若罔闻。蔡袭断定南诏军队一定会再次入侵，而安南军队粮草都十分缺乏，谋略武力都无法施展，写下"十必死奏状"，上呈朝廷，可是，宰相们全都相信蔡京之言，根本不听。

就在朝廷为安南是否撤军反复讨论之际，到了七月，徐州突然发生了兵变，乱兵将武宁节度使温璋给赶跑了。徐州军队素来骄横，王智兴担任徐州节度使后，又招募了两千名非常骁勇强悍之人，组织了银刀、雕旗、门枪、挟马等七支特种部队，他又从中挑选出三百余人担任自己的亲兵，经常手持大刀，坐在大堂两侧的走廊之下，每一月轮换一次。此后，尤其是到了宣宗朝，节度使多用文臣、儒生，徐州这些兵逐渐开始不服管教了，稍不如意，一人大声呼喊，众人都闻声响应，节度使往往吓得从后门夺路而逃。前任节度使田牟为了安抚这些骄兵，往往与他们杂坐在一起喝酒，或握住手臂，或拍着肩膀，甚至起身亲自打板给他们唱歌，完全没了尊卑。经常赏赐他们很多钱财，遇到下雨刮风，寒来暑往，还得增加赏赐，即便如此，这些人还时常喧哗，不断索要赏赐。等田牟去世后，温璋继任节度使，这些骄兵们素来听说温璋严厉，内心对其非常忌惮。温璋真心抚慰他们，想与他们交朋友，但他们始终心怀疑虑，凡是温璋赏赐的酒水，一滴也不喝，至此，竟然群起鼓噪，将温璋驱逐。朝廷知道温璋无罪，七月八日，改任其为邠宁节度使，而以浙东节度使王式为武宁节度使。

大中十四年，王式消灭裘甫之后，其所率领的忠武、义成两道的军队一直驻扎浙东，维护当地秩序，懿宗下诏命令王式率领这两支军队北上，前往徐州上任。徐州将士们听说后，都十分害怕。八月，王式行至大彭馆（今江苏省徐州市东南），徐州将士们才出城前来迎接。王式上任三日，设宴款待忠武、义成两镇的将士们，对外宣称将把他们送回本镇。宴会结束后，王式命令两镇将士全都披上铠甲，拿起武器，包围了徐州骄兵，全部予以斩杀，银刀都将邵泽等以下数千人全都被杀，王智兴创设的银刀等军被一网打尽。八月二十八日，懿宗下诏称，徐州原本隶属于淄青道，自从李洧归顺朝廷后，才设置徐海节度使。等到张建封立功之后，朝廷又把濠州和泗州划归徐州管辖。当时的目的是控制淄青的李师道和光州蔡州的吴元济。自从天下太平之后，武宁一镇却时常作乱，从今往后改为徐州团练使，隶属于兖海节度使；将濠州划归淮南道；另行在宿州设置宿州、泗州团练观察使。留下两千将士驻守徐州，其余人员分别隶属于兖海节度使和宿泗观察使。暂时以王式为武宁节度使，兼任徐州、泗州、濠州、宿州制置使，由王式和监军杨玄质分配将士到各道安置，安置之后，再令忠武、义成两道将士前往汴州，由汴州返回本镇，王式本人返回京师。徐州原银刀等军逃亡的将士，允许他们在一个月之内出来自首，一律不予追究。

六六七 岌岌可危（二）

王式果断处置了银刀等军，虽然换来一时的安定，但也为六年后的庞勋兵变埋下了伏笔。

回过头来继续说安南的局势。自从蔡京上任后，立即露出了他本来的面目，为了威服山蛮，他竟然用上炮烙之刑，令岭南西道各族百姓以及唐军将士们都非常愤恨，最终，他本人也被邕州将士们赶跑。蔡京狼狈逃往滕州，伪造了皇帝诏书以及攻讨使的大印，招募当地百姓和邻近州县的民团，试图重新夺回邕州。他组织起来的都是些乌合之众，刚到邕州，就一哄而散了。蔡京只好投奔桂州，桂州人对其割去龚州、象州还怀恨在心，闭门不肯接纳，蔡京无处可去。懿宗下诏将其贬为崖州司户，蔡京却不肯前往，竟然继续北上，行至零陵，懿宗再次下诏将其赐死。懿宗另以桂管观察使郑愚担任岭南西道节度使。

十一月，南诏军队第三次大规模入侵安南。南诏人纠集各山蛮共计五万人朝交趾城杀来，安南都护蔡袭向朝廷告急，懿宗下诏调派荆南、湖南两地两千人马、桂管志愿军三千人，赶赴邕州接受郑愚的指挥。岭南东道节度使韦宙上奏称："山蛮入侵一定会进攻邕州的，如果不提前防御，急于远解交趾城之围，恐怕山蛮会乘虚切断我军的粮道。"于是，懿宗又下令蔡袭撤出交趾城，退守海门（今越南海防市）；命令郑愚分兵把守各个要道。十二月，蔡袭又上书请求火速派遣援军，懿宗下诏命令山南东道派遣一千名弓箭手救援，但当时南诏军队已经包围了交趾城，不仅蔡袭无法退守海门，这些救兵也根本难以入城。

咸通四年（公元 863 年）一月七日，懿宗举行祭祀天神大殿，并宣布大赦天下，而恰恰在这一天，在遥远的安南，南诏军队攻克了交趾城。当时，南诏将领杨思缙、麻光高率领六千人直逼交趾城下，蔡袭抄录南诏先王异牟寻的盟书，射入南诏军中，但南诏人不予理睬，最终城破。困守孤城的蔡袭率领守军与敌人作殊死搏斗，身边的将士们全部战死，蔡袭全家七十余人全部被杀。蔡袭徒步与敌人短兵相接，身中十箭，蹒跚着朝监军的船只而来，可是，监军的坐船已经离岸，蔡袭遂落海淹死了。蔡袭的幕僚樊绰携带都护印绶，游泳渡过富良江，逃出一命，此后，樊绰写下了《蛮书》，是后世了解安南当时情况的重要史料。戍守安南的荆南、江西、鄂岳、襄州将士四百余人，逃到交趾城东水边，荆南都虞候元惟德等人对大家说："我们没有船，入水就被淹死，不如返回城中，与敌人搏杀，我们一个人能杀死两个山蛮，也划算了！"于是，他们又折返回城，突入东罗门。已经占领交趾城的南诏和山蛮人毫无防备，元惟德等人一路砍杀，竟然杀死了两千余蛮人，一直杀到夜里，南诏将领杨思缙从子城内杀出，元惟德等人全部战死。当晚，南诏人大开杀戒，屠城。

南诏军队接连两次攻陷了交趾城，前后杀死、俘虏近十五万人，留下杨思缙率领两万人马驻守交趾城。当地各个山洞的山蛮都投降了南诏人。交趾城再度失陷后，懿宗下诏命令派遣的各道军队全部从安南境内撤离，分别驻守岭南西道、东道，对南诏暂时采取守势。

南诏军队攻下交趾城后，就转兵北上，朝邕州杀来。岭南西道节度使郑愚心生恐惧，上书自称身为儒臣，不懂军事，请求朝廷改派武将担任节度使。朝廷遂征召义武节度使康承训入朝，打算令其取代郑愚，还命其挑选数名将官、数百名士兵随行。

康承训，字敬辞，因门荫累迁至左神武军将军。宣宗将他提拔为天德军防御使，在与党项作战中立功，封会稽县男，晋升为义武节度使。

等康承训来到京师后，懿宗就任命其为岭南西道节度使，并下诏调派荆州、襄州、洪州、鄂州四道共计一万人马，与其一同南下。五月十三日，朝廷取消容管建制，下辖各州划归岭南西道，以供应前线军粮；又将龚州、象州重新划回桂管。六月，朝廷又下令撤销安南都护府建制，将交州州政府迁至海门镇（今越南海防市）；任命右监门将军宋戎为行交州刺史，以康承训兼管安南以及前线各军行营总指挥。七月，朝廷又在海门镇重新恢复安南都护府建制，以宋戎为安南经略使，再次调派山东兵一万人前去驻守。

当时，各道增援岭南的军队人数众多，全靠江西、湖南运输粮食。两地运粮船都要逆流而上，从湘江进入澪渠（连接湘江和漓江的人工渠），再进入漓江，运输极为困难，各军普遍出现缺粮。润州人陈磻石上书建议，请求朝廷建造能装运一千斛以上的大船，从福建出发，经海路运送大米，不到一个月就可抵达广州。朝廷予以采纳，很快就解决了军粮不足的问题。然而，在施行过程中，一些官员以双方同意为名，强行征收商人们的船只，将商人的货物放到岸上，改运军粮；如果船只入海遭遇风浪沉没，有关部门还逮捕主管官员、船夫，要他们赔偿损失，弄得上下苦不堪言。

八月，岭南东道节度使韦宙上奏称，南诏人一定会进攻邕州，请求朝廷分兵把守容州和滕州。十二月，南诏军队又入侵西川。

咸通五年（公元 864 年）一月，西川上奏南诏入侵嶲州，嶲州刺史喻士珍将敌人击败，俘虏了上千人。懿宗下诏命令五千神策军以及各道军队前去增援。忠武大将颜庆复请求修筑新安、遏戎两座城堡（均在今四川省西昌市一带），朝廷答应了。同月，唐朝朝廷以容管经略使张茵兼任句当（办理、掌管之意）交州事，将海门驻军增加至两万五千人，由张茵统领收复安南。

岭南西道节度使康承训来到邕州时，山蛮入侵得更为频繁，声势也更大了，朝廷再次下诏调派许州、滑州、青州、汴州、兖州、郓州、宣州、润州八道军队增援，然而，康承训放松警惕，不设斥候，正如韦宙所料，南诏人果然率领各地山蛮共计六万人向邕州发起了进攻，等南诏军队快进入邕州境内时，康承训才得到消息，匆匆派遣六道军队共计上万人前去抵挡。唐军用獠人担任向导，而这些獠人却把唐军引入了敌人的包围圈，等敌人赶到后，唐军又不设戒备，五道军队共计八千人全军覆没，唯独天平军后一天赶到，才未被敌人歼灭。消息传来，全军大震，康承训慌乱不知该如何是好。岭南西道节度副使李行素率众整修营栅、开挖壕沟，刚刚完工，南诏军队就杀到了城下，将邕州包围了四天，修建攻城器具，准备一举夺下邕州。眼看敌人的攻城器具就要造好了，众将请求趁夜分头出城偷袭敌营，康承训早已吓得魂不附体，始终不答应。有一个天平军的低级将领再三请求，最终康承训勉强答应下来。这名小将挑选了三百名勇士，夜幕降临后，偷偷从城上缒下，出城后，他们立即分散开来，放火焚烧敌营，南诏军队顿时乱作一团，唐军敢死队趁乱斩杀了五百敌人。经此一惊，南诏军队又勉强留了一天后，撤围而去。康承训见敌人退去，这才命令各军发起追击，追杀敌人不满三百人，都是受到南诏人裹挟的山蛮。康承训掩盖败绩，以大捷上报，朝廷不辨真假，纷纷庆贺。四月，朝廷加康承训检校尚书右仆射，其余论功封赏的，都是他的亲信、子弟，而那位冒死烧毁敌营的小将却连一级也没有得到升迁，这让军中将士十分气愤，军中咒骂声不绝于耳。七月，西川上奏称两林（今四川省喜德县东）鬼王突击南诏，大败南诏军队。保塞（今四川省冕宁县）城主杜守连不服从南诏的管辖，率众到黎州（今四川省汉源县）投降。

康承训的作为也传到了岭南东道节度使韦宙的耳中，韦宙给宰相们写信，禀报了实情。康承训自己也心虚害怕，屡屡上书称病，请求辞职，懿宗遂以其为右武卫大将军、分司，晋升容管经略使张茵为岭南西道节度使，把容州的四个州另行设置经略使。当时，南诏人知道邕州已经非常残破，劫掠不到什么财物，就一直不再入侵了，这样一来，南诏重兵就集结在了安南方向，因此，张茵迟迟不敢进军安南，这让朝廷非常着急。宰相夏侯孜推荐了骁卫将军高骈接替张茵，懿宗遂任命高骈为安南都护、本管经略招讨使，将张茵所部全部划归高骈统领。

高骈，字千里。祖父高崇文，元和初年平定刘辟之乱的功臣，其父高承明，为神策军虞候。高骈能文能武，深得神策军宦官权贵的赏识，历任神策军都虞候。在党项叛乱时，高骈率领一万禁军驻守长武城，诸将均没有立功，唯独高骈伺机出战，战无不胜。懿宗即位后，吐蕃也曾骚扰西部边境，懿宗任命其为秦州刺史、本州经略使。《谢蟠杂说》称，高骈“自幼好诗，雅有奇藻，属情赋咏，横绝常流”。

六六八　收复安南（一）

从咸通四年（公元 863 年）南诏攻陷安南到咸通六年（公元 865 年）高骈上任以后，已历两年。

其间，朝廷也发生了很多变化。咸通四年二月，为了应对来自西北方向威胁，唐朝在秦州设置天雄军，下辖成州（今甘肃省成县）、河州（今甘肃省临夏市）、渭州（今甘肃省陇西县），任命左金吾将军王晏实担任天雄军观察使。三月，归义军节度使张义潮上奏称，率领番汉七千人马收复了凉州（今甘肃省武威市）。中书侍郎、同平章事毕諴以同僚大多徇私不法，称病辞职，四月，毕諴被罢相，贬为兵部尚书。五月，群盗攻入徐州，杀害官吏，徐州刺史曹庆将其消灭。这些群盗可能就是上年度逃亡的银刀军将士。同月，懿宗以翰林学士承旨、兵部侍郎杨收为同平章事。杨收是前岭南节度使杨发的弟弟，字藏之。杨收擅长写文，自幼号称神童，长大后，身长六尺二寸，博闻强记。家中非常贫困，其母信佛，杨收自幼也不吃肉，其母对他说："等你中了进士，再吃。"后，杨收进士及第，被杜悰召为幕僚，又经宰相马植推荐为渭南尉，又补杜悰西川节度使判官。夏侯孜以宰相判度支，以杨收具体负责度支事务。杨收与神策左军中尉杨玄价以同姓结好，故而才得以拜相。懿宗时期，士大夫们对宦官深恶痛绝，有谁只要稍稍与宦官有什么联络，大家都不再与其来往了。建州进士叶京曾经参加过宣武军的一次宴会，认识监军，不久，叶京进士及第，与同年一起在京城游玩，途中又遇到了那位监军，在马上作了一揖，仅仅因这件小事，就令舆论哗然，终身沉沦。很多宦官都是福建人，福建观察使杜宣猷每年寒食节都要派人祭祀这些宦官们的祖先，宦官们对他很是感激，此后，杜宣猷也被晋升为宣歙观察使，当时人们都嘲讽他为"敕使墓户"，虽然如此，上层宦官与朝臣之间的关系却不尽然这样紧张，虽然朝臣内心对宦官们不以为然，但宦官集团掌握着强大的军力，朝臣又不得不与其合作，正如夏侯孜、杜悰曾经说的那样，内臣和外臣都是一体，因此，杨收借杨玄价爬上宰相高位，也就可以理解了。

杨收拜相后不久，懿宗又将杜审权外调为同平章事、镇海节度使；闰六月，又以门下侍郎、同平章事杜悰为同平章事、凤翔节度使；晋升兵部侍郎、判度支曹确为同平章事。曹确，字刚中，开成二年进士，任藩镇幕僚，入朝后历任侍御史、以工部员外郎知制诰、翰林学士、中书舍人、权知河南尹事、兵部侍郎。曹确精通儒学，谨慎稳重，遵规守法。史称，他与毕諴都是以儒术而拜相，“及居相位，廉俭贞苦，君子多之（对其很赞赏之意），称为曹、毕”。至此，朝廷宰相分别为：夏侯孜、杨收、曹确三人。

八月，懿宗以阁门使吴德应等宦官担任馆驿使。御史台上书劝谏认为，根据惯例，御史负责巡查驿站，不该突然改由宦官担任。懿宗以诏命已经颁布，不可更改。左拾遗刘蜕上书称：“昔日楚庄王灭亡陈国后，改为一个县，接受申叔时的一句话，又令陈国复国了；太宗皇帝发兵修建乾元殿，张玄素劝谏，当天就停工了。自古明君最推崇的就是从善如流，哪有已经执行就不可以中途更改的道理？况且，诏命是陛下下的，陛下再予以改变，有什么不可以的呢？”但懿宗不听。宦官们担任馆驿使，说明了宦官集团的权力在懿宗时期有所扩大。

懿宗拒谏饰非，还表现在对待令狐滈的任命上。十月，令狐滈从长安尉、集贤殿校理职务上提拔为左拾遗。左拾遗刘蜕再次上书称：“令狐滈教育子女，没有家法；身为平民时，却掌握着宰相大权。”起居郎张云也说：“令狐滈的父亲令狐绹任命李涿为安南都护，致使如今安南陷落，这全都是因为令狐滈自己受贿，陷其父令狐绹于罪恶。”十一月，张云再次上书称：“令狐滈在其父担任宰相时，被人称为白衣宰相。”令狐滈也上书请求退位，懿宗将其改任太子詹事府司直。事后，时任淮南节度使的令狐绹上书替儿子鸣冤，懿宗不愿得罪方面大员，遂下令将张云贬为兴元少尹，刘蜕贬为华阴令，诏书中说：“虽然赞赏你们尽忠进言，但也难逃轻率之责。”同月，鉴于徐州特殊的地位，朝廷又撤销了刚刚设立的宿州、泗州观察使，恢复徐州为观察府，下辖濠州和泗州。

与此同时，在朝议的压力下，有失土之责的前安南都护李涿也被从宋州刺史任上免职，流放到漳州，继而又流放到崖州，并于咸通四年去世。

到咸通五年（公元 864 年）四月，懿宗又晋升兵部侍郎、判户部萧寘为同平章事。萧寘，是德宗时期宰相萧复的孙子，萧复当宰相不足一年就死掉了。史称，他“无显功，史逸其传”。十一月，懿宗又将门下侍郎、同平章事夏侯孜调出京师，担任同平章事、河中节度使，而晋升翰林学士承旨、兵部侍郎、年仅三十六岁的路岩为同平章事。路岩，字鲁瞻，其父路群在文宗朝曾任中书舍人、翰林学士，史称他“性仁孝，志行贞洁……与士友结交，荣达如一”。路岩自幼聪敏过人，其父很多朋友后来都当上了方镇大员，路岩就在这些方镇里担任幕僚，后入朝，累迁中书舍人、户部侍郎。路岩长相俊美，《北梦琐言》称，其“风貌之美，为世所闻……虽卫玠、潘岳，不足为比”。史称：“懿宗时，王政多僻，宰臣用事。岩既承委遇，稍务奢靡，颇通赂遗。”到咸通六年（公元 865 年）三月，萧寘病死，四月，懿宗晋升前东川节度使高璩为兵部侍郎、同平章事。高璩是宣宗时期刑部尚书高元裕的儿子。高璩仅仅当了两个月的宰相就去世了，懿宗又任命御史大夫徐商为兵部侍郎、同平章事。至此，朝中宰相分别为：杨收、曹确、路岩、徐商。《唐语林》记载，咸通末，杨收、曹确、路岩、徐商四人担任宰相，“杨、路卖官弄权，曹、徐但备员而已。长安谣曰：‘确确（指曹确）无论事，钱财总被收（指杨收）。商人（指徐商）都不管，货赂（指路岩）几时休？’”

咸通六年，杨收建议：“南蛮的侵扰已长期未平，两河将士戍守岭南，因瘴气而死的有十之六七，请求撤回北方将士，在江西囤积粮食，招募三万名强弩军，以补充岭南之兵，这里距离岭南较近，交通方便，在此应当设立军府，以加重权力。”懿宗表示同意，遂在洪州设置了镇南军，任命桂管观察使严譔为节度使。严譔，是德宗时期山南西道节度使严震的堂孙，严譔与杨收私交很好，所以才被任命为镇南军节度使。

高骈上任时信心满满，曾写下《南征抒怀》：“万里驱兵过海门，此生今日报君恩。回期直待烽烟静，不遣征衣有泪痕。”以表心迹。到任后，他审时度势，一直在海门训练军队，迟迟不肯出兵。到咸通六年，高骈朝中的依靠首辅夏侯孜已经罢相，失去了靠山，而监军李维周厌恶高骈，想趁机把他赶走，就屡屡催促其进兵。到咸通六年七月，高骈率领五千人马先期出兵，约定李维周随后发兵接应，然而，等高骈出发之后，李维周不发一兵一卒，意欲将高骈置于死地。九月，高骈率领这五千先头部队推进到南定（今越南河内市东），而峰州的山蛮有五万之众，实力对比非常悬殊，好在是，这些山蛮虽然人数众多，却没有料到唐军会在这时发动攻击，都在农田里忙着秋收，毫无防备。高骈率众突然向敌人发起攻击，大破山蛮，缴获了他们刚刚收获的粮食作为军粮。

咸通七年（公元866年）二月，归义军节度使张义潮上奏称，北庭回鹘酋长固俊从吐蕃手中夺回了西州（今新疆吐鲁番市）、北庭（今新疆维吾尔自治区奇台县）、轮台（今新疆维吾尔自治区乌鲁木齐市）、清镇（今地不详）等城。吐蕃论恐热客居廓州（今青海省隆化县），纠集各族部落，企图向东骚扰唐朝边境，各部均不同意。其四周均为敌人，无处可去，其仇人向驻扎鄯州（今青海省海东市乐都区）的拓跋怀光禀报了论恐热的窘境，拓跋怀光发兵将其击败。拓跋怀光率领五百骑兵突入廓州城内，活捉了论恐热，先将论恐热的双脚砍下，历数其罪行后才将其斩杀，将人头送到长安。论恐热的旧部向东逃奔秦州，尚延心发兵截击，将其击破，上奏朝廷将其残余部众全部迁至岭南。吐蕃从此衰落，对唐朝再也构不成威胁了，吐蕃国王乞离胡君臣的情况，唐朝史书已不清楚。其实，此时的吐蕃不仅于河陇地区发生了论恐热与尚婢婢的混战，其核心地区也一分为二，吐蕃末代赞普朗达玛被杀后，王妃那囊氏拥立哥哥尚延力三岁的儿子乞离胡为赞普，王妃摄政，大臣不服，与朗达玛的次妃蔡邦氏逃往山南地区，拥立蔡邦氏所生之子俄松，双方从宣宗大中元年（公元847年）开始进行了长达二十三年的伍约之战，战事蔓延整个吐蕃帝国，后来，吐蕃各地爆发了声势浩大的属民起义，从此吐蕃四分五裂，一蹶不振。

六六九 收复安南（二）

咸通六年（公元865年）五月，南诏人再度进攻嶲州。

嶲州刺史喻士珍贪婪狡诈，经常劫掠两林山蛮，贩卖后换取财物。等南诏人再度进攻嶲州时，两林山蛮开城投降，南诏人实施屠城，杀光了唐军守军和城内百姓，喻士珍投降了南诏。蜀中危急，唐朝朝廷不得不撤换西川节度使李福，到咸通七年（公元866年）三月二日，懿宗任命河东节度使刘潼为西川节度使。

刘潼，字子固，自幼好学，进士及第。大中五年，身为京兆少尹的他曾奉命招抚鸡山变民，此后，多次就边事上书朝廷，很多建议被朝廷采纳，因功被晋升为右谏议大夫，后相继出任朔方、昭义、河东节度使。

当初，南诏军队进攻嶲州时，东蛮浪稽部竭力帮助南诏军，等南诏军入城后，实施了屠城，卑笼部怨恨南诏人屠杀了自己部落的人，遂引导忠武镇派往此地戍守的军队，灭掉了浪稽部，南诏对唐朝更加怨恨。南诏派遣清平官董成等人来到成都，前西川节度使李福戒备森严才予接见。根据惯例，南诏使者见到唐朝节度使时，要在大庭上下拜，董成等人却说："我们国王已经顺应天意，登基称帝了，因此，我们在与节度使见面时就该以平等礼节。"双方为见面礼节争执不已，从早晨一直到中午了，还没有说定。唐军将士们个个怒火中烧，李福也是忍无可忍，下令将董成等人摁倒在地，一顿拳打脚踢，打入大牢。刘潼到任后，释放了董成等人，经请示朝廷后送到长安。董成等人来到长安后，懿宗在偏殿接见了他们，赏赐给了他们很多东西，安抚一番后将其送回。

南诏国王酋龙派遣善阐节度使杨缉思率军协助安南节度使段酋迁防守交趾城，以范昵些为安南都统，赵诺眉为扶邪都统。正巧，监军韦仲宰率领七千人来到峰州，高骈得以补充了军力，遂向南诏军队发起进攻，屡屡击破敌人。捷报送到海门后，李维周却将捷报截留，不予上报。朝廷数月之间没有高骈的消息，懿宗深感奇怪，就派人来问李维周。李维周却颠倒黑白，诬陷高骈驻军海门，玩寇不进，懿宗听后，勃然大怒，以右武卫将军王晏权代替高骈担任安南都护，并征召高骈回京，打算从重论处。而就在这一月，在前线的高骈却在交趾城大破南诏军，杀死很多敌人，并乘胜包围了交趾城。

与此同时，朝中的权力斗争也越演越烈。杨收本性奢侈，其门客奴仆趁机作奸犯科。杨玄价兄弟接受了方镇大员们的贿赂，经常托杨收办事，杨收无法一一满足，这让杨玄价兄弟大怒，以为杨收忘恩负义，就在懿宗面前多次说杨收的坏话，十月，懿宗将杨收罢相，贬为宣歙观察使。次年，杨收路过华岳庙时，施舍衣物，令巫师祈祷，县令诬陷杨收有罪。右拾遗韦保衡又上书称，杨收当宰相时，任命严譔为镇南节度使，收受了百万贿赂，又设置造船所，从中贪污钱财。咸通八年（公元 867 年），杨收又被贬为端州司马，不久，杨收又被流放驩州。懿宗又派内养郭全穆携带诏书赐死。咸通九年三月十五日，郭全穆追及杨收，宣布完诏书，杨收对郭全穆说："杨收为宰相不合格，死已经是万幸了。悲哀的是兄弟们都已死尽，只剩下弟弟杨严一人，能否容我给陛下写一封书信？"郭全穆答应后，杨收给懿宗写了一封情真意切的绝笔信。懿宗接到书信后，才心生怜悯，赦免了杨严。杨收的幕僚朱侃、常潾、阎均，族人杨公庆、严季实、杨全益、何师玄、李孟勋、马全祐、李羽、王彦复等全被发配到了岭南。

杨收一案以及李维周公然对高骈的诬陷，说明了懿宗时期宦官集团势力的强大。回到前线。高骈包围交趾城十余日，南诏守军已经到了穷途末路，交趾城旦夕可下，而恰恰在这时，军中得到了王晏权的通知，称他已经与李维周率领大军从海门出发。高骈接到通知后，不得不将军务交给韦仲宰，与麾下亲兵一百余人离开军队北返。在此之前，韦仲宰已经派遣小宦官王惠赞、高骈派遣小将曾衮回朝禀报捷报，二人行至海上，看到大军旌旗招展，一路从东而来，询问巡逻小船，回答是新任经略使和监军。二人商议道："李维周一旦见了我们，肯定会截留我们的奏表。"遂藏匿岛屿之间，等李维周他们的船只经过之后，才火速赶往京师。懿宗接到二人带来的捷报后，大喜过望，当即下令加封高骈为检校工部尚书，命其继续镇守安南。高骈行至海门，接到了懿宗的新诏书，又返回了交趾城。

就在高骈离开军中其间，王晏权和李维周来到了交趾城下。王晏权愚蠢无能，事事唯李维周之命是从，而李维周却凶狠残暴，不得人心，众将不愿替其卖命，遂解除了对交趾城的围困，令南诏守军逃出了一多半。等高骈回到军中后，重新督促将士们向交趾城发起猛攻，最终一举将其攻克，杀掉了段酋迁以及替南诏当向导的山蛮朱道古，斩首三万余级，南诏军队遂撤出安南。高骈又乘胜发兵击破了两洞依附南诏的山蛮，诛杀其酋长，山蛮率众归降的有一万七千人。

经过三年的苦战，唐军终于收复了安南，懿宗很是高兴。十一月十一日，懿宗宣布大赦天下，并下诏命令安南、邕州、西川各军守好疆域，不得再进攻南诏；又托付刘潼派人告知南诏，如果能恢复和好，唐朝将既往不咎；将安南升格设置静海军，由高骈担任静海军节度使。自从李涿扰乱安南，导致南诏入侵，已将近十年之久，至此才被高骈平定。高骈重新修筑了安南城，方圆三千步，又建造了四十余万间房屋。从安南到邕州、广州，海路上有很多暗礁，不少船只触礁沉没，高骈招募工人予以清理，运粮船只才得以畅通无阻。

到咸通八年（公元 867 年）二月，归义军节度使张义潮回到了朝廷，懿宗任命其为右神武统军，命其族侄张惟深留守归义军。与此同时，唐朝朝廷还在不断巩固蜀地的防御。西川缘边的山蛮有六姓山蛮，经常在南诏和唐朝之际首鼠两端，平时保持中立，口口声声效忠唐朝，一旦有外敌入侵，他们就充当进攻唐朝的急先锋。只有卑笼部始终忠于唐朝，与其他山蛮为敌，朝廷赏赐卑笼部姓李，任命其酋长为刺史。西川节度使刘潼派兵协助卑笼部，讨伐六姓山蛮，焚烧其部落，斩首五千余级。

同年七月，怀州出现旱灾，百姓到刺史刘仁轨处申诉，刘仁轨不仅不予理睬，还发文禁止百姓投诉。百姓们非常气愤，群起将刘仁轨从官衙赶跑，刘仁轨逃到乡下藏匿起来。百姓们冲入府衙，劫掠了刘仁轨的家财，登上城楼，擂鼓庆贺，很久以后才安定下来。同月，懿宗任命兵部侍郎、诸道盐铁转运使、驸马都尉于琮（懿宗的妹夫）为同平章事。

本年，懿宗从四月开始得病，一直病到九月，在半年时间里，群臣都很少见到懿宗，朝政陷于停滞。从懿宗前述的一系列人事任命上看，懿宗为政确实是“任性妄为”，在个人生活方面，他不仅佞佛，而且生活也是极为奢靡。说到懿宗生活奢靡，其实与宣宗不无关系。宣宗时期，为了满足宦官集团，将酒的专卖税收交给了神策军，还将各地羡余从户部划归了内库，这样一来，就造成了朝廷无钱，而皇帝、宦官有钱的状况。《东观奏记》曾记载：“上命左军中尉王宗实治道，将幸华清宫，两省供奉官拜疏极谏。上谓宰臣曰：‘华清宫是祖宗旧宫，又朝元阁圣祖现真容地。朕一纪在位，未尝瞻拜，深觉缺仪。今排比皆是军司，不劳州县，卿宜勉谕谏官，勿更论列。’宰臣奉旨而退，召两省官宣谕。”云云，宣宗令神策军整修道路，“不劳州县”，全靠“军司”，就说明神策军是有钱的，同样，皇帝的私房钱也很丰足，这就给懿宗奢靡的生活提供了条件。一直以来，懿宗就游宴无度，早在咸通四年张义潮收复凉州时，左拾遗刘蜕曾劝谏：“如今西凉是否应该筑城，朝议一直决定不下来；南蛮入侵，路上都是奔赴前线的军队。这些天来不能说天下无事，而陛下却毫无忧虑之情，将如何令将士们在前线拼命呢！还望陛下节制游宴，令天下之人安心。”但懿宗根本不听。此后，懿宗的游乐愈演愈烈，身边的乐师高达五百余人，宫中宴会每月不下十余次，每次都是山珍海味，无所不有，欣赏音乐，观看表演，不知疲倦，每次赏赐都一掷千金。曲江（长安东南角）、昆明（长安大明宫内）、灞浐（长安城外）、南宫（兴庆宫）、北苑（宫城以北）、昭应（华清池）、咸阳（今陕西省咸阳市），只要想去，立马就出发，不等安排，有关部门经常把音乐、饮食、帷幕都准备好了，时刻处于待命状态，诸王也都准备好马匹，以备随时从行。每次出行，内外扈从人员经常高达十余万人，花费的钱财数不胜数。

六七〇 庞勋之乱（一）

到咸通八年（公元867年），朝廷宰相分别是：曹确、路岩、徐商、于琮。《剧谈录》称："时路相国（路岩）秉钧持权，与之（于琮）不叶。"

懿宗的任性不仅表现在游宴无度、赏罚随意、拒谏饰非等方面，还表现在他对待伶官的使用上。《阙史》记载，在懿宗朝，有一位非常有名的优人叫李可及，十分机智、滑稽。一次，因延庆节，和尚讲经后，轮到演员表演。李可及身穿儒服，登上高坐，自称三教论衡。有人就问他："你既然精通三教，你说如来是什么人？"回答："妇人。"问他的人吃惊道："为何？"回答："《金刚经》说：'敷座而坐'，如果不是妇人，为何等丈夫坐后才坐呢？"懿宗听了，哈哈大笑。又问："太上老君是什么人？"回答："妇人。"问的人更是不解。李可及遂说："《道德经》说：'吾有大患，是吾有身，及吾无身，吾复何患？'如果不是妇人，怎么害怕怀孕呢？"懿宗大喜。又问："孔子是什么人？"回答："还是妇人。"问："你是怎么知道的？"回答："《论语》：'沽之哉！沽之哉！吾待价而沽者也！'如果不是妇人，为何要待嫁呢？"懿宗非常高兴，赏赐给他很多东西。赏赐财物还不够，懿宗还在咸通八年三月任命李可及为左威卫将军。曹确劝谏道："太宗确定了朝廷文武官员名额六百余名，曾对房玄龄说：'朕以此来接纳天下贤才，工商杂流，不可处也。'大和中，文宗想让乐工尉迟璋担任王府率，拾遗窦洵直言劝谏，文宗遂改任尉迟璋为光州长史。希望陛下参照两朝旧事，可另行授予李可及其他官职。"

在这一点上，懿宗与其父皇宣宗相比就差远了。宣宗晚年身边也有很多倡优，其中，教坊祝汉贞也非常滑稽，深得宣宗的喜爱。一天，祝汉贞在宣宗面前说笑话，言谈之中涉及朝中之事，宣宗听了，当即一脸严肃，说道："我豢养你们，只是为了开心玩乐罢了。岂敢干预朝政！"从此就疏远了祝汉贞，此后，祝汉贞的儿子因贪污被处死，祝汉贞也受到牵连，被流放到了天德军。乐工罗程，精通琵琶，从武宗朝就开始得到皇帝的宠爱，文宗也精通音乐，因此二人很有共同语言。罗程自恃恩宠，因小事杀人，被打入京兆大牢。乐工们都替他向宣宗求情，宣宗却说："你们爱惜罗程的才艺，朕爱惜的却是高祖、太宗的法律。"最终将罗程处死了。这事如果放到懿宗身上，就不可能做到了。

懿宗还经常受人蒙蔽而不自知。其父宣宗以苛察为明，事必躬亲，猜忌宰相，而懿宗却与宣宗大不相同，他采取"宠臣政治"，不以万机萦心，奢侈任性，一味相信庸碌之臣，受人蒙蔽而不自知。像李维周公然诬陷高骈，险些令讨伐南诏之战功败垂成，事后，也不见懿宗对李维周有什么惩处。咸通九年（公元868年）六月，凤翔少尹、李唐宗室李师望上书称："巂州控制南诏，是交通要道，成都距离遥远，难以节制，请求朝廷在那里设置定边军，驻扎重兵，并以邛州（今四川省邛崃市）为治所。"懿宗君臣信以为真，就以李师望为巂州刺史、定边军节度使以及眉州（今四川省眉山市）、蜀州（今成都市崇州市）、邛州、雅州（今四川省雅安市）、嘉州（今四川省乐山市）、黎州（今四川省汉源县）等州观察使、统领诸蛮及诸道行营、制置等使。李师望是想当一方大员，才提出此议的。实际上，邛州距离成都才一百六十里，而距离巂州却上千里之遥，设置定边军，还把治所放到邛州毫无必要，然而，懿宗君臣无能之至，对军国大事漫不经心，根本不做认真考察。

有这样的君臣，天下不乱才怪呢，而这场变乱眼看着就发生了……

南诏入侵安南之后，朝廷下令徐州招募两千军队救援。王式处置银刀军之后，不少脱逃的银刀军就落草为寇了，还一度企图攻占徐州，社会很不安定，此后朝廷不得不恢复了徐州观察使建制，重新加强了对徐州控制，当朝廷下令徐州招募赴援安南的军队时，徐州就赦免了一大批徐州周边的盗匪，令他们补为军职，为国效力，可谓是一举两得。这两千徐州军队来到安南之后，又分出八百人戍守桂州，当初约定每三年一轮换。由于朝廷知道徐州将士一直十分骄横，就任命一向严厉的崔彦曾担任徐泗观察使，以镇抚徐州。崔彦曾是前宰相崔慎由的堂侄，他精通法律，性格急躁严厉，大中末年历任三郡刺史，咸通初年晋升为太仆卿，到咸通七年才被任命为武宁军节度使。

崔彦曾到任后，政务处理得很好，但不懂军务，就把军务托付于亲信都押牙尹戡、教练使杜璋、兵马使徐行俭负责，尹戡、徐行俭二人贪婪，对士卒不关心，导致徐州将士一直心怀怨恨。到咸通九年，驻守桂州的这六百名士兵已经戍守了六年（从咸通四年计），将士们屡屡请求替换，尹戡接到报告，向崔彦曾汇报时，却认为军府空虚，再派军队前去花费太大，不如让原来的戍卒再留桂州一年，崔彦曾竟然也答应下来了。消息传到桂州，士兵们个个怒火冲天，这支部队的都虞候许佶、军校赵可立、姚周、张行实等人都是徐州原来的强盗，就开始密谋作乱，杀回徐州。正巧，桂管观察使李丛调往湖南任职，新任观察使还未到任，到了咸通九年七月，许佶、赵可立、王幼诚、刘景、傅寂、张行实、王弘立、孟敬文、姚周九人就发动了兵变，杀死都将王仲甫，公推粮料判官庞勋为都将，劫掠仓库中的武器北返，一路上，劫掠湘潭、衡山两县，虏其丁壮，当地州县根本不是他们的对手。朝廷听说后，八月，派遣高品宦官张敬思赦免了他们的罪过，允许他们返回老家，这些乱兵才停止了抢劫。

庞勋等人行至湖南，在随行监军的诱骗下，他们全部交出了武器。山南东道节度使崔铉如临大敌，下令守军把守各个要害，庞勋等人不敢停留，扬帆沿长江而下。许佶等人看到山南东道这个态度，顿时惶恐不安起来，他们商议道："我们的罪过远远大过银刀军，朝廷之所以暂时赦免了我们，是担心我们沿途劫掠所过州县，或者溃散四处，落草为寇罢了，一旦我们回到徐州，肯定会将我们置之死地的！"遂各自拿出随身钱财，打造兵器，制造旗帜，以备不测。庞勋等人过了浙西，来到淮南境内，淮南节度使令狐绹派人送去米面犒劳。都押牙李湘对令狐绹说道："徐州士兵擅自逃归，一定会发动叛乱，虽然朝廷没有明令讨伐，身为藩镇大臣也该审时度势，见机行事。高邮两岸地势很高，且水面很窄，水流湍急，请派我率领一支奇兵埋伏两侧，焚烧草船堵住他们的去路，以精锐军队从后面压上，一定能将他们全部拿下。不然，一旦听任他们进入淮河，抵达徐州，与当地心怀不满之众会合，一定会生出大乱的。"令狐绹素来胆怯，又考虑到没有皇帝的命令，就说："他们只要在我们淮南的地盘上不作乱，就让他们经过，至于其他，就不是我的事情了。"

就这样，庞勋等人顺利地经过了淮南。"每将过郡县，先令倡卒弄傀儡以观人情，虑其邀击。"过了淮南之后，庞勋派人招徕流窜各地的原银刀军士兵以及一些亡命之徒，人数由最初的六百人增加到一千人。九月二十七日，庞勋等人来到泗州，泗州刺史杜慆（杜悰的弟弟）在球场上设宴款待他们，席间，优人出来致欢迎词。庞勋等人认为这是对他们最大的羞辱，当即拿下那位优人，要挥刀砍死，在座的泗州官吏吓得慌忙散去。杜滔早有戒备，庞勋等人见状，才没有动手。

朝廷也担心这批人会作乱，所以屡屡派来中使要求崔彦曾好好安抚，以免他们心生疑虑。崔彦曾接到诏书后，就派遣都押牙田厚简传达了皇帝的旨意，并不时派人前来探望。庞勋也屡屡写信禀报行程，态度非常恭顺，但实际上，他们早已决定发动兵变了。二十八日，他们来到徐城（今江苏省盱眙县淮河北岸），庞勋与许佶等人才对士兵们说："我们擅自返回，只是想见到家中妻子儿女罢了。如今，听说皇帝已经给本镇下了密诏，等我们回来就要灭了我们全家！大丈夫与其自投罗网，为天下人所耻笑，怎比同心协力，赴汤蹈火，奋力一搏呢！不仅可以免祸，甚至还能取得富贵！况且，城中将士都是我们的父兄子弟，我们在城外振臂一呼，他们一定会在城内齐声响应的！然后，就像王侍中当年那样（指王智兴四十六年前驱逐节度使崔群而被朝廷承认之事），我们也能轻松得到朝廷五十万赏钱！"众人听了，都齐声欢呼赞同。唯独将士赵武等十二人心生忧惧，想找个机会逃走，庞勋等人将这十二人抓住，全部杀掉，然后，派人给崔彦曾送去这十二颗人头，把兵变之罪都推到赵武等人身上，谎称："庞勋等人守边六年之久，实在是思乡心切，而赵武等人趁人心不稳，萌生奸计。将士们确实心知犯了错，怎敢逃避惩处！如今，蒙朝廷宽恕，大家一起诛杀了赵武这几个首恶分子，以向朝廷赎罪。"

六七一 庞勋之乱（二）

十月四日，庞勋派来的使者来到彭城（今江苏省徐州市），崔彦曾顿时心生疑虑，下令将使者捆绑起来进行审讯，果然得到了实情，遂将使者囚禁了起来。

七日，庞勋再次用驿马送来书信，称：“将士们身负重罪，各怀忧虑恐惧之心，如今已经抵达符离（今安徽省宿州市符离集），尚未脱下铠甲。原因就在于，军将尹戡、杜璋、徐行俭等狡诈多疑，一定会没事找事，请求暂且将三人停职，以令众人安心，并请求将我们统一安置两个军营，由一名大将统领。”

当时，庞勋的人距离彭城仅有一百二十里远（四个驿站的距离），彭城全城军民都惶恐不安。崔彦曾召集众将一起商议，大家都哭着说道：“前几年，银刀军凶悍，令我们徐州全军镇都蒙受恶名，王式大肆诛杀，也有不少无辜之人被杀或者被迫逃亡。现在，悲痛喊冤之声还时有耳闻，这些桂州戍卒又要兴风作浪，如果让他们进入城内，一定会发动叛乱，再这样下去，我们徐州肯定会再次血流成河了！不如趁其远来疲惫，发兵进攻，以逸待劳，一定能够取胜。”崔彦曾听后，犹豫不决。团练判官温庭皓又向崔彦曾进言道：“安危之兆，就在眼前，得失之机，就在今日。如今，我们如果消灭他们，存在三个困难，但如果不消灭，则有五个害处，具体如下：第一个难点是，朝廷下诏赦免了他们的罪过，而我们却擅自发兵诛杀；第二个难点是，率领他们的父兄，去讨伐他们的子弟；第三个难点是，一旦决定讨伐，一定会牵连很多人家，死的人也会很多。然而，如果不予讨伐，存在的害处则有：一是，正在执行任务的守边士兵擅自返回，如果不予诛杀，其他各道守边将士就会纷纷效仿，朝廷以后就无法控制了。二是，都将是一军之首，士兵们动辄将其杀害，以后凡是将领又将拿什么来号令士兵？三是，庞勋等人所到之处，四处劫掠，制造武器，招徕亡命之徒，如此而不讨伐，将如何惩治罪恶！四是，军中将士都是他们的亲戚，银刀军的余党还藏匿山谷之间，一旦里应外合，将如何应对？五是，胁迫军府，诛杀他们猜忌的三位将领，又想独立成立一营，如果同意，则银刀军之情况将再度出现，如果不同意，他们就会以此为借口发动叛乱。希望大人消除这三个难点，杜绝这五个害处，早定大计，以满足大家的期望。”

当时，徐州城内有四千三百名士兵，崔彦曾遂命令都虞候元密等人率领三千人马前去讨伐庞勋，并向全军历数庞勋等人罪恶，说道：“他们不仅伤及无辜，而且令我军蒙羞，倘若朝廷发兵讨伐，我们将与他们一起玉石俱焚了！凡是他们的亲戚，都无须怀疑，只追究他们一人，绝对不牵连亲属。”又命令宿州向符离进击，泗州出兵于虹（今安徽省泗县）截击，另外派人向朝廷禀报。元密临行时，崔彦曾专门叮嘱不要伤害了随庞勋一起的中使。

十月八日，元密率众从徐州出发，军容甚盛。由于还需要夺回庞勋军的中使，行至任山（今江苏省徐州市西南三十里）以北数里，元密命令军队停止前进，众将一起商议夺回中使之计，最后决定，等庞勋等人进入任山馆驿之后，再纵兵发起攻击，并派人假扮樵夫前去侦察。当天傍晚，庞勋等人进入任山驿站，却发现驿站之内空无一人，又没有粮草供应，顿生疑窦。四处瞭望，看见一个樵夫，就将这名樵夫抓住，严刑拷打，这名假扮的樵夫只好供出了实情。庞勋赶忙做了很多假人，手持军旗，排列在山脚之下，而大队人马则趁着夜色偷偷撤离了。直到深夜，元密等人才发现了这一情况，由于不知道庞勋等人的踪迹，也担心他们埋伏在附近山谷之中或者从小道绕过来发起偷袭，遂趁夜北撤，退回徐州城南留宿，等到次日清晨，才又南下追赶。

当时，庞勋等人已经南撤到了符离，而从宿州北上的五百人恰恰也赶到了符离，双方在濉水之上遭遇，宿州士兵一触即溃，乱军遂乘胜进抵宿州城下。宿州刺史缺额，观察副使焦璐代管州务，城中已没有多余的军队，十月十日，乱军攻克了宿州，焦璐逃走。占领宿州后，乱军将官府仓库中财物全部集中起来，让百姓们随意去取，远近百姓听了，一天之内就从四面八方赶来，然后，乱军从中挑选身强力壮的入伍，不愿意的，当即斩杀，从清晨到傍晚，就招募了两千人，于是，整顿军队，登上城墙，庞勋自称兵马留后。

到十二日，元密率领的军队才来到宿州近郊。前几天，焦璐听说符离兵败的消息，为了迟滞乱军南下，命人掘开汴水以切断道路，乱军南下时，河水尚浅，涉水还能通过，等元密率领的唐军赶来时，水已经很深了。当天，元密率军渡河，准备包围宿州城，实际上，此时的双方力量对比，官军已经不占优势：一是，官军原本疲惫；二是人数已不占优；三是攻守异势。正在这时，天上又刮起了大风，乱军用火箭向城外的茅草屋射去，点燃了茅草屋，继而燃烧了官军军营，官军前进则冒着箭雨，后退又限于湍急的河水、火焰冲天的军营，乱军趁机发起攻击，官军有近三百人战死。但是，徐州军队素来强悍，乱军虽然人数多了，但都是刚刚招来的新兵，战斗力不强，核心还是原有的仅千人，因此，官军虽处于死地，乱军并没有取得全胜、占很大便宜，只好退入城内。

在这种情况下，庞勋等人决定突围，打算乘船沿河而下，当个江洋大盗，而城外的元密对庞勋等人计划则一无所知，判断乱军一定会继续固守宿州，遂一心一意地组织攻城。乱军劫掠城内三百余艘（《崔彦曾传》称五千余艘，不实）大船，装上充足的粮食，命城内妇女夜里打更，然后率领大队人马乘船顺流而下，逃之夭夭。临行之际，庞勋等人还算义气，送给中使张敬思一千匹丝绸，并派骑兵将其一直送到汴州西境，让其返回京师。

十月十三日清晨，官军才发现宿州已是一座空城，遂狼狈追击，士兵们大多还没吃早饭，等到追上乱军，将士们早已又饥又累。乱军见官军追上，就将船只停靠在岸边，船上埋伏了一千人，其余人马悉数在岸边列阵（《崔彦曾传》称，步兵在船，骑兵在岸）。一见官军上来，乱军就纷纷向后撤退，退往沼泽之中。元密见状，以为乱军害怕自己，遂挥师猛追；官军只盯着前面逃跑的乱军，谁知这时从船内杀出伏兵，前后夹击，从中午一直激战到傍晚，官军一天都没吃饭，遂大败。元密慌不择路，率领残兵败将而逃，却陷于荷花泥塘之中，再也出不来了。乱军追赶上来，将元密以及众将、监军宦官全部斩杀。经此一战，元密所率三千人被杀一千余人，下余两千人全部投降了乱军，无一人逃回徐州。乱军询问俘虏徐州城内的情况，才得知徐州城内已非常空虚，这才打消了落草为寇的打算，产生夺下徐州的念头。

十月十五日，庞勋率众北渡濉水，翻山越岭，直扑徐州。当天晚上，崔彦曾才知道元密已经战败的消息，赶忙向邻道写信，请求增援徐州。十六日，崔彦曾下令堵塞城门，从城中挑选壮丁，增强守备，并诛杀了乱军在城内的家属，可是，此时城内已经大乱，人人已无固守之心。有人劝说崔彦曾弃城逃奔兖州，崔彦曾发怒道："我身为元帅，城池陷落，就该一起死掉，这是我的本分！"当即斩杀了那人。从十五日开始，每天清晨，徐州都是大雾弥漫，十七日，乱军进抵徐州城下，已有六七千人。在城外，乱军对城外军民一一安抚，秋毫无犯，人人都争先恐后地归附乱军，于是，乱军向外城发起进攻，呼喊声震天动地，不到一个时辰，就攻克了外城。崔彦曾退守子城，城外百姓争相帮助乱军向子城发起最后的攻击，将稻草车推到城门下，烧毁了城门，不久，子城就陷落了。庞勋先拜谒汉高祖刘邦庙，而后进入子城。途中，遇到监军张道谨，不发一言，遂进驻大彭馆（徐州宾馆）。逮捕崔彦曾，囚禁于大彭馆之内，抓获尹戡、杜璋、徐行俭，挖开肚子，锉断尸体，又族灭三人全家。然后，庞勋登上观察使衙门大堂，戒备森严，徐州各级官吏拜伏于地，无人敢抬头仰望。当天，城内愿意加入乱军的就有一万余人。

六七二 庞勋之乱（三）

十月十八日，庞勋召来团练判官温庭皓，命其起草奏表请求朝廷给自己颁发委任状。

温庭皓说道：“此事事关重大，不是一时半会能写出来的，请让我回家慢慢起草。”庞勋答应了。次日，庞勋派人催促，温庭皓来见，对庞勋说道：“昨天之所以没有当即拒绝，是想回家再与妻子儿女见上一面罢了。今天，我已经与妻子诀别了，特来赴死。”庞勋盯着温庭皓看了半天，突然哈哈大笑，说道：“你个书生竟敢如此，难道不怕死吗？我庞勋能夺下徐州，还怕没人给我写个奏表？”遂将温庭皓释放了。有位名叫周重的人，一直自视甚高，庞勋将其视为上宾，就让其起草奏表。周重替庞勋起草的奏表中称：“臣所在军镇，乃汉朝龙兴之地。数年前，因节度使克扣军饷，赏罚失当，遂发生了驱逐节度使事件，陛下遂撤销了军镇，消灭全军，或杀死或流放，造成无数冤案。如今，听说陛下又要消灭本道，将士们无不愤怒，推举臣为权兵马留后，镇抚十万人马，节制徐州、濠州、泗州、宿州四州之地。臣听说抓住时机，乘势而起，是称帝的起码素质。臣抓住了机会，遇到时机毫不迟疑，请求陛下赏赐给臣节钺，如若不然，臣将指挥军队，西入长安，届时君臣相见，不会太晚了！”

从周重给庞勋起草的奏表上看，这个周重只是个徒有虚名之人。庞勋的目的只是想像王智兴那样，驱逐前节度使，自任节度使，然而，此一时，彼一时，当时，穆宗刚刚即位，河朔三镇再叛，战争打了一年多，朝廷失利，河朔三镇再次割据，罢兵后，王智兴趁机赶走节度使崔群，朝廷已不愿重燃战火，才接受了现实。而如今，各地相对安定，庞勋首乱，如果朝廷接受既成事实，势必大损威信，且会引起连锁反应，故此，朝廷很大程度上是会发兵镇压的。作为庞勋一方，要达到自己的目的，只有向朝廷求饶，换取朝廷的同情，而结好朝中权贵以左右懿宗的决策，则是一条捷径，对此，庞勋本人可能早就想到这一点，其在脱离宿州之际，放归高品宦官张敬思就是一例。显然，周重不过是个读了几本兵书的书生，还不具备审时度势的能力，他给庞勋起草的奏表，竟然以称王称帝威胁朝廷，这不仅起不到丝毫作用，而且把庞勋和朝廷的退路都堵死了。而庞勋似乎在周重的蛊惑之下，也产生了自负之心，十月二十日，他认可了周重起草的奏表，派遣押牙张琯携带奏表赶往京师。

与此同时，庞勋任命许佶为都虞候，赵可立为都游弈使，其他党羽也都担任牙将，分领各军；又派遣旧将刘行及率领一千五百人进逼濠州，李圆率领两千人驻扎泗州，梁丕率领一千人进驻宿州，其余要害县城也都修缮城墙，加强防御。徐州军民都想着不出十天半月，朝廷正式任命庞勋的诏书就会下发，甘心情愿替庞勋效命的人是纷至沓来，甚至于光州（今河南省潢川县）、蔡州（今河南省汝南县）、兖州（今山东省济宁市兖州区）、郓州（今山东省东平县）、沂州（今山东省临沂市）、密州（今山东省诸城市），甚至淮河、浙江一带的群盗也纷纷赶来响应，挤满了城内城外，十余之日，徐州粮价暴涨，两百钱才能买到一斗粮食。庞勋又伪造了崔彦曾写给朝廷的奏表，称："一军暴虐之兵，全部可以歼灭；五县的愚民，均该发配为奴。"又伪造了懿宗诏书，同意了该表，然后，在辖区广为散布。徐州军民信以为真，都对朝廷切齿痛恨，说道："要是没有桂州将士回来，我们都成了别人砧板上的鱼肉了啊！"当初，朝廷听说庞勋从任山杀向宿州时，就派遣高品宦官康道伟携带诏书前去安抚，谁知，局势急转直下，庞勋不日之间就拿下了徐州，十一月，康道伟来到彭城。庞勋出城到郊外迎接，从任山到子城三十里，大排军队，锣鼓响彻山谷，城中壮丁全部被驱赶着登上城墙助威。庞勋又在球场上宴请康道伟，席间，命人假扮成数千归降的强盗，又有数十辈各军前来告捷的使者。康道伟离开时，庞勋再次命人写了一道请求朝廷任命的奏表，让康道伟带回。

刘行及率军推进到涡口（今安徽省怀远县），途中投军的又翻倍，而濠州城内只有数百守军，刺史卢望回素来没有戒备，不知该如何是好，只好打开城门，迎接刘行及军。刘行及进入城中后，囚禁了卢望回，自己代行刺史一职。泗州刺史杜滔听说庞勋作乱，提前做好了准备，并向江淮藩镇求救。李圆派遣一百精锐先期赶到泗州，要查封仓库，杜滔派人出城迎接，将他们诱入城内，悉数斩杀。次日，李圆随后赶到，包围了泗州城，城上箭如雨下，叛军死伤数百，遂收军驻扎城西待援。庞勋以泗州是江淮的要冲，势必拿下泗州，遂给李圆增兵至一万人，向泗州发起强攻，但始终未能攻克。

前河东节度使辛云京的孙子辛谠，客居扬州，行侠仗义，年届五十，不肯出来为官。史称，他虽然瘦小，但力大无穷，年轻时，遇到两头牛相斗。辛谠上前抓住牛角，两头牛不能动弹了，很久以后，拉开两头牛，牛角竟然已被辛谠折断。

听说庞勋作乱，辛谠冒死来到泗州，杜滔见到辛谠，大喜道："我的下属李延枢曾对我提及夫子之为人，夫子前来，我无忧了！"辛谠劝杜滔带着家眷弃城避难。杜滔慷慨说道："太平时期安享朝廷俸禄，危难之际却弃城遁逃，这不是我干的事！况且，人人都有一个家，谁能不爱自己的家？我独自一人偷生，将拿什么来服众？我发誓与将士们一起与此城共存亡！"辛谠深受感动，说道："大人能做到这样，小人一定与大人共生死！"遂回到扬州，与家人诀别，十一月三日，又返回了泗州。当时，各地百姓逃避战乱，扶老携幼，纷纷南下，唯独辛谠独自北行，众人见到他，劝说道："人人都往南逃命，你却独自北行，是想送死吗？"辛谠不予理睬。等到了泗州城下，叛军已经到了，辛谠赶忙拼命划着小船，才得以进入城内，杜滔高兴地说道："泗州被围，飞鸟不能进入，夫子竟然冒着白刃进入危城，古人也做不到啊！"即任命其为团练判官。泗州城内人心惶惶，都押牙李雅有勇有谋，替杜滔筹划防守事宜，又率众呐喊助威，四出打击叛军，叛军退守徐城，泗州城内人心稍稍安定下来。

徐州一地无法满足越来越多前来投奔的人们的生活需求，庞勋就招募军队，前往邻近各道抢劫。徐州百姓都贪图入伍之后，可以大肆劫掠财物，纷纷应募，甚至出现了父亲送儿子当兵、妻子鼓励丈夫入伍的情形，没有武器，就把锄头砍断，削尖木棍，带着从军。邻近各道听说庞勋占领徐州后，纷纷派兵把守交通要道，但终因各地守军人数不足，叛军越来越强大，屡屡失利，叛军遂攻克了邻近的鱼台等近十个县。宋州有个磨山，百姓们纷纷逃至其上避难，庞勋派遣部将张玄稔率军包围了磨山，当时，正遇上天旱，山上的泉水全部枯竭，数万无辜百姓全部活活被渴死。有人劝说庞勋道："留后只想得到朝廷的正式任命，就该恭顺尽礼侍奉天子，外整顿士卒，内安抚百姓，也许能够取得。"庞勋虽然不能采纳，但在皇帝或者皇后的去世纪念日，庞勋还率领大家上香祭奠，赏赐士卒时也一定要先向西方拜谢。十一月十四日，庞勋听说中使入境，以为一定会正式任命自己为节度使，众人都向其道贺，结果，等次日中使入城后，诏书中仅仅斥责崔彦曾和监军张道谨，将二人贬官，再无其他。庞勋大为失望，遂囚禁了中使，不令其返回。

时至今日，懿宗君臣已经决定发兵讨伐庞勋。懿宗下诏任命右金吾大将军康承训为义成节度使、徐州行营都招讨使；神武大将军王晏权为徐州北面行营招讨使；羽林将军戴可师为徐州南面行营招讨使，征调各道大军交给三名统帅统领，准备讨伐庞勋。康承训上书请求令沙陀三部使朱邪赤心以及吐谷浑、鞑靼、契苾酋长各自率领本部部众，加入平叛战争。懿宗同意了。

宣宗大中初年，党项叛乱，河东节度使王宰统领代北各军讨伐，沙陀军常深入敌阵，勇冠三军。其酋长朱邪赤心所向披靡，敌人经常说："我见那骑着红马的将军头上生出火焰！"宣宗收复河湟之后，河西安定，各道派往西部的守军也都各自撤回本镇，朱邪赤心被晋升为蔚州刺史、云州守捉使。此次受到朝廷征召，朱邪赤心率领三千精骑参战。

六七三 庞勋之乱（四）

庞勋以李圆久攻泗州不下，改任部将吴迥接替。

吴迥上任后，于十一月七日再次向泗州发起猛攻，攻势昼夜不停。当时，中使郭厚本率领一千五百淮南兵前来救援泗州，行至洪泽，畏惧敌强，不敢向前。辛谠自告奋勇，请求出城求救，杜滔答应了。十八日，辛谠乘坐小船趁夜偷偷渡过淮河，至洪泽，劝说郭厚本进兵，但郭厚本不听，等天明，辛谠又返回了城中。二十六日，敌人的攻势更加猛烈，焚烧了水门，城中差一点就陷落了。辛谠再次向杜滔提出出城求救，杜滔说道：“上次已空手而还，这次再去还有什么用！”辛谠回答：“此行找来援军，我就活着回来，找不来，我就去死。”杜滔与他洒泪而别，辛谠遂与杨文播、李行实三人再乘小船，背负门板，突围而出，见到郭厚本，陈述利害。郭厚本终于被其说动，将要答应，淮南都将袁公弁却说：“敌人如此威势，我们自保尚恐不足，岂能救人！”辛谠拔出宝剑，怒目而视，对袁公弁厉声说道：“叛军百道攻城，旦夕行将陷落。大人受命救援，而逗留不进，哪里只是辜负了皇恩！如果泗州陷落，淮南就成了战场，大人难道能够独存吗！我当先杀了你再去赴死！”站起身来，就要砍死袁公弁，郭厚本见状赶忙起身抱住辛谠，袁公弁吓得抱头鼠窜。辛谠回望泗州方向，大哭了一整天，淮南将士们听了也为之流泪，最终，郭厚本答应分出五百人交给辛谠。辛谠回答：“够了！”

辛谠询问将士们：“愿意前去吗？”大家均说：“愿意。”辛谠扑通一声投身于地，哭着向将士们叩头道谢，遂率领众人一起赶到了淮河南岸。见到敌人正在进攻泗州，有个军吏说道：“敌人似乎已经入城了，我们还是折返的好。”辛谠追上前去，抓住此人的发髻，拔剑就要将其砍死，众人一起相救，说道：“一千五百人的判官，不可杀啊！”辛谠却说：“临阵妄言惑众，不可饶！”众人恳请无果，遂强行从辛谠手中抢夺那人，辛谠力气很大，众人又夺不下来。辛谠这时说道：

“将士们只用速速登船，我就放过此人。”众人竞相登上了船，辛谠才丢了那人。士兵们有回望南岸的，辛谠举剑就砍，驱赶着士兵们来到淮河北岸，一起向叛军发起冲锋。杜滔在城上与辛谠这支生力军相互呼应，叛军遂败逃而去，唐军呼喊着追杀，一直到午后才回城。

庞勋又派遣部将刘佶率领数千精兵前来增援吴迥，刘行及也派遣部将王弘立（最初的九人之一）率军与其会合，一起进攻泗州。十一月二十九日，镇海军节度使杜审权派遣都将翟行约率领四千人前来救援泗州，三十日，翟行约行至泗州近郊莲塘。杜滔想派人出城犒劳，但众人都怕死不愿出城，唯独辛谠自告奋勇，愿意前去，他只身一人出城，又安全返回。叛军就在这一天在淮河南岸迎击，将镇海军团团围住。泗州城内守军太少，无力出城接应，只能眼睁睁地看着镇海军被围，翟行约以及手下四千人马全部为叛军所杀。此时，淮南节度使令狐绹又派李湘率领数千人马前来增援泗州，与郭厚本、袁公弁的一千人一起驻扎都梁城（泗州以南），叛军击破翟行约的镇海军后，乘胜包围了都梁城。十二月五日，李湘率军出战，大败，叛军遂攻克都梁城，活捉李湘、郭厚本，送往徐州，并控制了淮口（泗水注入淮河之处），切断了南北漕运。《新唐书·令狐绹传》记载与此不同，其上称：当初懿宗任命令狐绹为徐州南面招讨使，令狐绹派遣李湘率领五千人马救援泗州，叛军给令狐绹写信称：朝廷屡屡下诏赦免了我们，现在军中只有两三个人抗拒不从，早晚将其除掉，就会归顺朝廷的，希望大人替我们向朝廷求情。令狐绹信以为真，就替庞勋请求节钺，还告诫李湘只需驻守淮口，徐州军队已经请降了。李湘遂不再戒备，整日与叛军相对嬉笑。一天，叛军突然发起进攻，一举将李湘的五千人马全部俘虏，送往徐州，蒸熟吃掉。翟行约率领的浙西军还未赶到，李湘军已经战败了，叛军又让一部分人换上李湘军的军服、旗帜，装作正在两军交战，翟行约见状，立即指挥军队投入战斗，结果，也被叛军俘虏，送往徐州。

康承训率军进驻新兴（今安徽省涡阳县北），叛将姚周率军驻扎柳子（今安徽省宿州市西北），出兵迎战。当时，朝廷调集的各道军队才抵达一万人，康承训见寡不敌众，只好退守宋州（今河南省商丘市）。庞勋见康承训退去，认为官军没什么了不起的，就分兵派遣众将丁从实等人各自率领数千人四处劫掠，南下入侵舒州（今安徽省潜山县）、庐州（今安徽省合肥市），北上劫掠沂州（今山东省临沂市）、海州（今江苏省连云港市），相继攻克沭阳（今江苏省沭阳县）、下蔡（今安徽省凤台县）、乌江（今安徽省和县附近）、巢县（今安徽省巢湖市），又攻陷了滁州（今安徽省滁州市），杀害刺史高锡望。又进攻和州（今安徽省和县），刺史崔雍派人携带牛酒犒劳叛军，请叛将登上城楼饮宴，命全城守军都放下武器，解掉铠甲，只指着自己宠爱的两个人，谎称是自己的子弟，请求叛军饶了他们一命，下余人员听任叛军处置。叛军遂在城内大肆劫掠一番，屠杀和州守军八百余人。崔雍，字顺中，是崔戎的儿子。崔戎在宪宗朝曾担任过裴度的幕僚，单人匹马说服反叛的王承宗，后任兖海观察使。崔雍出身门第很高，名气很大，据《唐语林》记载，崔雍曾与路岩均在崔铉幕府任职，一次，崔雍喝醉了，拍着路岩的背说道："路子路子！竟能和我同在一个恩师门下？"崔雍还是李商隐的从表兄弟，李商隐所写《宿骆氏亭寄怀崔雍崔衮》："竹坞无尘水槛清，相思迢递隔重城。秋阴不散霜飞晚，留得枯荷听雨声。"就是写给崔雍、崔衮兄弟的。

泗州已经被叛军包围三个月了，城外援军已被叛军击败，城内也行将断粮，军民只能吃点稀粥充饥。闰十二月十日，辛谠再次向杜滔请求，愿意出城向淮南、浙西求救，当天夜里，辛谠率领徐珍等十名壮士，手持长柄大斧，乘坐小船，偷偷砍开叛军的水寨突围而去。第二天，叛军才发现，派遣五艘船只在前面堵截，又派五千人沿着淮河两岸追赶。叛军的船大笨重，速度缓慢，而辛谠等人船只较小，速度很快，一直转斗了三十余里，才逃脱了叛军的追击。十四日，辛谠一行来到扬州，面见了令狐绹；次日，他们又赶往润州，拜见了杜审权。当时，泗州方面一直没有消息，有人传言泗州已经陷落，辛谠来到润州后，杜审权怀疑有诈，就将其囚禁起来。辛谠曾在大同防御使李峄手下任过职，就提及李峄，李峄称其忠诚值得信赖，杜审权这才答应相救，派遣押牙赵翼率领两千甲士，再加上淮南所派的三千人，共计五千援军，又运送五千斛大米、五百斛食盐。

当辛谠带着镇海、淮南军队增援泗州时，徐州南面招讨使戴可师也已率领三万大军南渡淮河一路杀来，叛军见状，迅速放弃了淮河南岸防御阵地。戴可师计划先拿下淮口，再解救泗州，遂先包围了都梁城。城内叛军人数稀少，就在城墙上下拜说："正与都将一起商议出城投降。"戴可师信以为真，下令部队后退五里。可是，叛军趁夜逃出城去，次日只留下一座空城。戴可师自以为胜利在握，不设戒备，就在当日，叛将王弘立已经率领数万大军赶来救援了。这一天，正巧是大雾天气，官军猝不及防，还未站好队列，叛军就发起了冲锋，官军大败，三万人几乎全军覆没，只有数百人侥幸逃脱，丢掉的武器、铠甲、车马、粮食，数以万计，叛军将戴可师以及监军、将校的人头送到徐州。庞勋大喜，自以为天下无敌，颁布公告，散发徐州各个乡村。都梁城惨败，令淮南军民大为惊恐，纷纷渡江逃往江南避难。淮南节度使令狐绹担心受到叛军的打击，就派人前往徐州，答应替庞勋上奏朝廷请求节钺，庞勋这才下令停止南下进攻淮南，等待后命，趁着这个空当，淮南才得以稍稍召集溃散的士兵，重修防御工事。

当时，汴水这条通道已被叛军完全切断，江淮往来的船只都要绕道寿州（今安徽省寿县），取道颍河而上，但等到叛军击败戴可师后，又乘胜包围了寿州，劫掠江淮各道的贡船以及商人们商船，这条通道也被切断了。与此同时，徐州北面招讨使王晏权所部在与叛军交手中，也是屡战屡败，朝廷遂改任泰宁（治所今山东省济宁市兖州区）节度使曹翔接替了王晏权。魏博节度使何全皞派遣部将薛尤率领三千人协助朝廷讨伐庞勋，曹翔的军队驻扎藤县（今山东省滕州市）、沛县（今江苏省沛县）之间，薛尤的军队则驻扎丰县（今江苏省丰县）、萧县（今安徽省萧县）之间。

六七四 庞勋之乱（五）

打败戴可师后，庞勋越来越骄傲起来，每天游宴，静等朝廷的任命。周重劝谏道："自古以来骄傲自满，奢侈放纵，得而复失，成而后败，这些的例子可是太多了啊！何况如今我们还没有成功，岂能这样呢？"

咸通十年（公元869年）一月，康承训率领各道大军共计七万余人进驻柳子以西，从新兴（今安徽省涡阳县以北）到鹿塘（今河南省永城市西南）之间三十里，唐军营垒一座接一座。徐州叛军分别防守四境，战线逐渐拉长，各寨不断请求增兵，而徐州城内只剩数千守军，庞勋这才开始担忧起来。可是，见官军源源不断地赶来，徐州百姓也逐渐害怕，应募的人越来越少了。为了解决兵员不足的问题，庞勋就派人深入各个村庄，挨家挨户地抓壮丁，很多百姓都挖掘地道，藏匿地道之中，庞勋派出的人每天不过搜出二三十人；又加上徐州军队已达数万之多，辎重粮饷已渐趋枯竭，遂下令核算富人和商人的家财，强征十之七八，将数百家隐匿财产的全部处死。另外，与庞勋一起在桂州起兵的元从功臣更是骄横残暴，劫掠别人家的家财和妇女，庞勋也无法惩处，徐州百姓从起初的欢迎到开始怨恨叛军了。

与此同时，叛军内部也出现了内讧。庞勋部将孟敬文（最初的九人之一）率部驻守丰县，此人狡猾强悍，手下又兵多将广，遂阴谋背叛庞勋自立，开始伪造一些谶言、符箓，此事也传到了庞勋的耳中。正值薛尤率领魏博军队进攻丰县，庞勋就派遣心腹部将率领三千人前去救援。孟敬文也不是吃素的，就与那位叛将约定一起出兵进攻魏博军，并极力称赞那人勇敢善战，让那人率部充当先锋。孟敬文的一番话说得那人不禁飘飘然起来，不假思索就答应了，结果，那人率部与魏博军激战正酣，孟敬文却率领本部人马撤回了城中，那人的部队全军覆没。庞勋偷鸡不成蚀把米，气得七窍生烟，就派人欺骗孟敬文道："王弘立已经拿下了淮南，留后大人打算亲自前往镇守，从各地召回众将，从中挑选一人镇守徐州。”孟敬文听了，不禁大喜，当即跨马返回徐州，刚到距离徐州数里的地方，庞勋早已埋下伏兵，将其生擒。一月三日，将其杀掉。

进攻海州的叛军也遭到了惨败。当时，各道进驻海州的军队已有数千人，守军提前锯断了叛军必经之路上桥梁的桥柱，但从外面看不出来，并在附近设下埋伏。等叛军过桥时，桥梁突然崩塌，顿时陷于大乱，伏兵同时杀出，叛军被全部歼灭；包围寿阳的叛军也被南路唐军击败，被斩杀了数千人，战局逐渐朝有利于朝廷方面发展。

就在前线战事如火如荼进行之时，一月九日，懿宗举办盛大仪式，把自己最心爱的女儿同昌公主嫁给了右拾遗韦保衡。懿宗一生一共生下八个女儿，分别是：同昌公主、安化公主、普康公主、昌元公主、昌宁公主、金华公主、仁寿公主、永寿公主。《北梦琐言》记载，宣宗在世时，懿宗经常身怀恐惧，后来，郭美人生下一女，还没满月就死掉了。懿宗正深感悲痛之时，此女又复活了，等懿宗登基后，对此女十分钟爱，封为同昌公主。《杜阳杂编》记载，懿宗嫁同昌公主时，在广化里赏赐给公主宅第，又赏赐五百万钱，倾尽内库所有的宝物都送入公主家中。像窗户、房门都是精雕细刻，装饰非常精美，又用金银装饰水井栏杆、药臼、食物柜、水槽、盆碗等物，还用金子做成笊篱、筐子。制作了水精、火斋、琉璃、玳瑁等各种睡床，也装饰着金银，其他玉器数不胜数。又赏赐了金子小麦、银子大米数斛，这都是太宗时期条支国进贡的宝物。“堂中设连珠之帐，却寒之帘，犀簟牙席，龙罽凤褥。连珠帐，续真珠以成也。却寒帘，类玳瑁斑，有紫色，云却寒之鸟骨所为也，但未知出于何国。又有鹧鸪枕、翡翠匣、神丝绣被……更有瑟瑟幙、纹布巾、火蚕绵、九玉钗……自汉唐公主出降之盛，未之有也。”懿宗还经常将食物赏赐给同昌公主，这些食物中，有所谓的“消灵炙、红虬脯”，消灵炙是一只羊身上只取下四两肉做成，即使经过夏天，也不会发臭；酒有所谓的凝露浆、桂花醅，其茶有绿花、紫英；等等。

懿宗继位前，长期得不到宣宗的宠爱，与郭氏及其女儿相依为命，登基后，对郭氏和女儿同昌公主给以补偿，这和中宗与韦皇后、安乐公主的情况如出一辙。懿宗疼爱自己的女儿，这原本无可厚非，但是，如今，前线战事正吃紧，江淮地区又发生了严重的旱灾、蝗灾，百姓生活非常困苦，而懿宗在嫁女时却如此奢靡，也反映出懿宗任性而为、奢侈浪费，对军国事务和百姓生活麻木不仁的特点。

辛谠率领的镇海军带着粮食来到楚州（今江苏省淮安市），中使张存诚又送给辛谠一些船只。叛军水陆大军已经用铁索封锁了淮河，镇海军队见叛军强大，不敢继续前进。辛谠对大家说道："我先为先锋，如果取胜，你们随后再上；如果我失败了，你们就撤退。"但镇海军将士依然不同意。辛谠就从军中临时招募敢死队员数十名，用公文写下委任他们的新官职，然后先以三艘运米船、一艘运盐船顺风逆流而上，叛军从两岸夹击，箭射中船板之上宛如雨滴落下，行至铁索之处，辛谠率众拼命死战，终于砍断了铁索，才得以通过。泗州城上军民看到这四艘船只，无不欢声雷动，杜滔及其将士们均热泪横流，迎接他们。到一月二十七日，泗州城上军民又发现一支船队从东而来，经过辨认乃镇海军的船队。离城十余里时，叛军排开火船阻挡，镇海军的船只不敢继续前进。杜滔命令辛谠率领敢死队员前去迎接，他们乘坐战舰直冲敌人舰队而过，见到是宦官监军张存诚率领的九艘运米船。张存诚说道："将士们在中途迟迟不进，我屡次意欲自杀，才到此地，如今又不敢继续前进了。"辛谠大声对将士们说道："敌人人数并不多，很好对付！"遂率众呼喊着向前冲击，叛军见他们非常勇猛，就躲避开了，这支船队才得以入城。

康承训命令朱邪赤心率领三千沙陀骑兵为先锋，冲锋陷阵，十个军镇的将士们都十分佩服他们的骁勇。一次，康承训率领手下一千亲兵渡过涣水，叛军伏兵突然杀出，将他们团团围住，就在这千钧一发之际，朱邪赤心率领五百沙陀骑兵，手持长枪杀入敌人的包围圈，救出了康承训，叛军望风披靡，唐军里应外合，反而大败叛军。康承训屡次与叛军交手，叛军屡战屡败。王弘立自从取得淮口大捷之后，一直沾沾自喜，请求独自率领本部三万人马对付康承训，庞勋答应了。二月十一日，王弘立率军渡过濉水，趁夜偷袭鹿塘唐军营寨，黎明，将营寨团团围住。王弘立与众将亲临视察，自以为很快就可拿下。就在这时，叛军阵脚突然大乱，只见沙陀骑兵左右冲杀，往来如飞，叛军纷纷躲避，沙陀骑兵横冲直撞，大肆践踏。营寨内的各路唐军争相出战，奋勇杀敌，叛军大败。唐军乘胜追击，将叛军挤压在濉水岸边，落水而死的叛军不计其数，从鹿塘一直到襄城（今宿州市）五十里之内，尸体一个挨着一个，斩首两万级，王弘立单人匹马仓皇而逃，叛军掳掠的军民趁乱逃到山谷之中，不再回营，丢弃的辎重堆积如山。当时，朝廷下令，凡是各军击破叛军，抓获的当地百姓，一律予以释放，从此以后，叛军每次与官军相遇，其掳掠的百姓总是最先溃逃。庞勋、许佶以王弘立骄傲懈怠而导致战败，打算将其斩杀，周重替其说情道："王弘立两次取胜都没有升赏，一次战败就要诛杀，不论战功，只罚罪过，这是在替敌人报仇，众将从此都会恐惧了。不如赦免了他，以观后效。"庞勋就放了他。王弘立搜集残兵败将，总计才数百人，请求夺取泗州将功补过，庞勋又增加了他的军队，命其南下了。

康承训击败王弘立后，直逼柳子，与姚周所部展开激战，一月之内发起了数十次战斗。三月二十九日，姚周率军渡河，唐军趁机发起猛攻，姚周退去，唐军追击，并趁势包围了柳子。正好天上刮起大风，唐军从四面八方放火，叛军放弃柳子营寨而逃，沙陀骑兵迎头杀来，将叛军屠杀殆尽，从柳子一直到芳城（今安徽省宿州市北），堆满了尸体，斩杀了叛将刘丰。姚周率领部下数十人仓皇逃归宿州，宿州守将梁丕素来与其有矛盾，打开城门让他们入城，入城之后，就将姚周斩杀了。

六七五 庞勋之乱（六）

听说柳子失守，庞勋大为恐惧，与许佶商议亲自出战。

周重哭着对庞勋说道："柳子地位重要，部队精良，姚周有勇有谋，如今全军覆没，我方已危若累卵，不如就此独立，派兵四面出击，决一死战。"又劝说庞勋杀掉崔彦曾，以断绝徐州军民的希望。术士曹君长也说道："徐州之地，一山不容二虎，如今观察使还在，所以留后大人才屡屡失利。"叛党也都觉得如此。四月五日，庞勋下令斩杀崔彦曾和监军张道谨、宣慰使仇大夫、徐州幕僚焦璐、温庭皓等人，并诛杀了他们的亲属、宾客、奴仆、妻妾；砍断监军郭厚本、都押牙李湘的手脚，送到康承训的大营。庞勋又集合全军，扬言："我一开始还希望国家的恩典，以保全我作为臣子的节操，今日之事，看来已无法完成我以前的愿望了。从此以后，我与大家就当一个真正的造反之人了！当率领辖区全部人马，同心协力，转败为胜！"众人纷纷表示同意，于是，庞勋下令将城内所有男子都集中到球场之内，又分别派遣大将挨家挨户搜索，一旦查出胆敢藏匿一名男子的，全家一律被杀，就这样，又从城中挑选出三万名壮丁，组成一支新军，发放精良的武器。许佶等人公推庞勋为天册将军、大会明王。庞勋推辞了王爵。

辛谠又率领四百精兵从泗州杀出，向扬州、润州迎接运粮船，叛军从两岸夹攻，辛谠等人转战上百里，才得以脱身。来到广陵，他就在馆驿休息，不敢回家，船只装载了两万石大米、一万三千串钱，四月八日回到斗山（今江苏省盱眙市东北）。叛军一万余人在盱眙抵挡，将一百五十艘战舰密密麻麻排列在淮河河面上，又放出火船顺流而下，直冲官军船只。辛谠下令将士们用长杆鱼叉将火船拖过，从清晨一直战至午后，官军众寡不敌，处于劣势。叛军将巨木横放在船侧，伸出船体四五尺，搭建成进攻掩体，辛谠命令勇士乘上小船，突入掩体下面，叛军刀枪都够不到，勇士们长枪举起火把，焚烧敌舰，敌舰很快着火，叛军纷纷逃跑，辛说他们才得以通过，进入泗州城内。

庞勋以其父亲庞举直为大司马，与许佶一起留守徐州。有人说道：“将军正要展示兵威，不可以父子亲情，坏了上下级的规矩。”遂命庞举直在大庭之上向庞勋叩拜，庞勋则按着桌子坦然接受。当时，魏博军队屡屡围困丰县，庞勋打算先进攻魏博军，四月九日，率军从徐州出发。庞勋深夜来到丰县，偷偷入城，魏博军毫无察觉。魏博军分为五个营寨，其中接近丰县城的驻扎有数千人，庞勋率军先将这个营寨包围起来，其他营寨的魏博军前来救援，谁知庞勋早已在必经之路上埋下伏兵，杀死官军两千人，其余官军纷纷撤去。叛军一直无法攻下营寨，战至夜里，遂解除包围撤退。官军见叛军人数众多，并听说这次庞勋亲自前来，都非常害怕，各寨均趁夜撤离。曹翔正率军围攻藤县，听说魏博军战败了，也率军退守兖州。叛军将官军的营寨一一捣毁，运回辎重，向徐州发出檄文，夸大战绩，并将官军称为国贼。曹翔退回兖州后，留下四千沧州士兵戍守鲁桥（今山东省济宁市东南鲁桥镇），但沧州士兵私自逃回。曹翔说道：“庞勋作乱，所以才去讨伐。如今沧州士兵不听命令，也是在作乱！”整顿军队，出城将沧州士兵包围在城外，挑出抗命的两千人，全部斩杀。朝廷听说魏博军战败的消息，遂以将军宋威为徐州西北面招讨使，率领三万人马进驻丰县、萧县之间，曹翔又领兵与之会师。

庞勋在丰县停留了数日，打算率军向西与康承训的主力决战。有人劝说道：“天气逐渐炎热，正是秋收时节，不如暂且休兵，囤积军粮，然后再作打算。”也有人说：“将军出兵数日，就摧毁官军七万之众，西军一定非常害怕，乘此声势，康承训一定会逃跑的，机不可失。”庞举直也写信劝说庞勋乘胜进军，庞勋遂决定西进。四月二十日，庞勋从丰县出发，二十三日抵达萧县，命令襄城、留武、小睢各寨的军队合计五六万人，于二十九日凌晨向柳子发起总攻。李湘、袁公弁被叛军击败后，有些俘虏留在了叛军军中，其中有人就在这时从叛军中脱逃，向康承训禀报了叛军进攻日期，康承训由此得以提前做好充分的准备，设下埋伏，等待叛军的到来。到了二十九日这一天，襄城等寨的叛军最先抵达柳子，遭遇了官军伏击，被打败退去。庞勋自感误了进攻时间，匆忙率部从三十里外赶赴战场，等到了战场，襄城各寨已经战败，庞勋率领的都是些新招募的市井小民，见官军军容甚盛，均不战自溃。康承训见状，立即命令各军发起进攻，骑兵从叛军前面截杀，步兵则在身后追击。叛军一片慌乱，不知逃到哪里，相互践踏，死了数万人，数十里之内遍布尸体。庞勋解下铠甲，身着短衫，狼狈而逃，召集残兵败将，才凑够了三千人。进入彭城，庞勋赶忙命令部将张行实（又作张实，疑为同一人）从各营抽出一部分兵力，把守第城驿站（今宿州市以西）。下邳豪强郑镒聚众三千，曾依附于庞勋，五月，当沂州军队包围下邳时，庞勋派遣郑镒救援，郑镒率部投降了官军。

与此同时，在南线泗州方向，官军也在与叛军激战。开战以来，淮南节度使令狐绹措施失当，懿宗将其罢免，改任左卫大将军、徐州西南面招讨使马举担任淮南节度使。马举到任后，即亲自率领三万精兵解救泗州。四月十八日，就在庞勋取得丰县胜利之后不久，淮南军队兵分三路，强渡淮河，大军行至中游，大声鼓噪，声震数里，叛军听到后，大吃一惊，不知道官军人数多少，均纷纷收兵，退守泗州城西的营寨。马举领兵包围，纵火焚烧，叛军大败，被斩杀了数千级。《闻奇录》记载，交战时，马举见一将在军旗之下不冲锋，立即命令两名骑兵前去斩杀。一会儿，骑兵回来报告说："是你的大儿子！"马举说道："让你们去斩杀违令之将，管什么我的儿子！"又让二人前去杀了其子，传首全军，将士们见了个个奋勇争先，不一会儿就大破敌军。

王弘立战死，吴迥退守徐城，泗州之围才最终解除。泗州被叛军包围了七个月，守军将士夜不能寐，解围之时，脸上、眼睛都生出了毒疮。

解除泗州之围后，西线就取得了柳子大捷。马举在泗州休整一段时间，又从泗州出兵进攻濠州（今安徽省凤阳县），相继攻克了招义（今安徽省明光市）、钟离（今安徽省凤阳县东）、定远（今安徽省定远县）。叛军将领刘行及在濠州城外修筑营寨抵御，马举先派遣轻装骑兵挑战，叛军见官军人少，争相出寨西迎战；马举率领数万大军从另外一条道赶到，从东南向敌人发起突击，遂焚烧了叛军城外营寨。叛军退入城内固守，马举在城外东南西三个方向开挖壕沟，北面临着淮河，叛军还能与徐州联络。庞勋派遣吴迥率军前来，帮助刘行及防守濠州，吴迥驻扎淮河北岸，与刘行及遥遥相望。马举派遣部将率军渡过淮河，一举击败吴迥，斩杀数千人，摧毁了他的营寨。此后，马举所部一直包围着濠州，而濠州叛军也一直固守不降。

到了七月，西、西北面唐军全线发起总攻。康承训率部攻克了临涣（今安徽省宿州市西北），杀死、俘虏一万人，并乘胜收复了襄城、留武、小睢等营寨。曹翔则攻克藤县，进击丰县、沛县。叛军各寨守军纷纷逃窜，退到深山密林之中，叛军前来劫掠的，往往被他们诛杀，尤其是五八村特别强悍。有一个名叫陈全裕的人担任他们的首领，凡是叛逃庞勋的人都投奔到他的麾下，有数千之众，各种武器装备应有尽有，辖区方圆数十里，叛军不敢接近。康承训派人前去招降，陈全裕遂率众归降，叛军内部更加分崩离析。蕲县（今安徽省宿州市南）当地豪强李衮也率众杀死叛军守将，举城投降了康承训。叛军沛县守将李直前去彭城议事，裨将朱玫举城投降了曹翔。李直从彭城返回，朱玫率军迎击，将其赶跑，曹翔发兵进驻沛县。庞勋派遣部将孙璋、许佶各自率领数千人进攻陈全裕、朱玫，但都被击败。康承训乘胜长驱直入，又攻克第城，推进到宿州以西地区，构筑城池防御。庞勋无计可施，只是施舍僧人，祈求神灵保佑而已。

当初，庞勋对梁丕擅自诛杀了姚周非常恼火，将梁丕罢免，改以徐州旧将张玄稔代替梁丕驻守宿州，以其党羽张儒、张实等人率领数万人马抵御官军。张儒等人在宿州城外构筑了几层营寨，四周全是河流保护，康承训将其包围。张实深夜派人偷偷从城内出来，给庞勋送来书信，称："官军全部集中在宿州城下，西方一定非常空虚，将军应该率军出其不意，劫掠宋州、亳州郊外，他们一定会解除宿州之围西撤，将军再要害之处设下埋伏，在前面迎击，我等出城从其背后打击，一定可以将其击破。"当时，曹翔正命令朱玫向丰县发起进攻，并顺利攻下了丰县，继而乘胜又攻克了徐城、下邳，斩杀俘虏上万人。庞勋正忧愁恐惧，打算从徐州逃走，得到张实的书信后，当即就听从了，遂命令庞举直、许佶留守徐州，亲自率军向西进发。

六七六 庞勋之乱（七）

八月二十七日，康承训所部焚烧了宿州城外的营寨，张儒等人退守城内。

唐军开始对宿州城发起进攻，但叛军防守严密，唐军久攻不下，数千人战死，康承训非常忧虑，就派遣一名口齿伶俐之人前往城下劝降。张玄稔虽在叛军中，但曾为国戍边，立有战功，内心时常忧愤，当时，他正率领本部人马防守内城，夜里，召来数十名亲信商议归降，然后，命他们分头出去劝说大家，手下很多人都愿意。张玄稔就派遣心腹张皋趁夜摸出宿州，将情况告诉了康承训，约定日期杀掉叛将，举城归降，届时，请官军举起青色旗帜，令城内将士坚定归降之心。康承训大喜，当即答应。

九月三日，张儒等人在柳溪亭饮酒，张玄稔的部将董厚等人率部在亭西待命。张玄稔率先飞马而来，大喊道："庞勋已经在仆射寨中被杀了，这些人岂能活下来！"士兵们一起冲上，遂斩杀了张儒等数十人，城内一片大乱。张玄稔宣布归降朝廷之意，一直镇压到傍晚，才安定下来。四日，张玄稔打开城门投降。张玄稔见到康承训时，袒露胸膛，跪地而行，流泪谢罪。康承训安抚慰问，当即代表皇帝宣布诏书，任命张玄稔为御史中丞，赏赐给他很多财物。张玄稔又对康承训建议道："如今归降，其他地方并不知道，请让我假装城池陷落，率部奔赴符离、徐州，叛军不会怀疑，可将他们一网打尽。"康承训答应了。宿州原有三万叛军，康承训又给他们增加了数百骑兵，赏赐给他们很多财物，将他们打发走了。张玄稔又进入城中，晚上像往常一样燃起平安火，次日一早，又堆积了数千捆柴草，纵火焚烧，顿时烟焰张天，如同城陷一般，而后，张玄稔率部赶往符离。符离守将开门接纳了他们，张玄稔所部进入城内，就斩杀了守将，号令城内，又接收了符离城内一万守军，更向北直扑徐州。

庞举直和许佶等人听说了实情，登城固守。九月七日，张玄稔率部来到彭城，将其团团包围。先按兵不动，向城内守军劝降道："朝廷只诛杀逆党，不伤害良民，你们为何要替逆党卖命？倘若继续犹豫不定，顷刻之间就要玉石俱焚了！"于是，守城将士开始丢下铠甲武器，从城墙上下来投降。崔彦曾的旧吏路审中打开了城内，唐军一拥而入，庞举直和许佶率领死党退守内城。等到傍晚，庞举直、许佶率领同党打开北门逃窜，张玄稔派兵追击，斩杀了庞举直和许佶，其余党不少人都投水而死；又逮捕了所有戍守桂州士兵的家属，全部予以斩杀，共处死了数千人。

庞勋率领两万人马从砀山（今安徽省砀山县）西进，所到之处，烧杀劫掠，扫地无遗。六日，康承训才知道这一消息，遂率领八万步骑从宿州西进，命朱邪赤心率领数千骑兵担任先锋。庞勋偷袭宋州，攻克了南城，宋州刺史郑处冲固守北城。叛军知道宋州早有防备，遂解围而去，渡过汴水，向南劫掠亳州（今安徽省亳州市），沙陀军队追上了他们。庞勋尚且不知彭城已经陷落，打算返回彭城，率军沿着涣水向东而来，一路上受到沙陀军的逼迫，无暇休整进食。行至蕲县，打算渡河，蕲县豪强李衮吊起浮桥，整军备战，阻止叛军渡河。叛军惶惶不可终日，不知该向何处逃命，行至蕲县城西，官军从四面八方赶来，一齐向叛军发起攻击，杀死叛军近万人，其余叛军均被淹死。仅有一千人投降，庞勋也在混战中被杀，一直等了数日，才在尸体中辨认出来。叛军宿迁等营寨均杀其守将，投降了官军。宋威也夺下了萧县，唯独吴迥固守濠州孤城，一直未被淮南军攻下。

十月，为了褒奖张玄稔夺城之功，懿宗加封其为右骁卫大将军、御史大夫。

淮南节度使马举率部进攻濠州，从夏天一直打到冬天，始终未能攻下。城内粮食吃完，杀人而食，官军在城外构筑层层壕沟，将濠州围得水泄不通。十月十七日夜，吴迥率部突围，马举领兵追赶，全歼了叛军，吴迥逃往招义，被杀。

庞勋之乱历经一年有余，被朝廷彻底平定。经粗略计算，这场大乱双方被杀的就高达二十万人，对江淮地区的破坏更是难以估计，也极大地动摇了唐朝在江淮地区的统治，给不久以后王仙芝、黄巢大起义埋下伏笔。平定庞勋之乱后，朝廷晋封康承训为河东节度使、同平章事；杜滔为义成节度使。懿宗追录朱邪赤心之功，在云州设置大同军，以朱邪赤心为大同节度使。懿宗亲自召见朱邪赤心后，担心沙陀军实力，就将他拜为左金吾大将军，扣留在了京师，赐名为李国昌，还赏赐给了他很多财物。懿宗又晋升辛谠为亳州刺史。辛谠在泗州被围其间，出生入死，曾往返十二次突破叛军包围，迎送兵粮，等到被晋升为亳州刺史时，他却将功劳推给了泗州刺史杜滔，上表称："臣之功，没有杜滔无法完成。"后来，辛谠官至岭南节度使。

朝廷又下令将和州刺史崔雍赐死，家属流放康州，兄弟五人均被贬谪到边地。《金华子》《唐语林》记载，由于路岩与崔雍有矛盾，路岩在起草的诏书中，引用泗州刺史杜滔、滁州刺史高锡望固守孤城的例子，痛斥崔雍。

庞勋之乱发生前，唐朝朝中宰相分别是：曹确、路岩、徐商、于琮四人，咸通十年六月，懿宗改任徐商为同平章事、荆南节度使，又提拔翰林学士承旨、户部侍郎刘瞻为同平章事。刘瞻，字几之，进士及第，曾历任太常博士、翰林学士、中书舍人，后为河东节度使。史称：刘瞻"为人廉约，所得俸以余济亲旧之窭困者，家不留储。无第舍，四方献馈不及门，行己终始完洁"。

到咸通后期，懿宗完成了从一个平庸之君到一个昏聩之君的过渡。就算庞勋掀起一场惊天动地的大乱，也挡不住他饮宴作乐的雅兴。由于沉溺于饮宴，懿宗根本没有时间和精力处理朝政，就把朝廷全权托付给了路岩，而路岩又非常奢靡，收受贿赂，身边人员替请托之人穿针引线，政治更加黑暗。至德县令陈蟠叟在面见懿宗时，说道："请陛下将边咸抄家，就可以供应全国军队两年的军饷。"懿宗问边咸是谁。回答："路岩身边的亲信小吏。"懿宗大怒，认为陈蟠叟是有意诋毁宰相，将其流放到爱州，此事以后，朝中再也无人敢直言劝谏了。

庞勋之乱被平定后，徐州一带并不太平。庞勋叛军一些漏网之鱼仍然散居兖州、郓州、青州、齐州之间，聚集起来当上了强盗。光州百姓驱逐了刺史李弱翁，左补阙杨堪等人上书认为："刺史不道，百姓含冤，应当向朝廷申诉，置之刑罚，岂能聚集起来，擅自驱逐，乱了上下规矩，此风不可长，应该严加惩处，以警示后人。"

路岩和韦保衡把责任都推到了康承训的身上，他们对懿宗说："康承训在讨伐庞勋时，逗留不进，又不能将庞勋余党斩尽杀绝，还贪图战利品，不及时上报。"到咸通十一年（公元870年）年初，昏庸的懿宗遂将康承训贬为蜀王傅、分司，不久，再度贬为恩州司马；下诏徐州观察使夏侯瞳派人招抚。懿宗又召集群臣商议该如何处理徐州遗留问题。六月，太子少傅李胶等人上书，认为："徐州虽然屡屡作乱，但未必每家每户都是逆党，其原因就在于挑选的地方官不合适，才导致变乱的发生。如今，徐州已由节度使降格为观察使，但兵员尚存，如果只管辖一个州，就不足以供应全军，如果将军队划给其他藩镇，又人心不服，假如相互煽动，可能会引发新的动荡。只有泗州，不久前因攻防之战，双方已结怨很深，应该加以调整，对双方都有利。”懿宗听从了，保留徐州观察使建制，下辖徐州、濠州、宿州三州，而将泗州升格为团练使，划归淮南节度使管辖。十一月，又恢复了徐州节度使建制，改武宁节度使为感化军节度使。

六七七　南诏再侵

唐朝朝廷刚刚平定了庞勋之乱，南诏又发兵入侵了。

不过，南诏这次入侵，错不在人家。想当初，在咸通七年时，懿宗释放了南诏清平官董成，其目的就是恢复两国的和好关系，然而，自从咸通九年定边军节度使李师望上任以后，故意制造争端，自己想借机立功，好往上爬。南诏为了答谢懿宗释放董成之恩，派遣使者杨酋庆入朝，在经过定边军时，李师望却将杨酋庆扣押、杀掉，想激怒南诏人。与此同时，西川的大将也怨恨李师望把自己的地盘和幕僚划走，也暗中派人到南诏国中，鼓动南诏入侵。李师望贪婪残暴，聚敛了上百万的钱财，戍卒怨愤，恨不得吃了他的肉，李师望使用诡计得以逃回。朝廷将其征召入朝，另以太府少卿窦滂担任节度使。窦滂与李师望相比，有过之而无不及，将士们满腹怨愤，南诏军队还未来，定边军就已经军无战心了。

咸通十年十月，南诏皇帝酋龙亲自率领全国军队向唐朝发起大规模的进攻，率领数万军队先进攻董春乌部，将其击破。十一月，南诏军队开始进攻嶲州，定边军都将安再荣驻守清溪关，南诏军队发起猛烈的攻击，安再荣退守大渡河北岸，与敌人隔着大渡河对射了九天八夜。南诏人偷偷分兵，沿着大渡河一路向东，砍伐树木，开凿山路，翻越雪山，突然出现在沐源川（岷江支流，流经今四川省沐川县）。窦滂命令兖海军将领黄卓率领五百人抵御，结果全军覆没。十二月十四日，南诏军队穿上唐军军服，假扮成兖海军的败兵，逃到大渡河南岸，向对岸高喊渡船。对岸唐军不明真假，派船接应，等南诏军队登上北岸后，才发现真相，但为时已晚。南诏军队遂攻克了犍为（今四川省犍为县），纵兵劫掠、焚烧陵州（今四川省仁寿县）、荣州（今四川省荣县）一带，兵锋直指成都。

数日后，南诏军队已进抵凌云寺（今四川省乐山市大渡河南岸），与嘉州（今四川省乐山市）隔河相望。嘉州刺史杨忞与定边军监军张允琼整顿军队，与敌人相抗。南诏人偷偷派出奇兵从东津渡河，夹击唐军，临阵斩杀唐忠武镇将领颜庆师，唐军溃败，杨忞、张允琼脱逃。二十九日，南诏军队攻陷了嘉州。

窦滂亲自率军推进到大渡河，抵御南诏军。南诏皇帝酋龙假意求和，派遣清平官等人来见窦滂，窦滂与南诏使者话音未毕，南诏军队就已经争相登上船只、木筏强渡了，忠武军、徐州宿州两军列阵以待。窦滂吓得屁滚尿流，逃回大帐之内，就要自杀。徐州将领苗全绪劝说道："都统，你又何苦如此呢！"苗全绪与安再荣以及忠武将领们整军出战，窦滂则单人匹马趁夜逃走。三位将领商议道："如今，众寡不敌，等到明天一早再战，我军一定会全军覆没。不如趁着夜色，主动发起进攻，令敌人陷入混乱，然后我们才能安全撤离。"于是，唐军趁夜杀入敌营，一时间弓弩齐发，南诏军队大惊失色，三将这才率领唐军撤去。

南诏军队又相继攻克了黎州（今四川省汉源县）、雅州（今四川省雅安市），唐朝百姓纷纷逃入山林躲避，唐军的残兵败将趁乱四处劫掠，邛州（今四川省邛崃市、定边军治所）的军需物资全部被败兵劫掠一空，等南诏军队来到后，邛州已经成为一座空城。窦滂逃到了导江（今四川省都江堰市东）。懿宗下诏命令左神武将军颜庆复（颜庆师之兄）率军增援。

西川百姓听说南诏已经入川，纷纷逃进成都避难。当时，成都只有内城，外面又没有护城河，逃入城内的难民人数很多，每人仅占有一席之地，雨天只能头顶斗笠遮蔽。城内又没有水源，只能到城东南角的摩珂池内汲取泥浆，澄清后解渴。成都将士很多没有经过训练，西川节度使卢耽召来彭州刺史吴行鲁，命其代理参谋，与前泸州刺史杨庆复一起负责增修防御工事，挑选将校，构筑战棚（城墙伸出外面的平台，用于作战），准备大炮、礌石，修造武器，加强巡逻。过去，西川将领只挂个虚名，也没有俸禄，至此，卢耽贴出布告，招募骁勇之士，全部补为实职，重重予以赏赐，应募者云集。杨庆复对大家说："你们都是军中子弟，年少勇猛，平日里没有门路当官，如今，南诏入侵，正是你们取得富贵之日，能不努力吗？"众人都欢呼雀跃，于是，将各种武器排列大庭之中，让众人试用，然后，一对一地进行比试，逐一观察是否骁勇而予以淘汰，用这种办法选出了三千精兵，号称"突将"。吴行鲁，彭州人，《北梦琐言》记载了他给神策左军中尉西门季玄洗脚得官的故事：吴行鲁年少时侍奉西门季玄，小心谨慎，每天夜里经常怀揣尿壶，暖热后再给西门季玄，深得西门季玄的赏识。一次，吴行鲁给西门季玄洗脚，西门季玄将自己脚底的纹理让吴行鲁看，并自夸道："有如此纹理，怎能不做十个军容使呢！”吴行鲁叩拜说：“这也不一定啊，我也有这种纹理，却怎么一直当个奴仆呢？”西门季玄看了看吴行鲁的脚底，果然如此，遂叹息道：“你只需忠孝，我一定会让你满意的。”遂补为军职，任命为彭州刺史。此后，吴行鲁历任西川、东川、山南西道节度使。

咸通十一年（公元870年）一月五日，南诏军队进抵眉州（今四川省眉山市）。卢耽派遣西川节度副使王偃等人携带书信，面见南诏权臣杜元忠，请求和解。杜元忠回答：“我们的下一步行动，全看你们的诚意。”南诏军队并没有停止前进的步伐，又向前推进到新津（今四川省新津县），此处已是定边军的北境。西川节度使卢耽再派节度副使谭奉祀给杜元忠下书，但杜元忠将其扣押，不予回复。卢耽赶忙向朝廷告急，并再次派使者向南诏人求和。朝廷方面任命知四方馆事、太仆卿支详担任宣谕通和使。由于卢耽对待南诏人态度恭顺，南诏人也没有立即北进，成都守备才得以粗略完工。

一月十一日，南诏军队长驱北上，攻克了双流（今四川省成都市双流区）。十七日，卢耽再派节度副使柳槃与杜元忠见面，杜元忠送给柳槃一封文件，说道：“这是等和平之后，我国皇帝与你们节度使见面的礼仪。”内容大致是酋龙以皇帝身份，与外国节度使见面的礼仪，言辞也十分傲慢。南诏人又派人搬运彩色帐幕，运到成都城南，宣称要布置蜀王宫殿让酋龙居住。

一月二十日，朝廷下令撤销定边军建制，将其七个州重新划归西川。同日，南诏军队进抵成都城下。前一日，卢耽派遣先锋游弈使王昼前往汉州（今四川省广汉市），催促援军。当时，兴元六千人、凤翔四千人已经进抵汉州，正遇上窦滂率领忠武、义成、徐州宿州的四千人马从导江也逃到了汉州，寻求援军的保护。二十四日，王昼率领兴元、资州（今四川省资中县）、简州（今四川省简阳市）的军队三千余人驻扎在毗桥（今四川省新都市），与南诏前锋部队遭遇，双方交手，唐军失利，退回了汉州。当时，成都军民时刻盼望援军，但窦滂自以为战败，罪过很大，想令成都也陷落了，好让卢耽也分担一部分责任，以减轻自己的罪责，因此，每当援军从北方赶来，窦滂就会说：“南诏人数多于我军数十倍，我军长途跋涉而来，十分疲惫，不可匆忙前进。”众将听信了他的谰言，都狐疑不进。成都十将李自孝暗中与南诏军队联络，企图响应敌人，焚烧城东仓库，事情败露被杀，数日后，南诏军队果然前来攻城，打了很久，也不见有内应，只好退去。

二月一日，南诏人架起云梯，从四面八方向成都发起猛攻，城上守军用长钩勾住云梯，拉近后投掷火把，将云梯焚毁，云梯上的敌人全被烧死、摔死。卢耽命令杨庆复、摄左都押牙李骧各自率领突将出战，杀伤南诏两千余人，战至日暮，焚烧敌人进攻器具三千余件，城内士气大振。西蜀之人素来胆怯，但那些突将们刚刚受到杨庆复的提拔，又贪图重赏，所以作战非常勇敢，争先恐后想出城与敌人作战。又过了几天，南诏人搜集来民间的竹篱笆，用水浸湿以后，加以弯曲，再叠厚厚几层，攻城士兵举在头顶，冲到城墙跟前破坏城墙，城上守军的弓弩、礌石都不起作用，火也烧不着，杨庆复命人熔化铁汁，从城上浇下，攻城的南诏士兵又全被烫死了。

咸通十一年二月三日，支详派遣使者前去向南诏求和。次日，南诏停止进攻。二月五日，南诏派人迎接支详。

但是，左神武将军颜庆复认为，我军援军已源源而来，不愿和解，就让支详对南诏使者说："我接受诏书，是到定边军与你们约和，如今你们却仍然包围着成都，这与朝廷派我来时的情况已经不同了。况且，朝廷之所以答应与你们和解，就是希望你们不要进攻成都，如今，你们却日夜进攻成都，还说什么和解呢！"南诏人见唐朝不愿和解，二月八日，又重新向成都发起了进攻。九日，成都守军出城反击，南诏军队这才后退。

原本南诏人的武器并不精良，当初，韦皋镇守西川时，为了切断吐蕃人的左膀右臂，劝说南诏降唐。南诏人称没有铠甲、弓弩，韦皋就派去了工匠教他们打造铠甲、武器，数年之后，南诏人掌握了制造技术，已拥有了很多精良的铠甲、刀剑。另外，东蛮苴那时、勿邓、梦冲三部曾帮助唐朝击破吐蕃，立下大功，然而，后任的西川节度使以及边将们对这三个部落非常恶劣，最终导致他们投靠了南诏。每次南诏入侵，他们都竭尽全力提供支持，抓获唐朝人，百般折磨之后再处死。

朝廷将窦滂贬为康州司户，任命颜庆复为东川节度使，凡是增援西川的军队全部划归颜庆复统领。二月十一日，颜庆复率领大军来到新都，南诏分别前往抵御。十二日，南诏大军与颜庆复的唐军遭遇，唐军大破南诏军队，斩杀两千余人。西蜀百姓数千人拿起锄头、砍刀、木棒协助唐军，喊杀声震天动地。十三日，南诏数万骑兵卷土重来，正巧，右武卫上将军宋威率领忠武军两千赶到战场，与新都各道军队一起与南诏军队展开血战，南诏军再次大败，被斩杀五千余人，退守星宿山（今四川省成都市以北）。宋威领军进驻沱江驿站，南距成都三十里。南诏人派遣臣下杨定保面见支详求和，支详说道："你们先解除成都之围，退军之后再谈和解。”杨定保回去后，南诏军仍然包围着成都。城中守军不知援军已经近在咫尺，但见南诏人屡屡前来求和，推测援军肯定打了胜仗。十六日，南诏又来城中请和，使者往返十次，城内含糊其辞，进行回应。南诏因唐军援军越来越近，见城内拒不投降，遂加大了攻城力度，从皇帝酋龙往下的高级官员都亲临战场。十八日，唐军援军进抵成都城下，与敌人交战，夺回了升迁桥（距离今成都市西北八里）。当晚，南诏军队烧毁攻城器具逃走，等到天明，唐军才发觉。

起初，朝廷命颜庆复率军救援成都，命宋威率军驻扎绵阳、汉州一带，作为后援。宋威乘胜先来到成都城下，击破南诏军最多，颜庆复对其十分嫉妒。宋威下令战士们饱餐一顿，准备乘胜追击敌人，成都城内的军民也决心与援军合兵一处，一起前进，而颜庆复却发来公文，将宋威免职，勒令返回汉州。当天，南诏军撤至双流，被新穿水阻隔，一时之间又难以架起桥梁，陷于混乱，但唐军并未追来。直到三天后，他们才架起桥梁，顺利通过，通过后，又毁坏了桥梁，铠甲兵器扔了一路，西蜀军民对唐军没能追击敌人十分痛恨。黎州刺史严师本收集数千散卒，固守邛州，南撤的南诏军包围两天，却未能攻克，也弃之而去。颜庆复命令成都军民修建了壅门城，开挖护城河，安设鹿角，修建营寨，从此以后，南诏再也没有入侵成都了。

过去，西川牙将虽有这个官名，但没有安排人担任，等击退南诏后，有四个人因功被授予监察御史。朝廷下公文称，根据惯例，升官的人每人要送给中书门下省三百钱，家贫之人反而因之饱受煎熬。五月，晋升邛州刺史吴行鲁为西川留后。

六七八　同昌之死

咸通十一年三月，刚刚打退南诏，懿宗就将尚书左仆射、同平章事曹确罢相，改任镇海节度使，而晋升女婿、翰林学士承旨、兵部侍郎韦保衡为同平章事。

韦保衡，字蕴用，其父韦悫曾在宣宗朝担任过吏部侍郎。韦保衡在咸通五年进士及第，拜为起居郎。十年与懿宗爱女同昌公主结婚，婚后，韦保衡就像是坐了过山车一般，一年之内就从从六品上的起居郎，被任性的懿宗晋升为翰林学士、中书舍人、兵部侍郎承旨（正四品下），至此，又被拜为宰相。

然而，喜极生悲。就在韦保衡拜相三个月后，同年八月十五日，懿宗最心爱的同昌公主去世了。《杜阳杂编》记载，同昌公主得病之初，请来术士米赍作灯法，作法后，就把香蜡烛送给了他。等同昌公主病重其间，医生情知难以治愈，就谎称需要找来红蜜、白猿膏才能治愈。懿宗命人到内库中寻找，竟然找到了兜离国进贡的数石红蜜、南海进贡的数罐白猿膏，但是，同昌公主吃了，病情一点也没有好转。同昌公主去世后，懿宗非常悲痛，亲自写挽歌吊唁，还命百官附和。

懿宗下令诛杀医官韩宗劭等二十余人，将这些人的亲属三百多人全部打入京兆府大狱。中书侍郎、同平章事刘瞻召来谏官们，让他们劝谏懿宗，但大家都不敢进言。刘瞻就自己上言，认为：“人的生命长短，都是上天注定的。昨日，公主疾病，陛下非常关心。宗劭等人诊疗之时，也想早日治愈，采取了多种治疗方法，怎奈祸福难以改变，公主竟然去世，回顾当时的情况，也值得哀怜。如今，三百余名老幼被打入大牢，致使人们议论纷纷，叹息之声，充满道路。为何陛下身为明理知命之君，却遭到人们称作残暴昏庸的诽谤？这全是因为陛下安定之时忘掉了危险，一怒之下忘记了艰难之故啊。希望陛下反思一下，释放了那些无辜之人。”懿宗看了刘瞻的奏疏，很不高兴。刘瞻又与京兆尹温璋一起在懿宗面前劝谏，说得懿宗勃然大怒，将二人赶了出去。

懿宗余怒未消，九月七日，他下令将刘瞻罢相，贬为同平章事、荆南节度使；将温璋贬为振州司马。温璋叹息道："生不逢时，就算死了，又有什么可惜的！"遂喝药而死。《三水小牍》则称：温璋收受韩宗劭等家财物数千万，事发，喝药而死。另称，温璋"黩货敢杀，人亦畏其严残，不犯，由是治有能名"。《北梦琐言》记载，温璋担任京兆尹其间，果于杀戮，京师人人对他都非常害怕。一次，府门外的铃铛乱响，衙役出门一看却不见有人鸣冤，响了三次，才发现是一只乌鸦在拨动铃铛。温璋说道："这肯定是有人在掏鸟窝，乌鸦前来鸣冤了。"就派衙役跟着乌鸦寻找，果然，在鸟巢下面发现了那个掏鸟窝的人。抓住那人后，温璋翻遍法律，却没有相关条文，但他说："鸟雀鸣冤，是件异常之事，表明上天在警示，这人该杀。"就把掏鸟窝的人给杀了。根据这些野史的记载，温璋其实是个上下其手、贪婪残暴的暴虐之官，其人自杀也许是仇人太多吧？懿宗听说温璋自杀的消息，九月十一日下诏称："假如没有贪渎之事，何至于此？恶贯满盈，死有余辜。令其家三日之内暂且在城外停放，等经赦免之后，方许归葬，让中外称快，奸邪知道恐惧。"

路岩和韦保衡又趁机向懿宗进谗言，排除异己，朝中掀起一轮大清洗。九月二十日，懿宗再贬右谏议大夫高湘、比部员外郎知制诰杨知至、礼部郎中魏筜等人于岭南，他们均因与刘瞻亲善而受到牵连。杨知至是杨汝士的儿子，魏筜是魏扶的儿子。不久，路岩和韦保衡又陷害刘瞻，称其与医官共谋，误用了毒药，毒死了同昌公主。二十七日，懿宗再将刘瞻贬为康州刺史。翰林学士郑畋在起草刘瞻的罢相诏书时，写道："安于居住在数亩之家，所有权还不是自己的；谢绝各地送来的贿赂，最是害怕被人知道。"路岩看后，说道："你这不是写的罢相诏书，而是在举荐刘宰相哩！"懿宗看后，也极为恼怒，斥责郑畋只知道报刘瞻给的一点小惠，而不知报答君王提拔之恩，遂将郑畋也贬为梧州刺史。郑畋，字台文，是前桂管防御经略使郑亚的儿子。郑畋十八岁进士及第，历任渭南县尉、直史馆事，宣宗一朝，因郑畋之父郑亚是李德裕一党，郑畋一直未能入仕。懿宗即位后，刘瞻接替令狐通担任河东节度使，征辟郑畋为从事，后入朝担任虞部员外郎。但尚书右丞郑熏是令狐绹一党，挑了一些郑畋的毛病，不让其任职，郑畋只好又回到了刘瞻的身边。咸通五年，郑畋入朝担任刑部员外郎，后调任万年县令。咸通九年，刘瞻拜相后，就提拔郑畋为翰林学士，又转任户部郎中、知制诰、中书舍人等职，不久又晋升为户部侍郎。显然，郑畋是刘瞻一手提拔起来的，并且，史称，他“文学优深，器量弘恕。美风仪，神彩如玉，尤能赋诗。与人结交，荣悴如一”，还经常以德报怨，像郑畋这种品行，对刘瞻自然是不会落井下石的。

御史中丞孙瑝也因系刘瞻举荐的，而受到牵连，被贬为汀州刺史。刘瞻担任宰相其间，总与路岩的意见相左，等到刘瞻被贬康州后，路岩仍不满意，专门找来《十道图》，见驩州距离长安上万里，又将刘瞻贬为驩州司户。又命李庾起草诏书，极力诋毁刘瞻，意欲趁机将其置于死地。天下之人都知道刘瞻耿直，受到谗言被贬，知道他是冤枉的。

刘瞻罢相后，到了十一月，懿宗又提拔兵部尚书、盐铁转运使王铎为礼部尚书、同平章事。王铎，字昭范，是王播、王起的侄儿。会昌初年进士及第，大中初年为监察御史，咸通初年由驾部郎中知制诰，晋升为中书舍人。五年，转为礼部侍郎，知贡举两年。七年，晋升为礼部尚书。史称，王铎有“经世大志，以安邦为己任”。咸通五年王铎担任知贡举时，录取了韦保衡，因此，韦保衡对王铎一直十分感激，对王铎十分尊敬，王铎这次拜相，可能与韦保衡也有一定关系。

至此，朝廷宰相分别为：路岩、于琮、韦保衡、王铎四人。同年十二月，懿宗加成德节度使王景崇为同平章事，以左金吾上将军李国昌（朱邪赤心）为振武军（今内蒙古自治区和林格尔县）节度使。

咸通十二年（公元 871 年）一月十四日，安葬同昌公主，谥号为文懿公主。在庭祭之日，朝廷内外臣子纷纷用金玉装饰的车马、衣服在韦保衡家的院子里焚烧，仪式结束后，韦保衡家的家人争相从灰烬中捡拾金银。等到送葬时，懿宗与郭淑妃登上延兴门，拿出内库中的金银车马、凤凰、麒麟，各高数尺，以壮声威。陪葬的衣服玩好全与活人用的无异，每种陪葬品都一百二十车，用木头雕刻楼阁、宫殿、龙凤、花木、人畜，数不胜数，又以华丽的丝绸制造了一千队的送葬帐幕，伞盖遮天蔽日；送葬时的仪仗队、旗帜等等都比制度翻倍，送葬队伍长达二十余里。懿宗专门拿出一百斛美酒、四十骆驼托运的大饼招待搬运工人。等到送葬队伍经过延兴门时，懿宗和郭淑妃失声大哭，听到的人们也都纷纷落泪。

此后，懿宗早晚总是思念公主。李可及谱写了一曲《叹百年》，曲声凄婉，又教数千人一起排练《叹百年》舞蹈，懿宗拿出内库珍宝，制作成演员们的首饰，将八百匹丝绸画成鱼龙纹做成地毯。一曲歌舞过后，金银珠宝掉满地面。同昌公主的死，也让信佛的懿宗更加佞佛，以给公主祈求冥福。据《清异录》记载，同昌公主死后，懿宗悲伤不已，将仙音烛台赏赐给安国寺，以求公主冥福。仙音烛台，点上蜡烛，烛台上的铃铛就会发生声响，蜡烛熄灭后，铃铛就不响了。《杜阳杂编》也记载，咸通十二年冬，制造了两个各两丈高的陈檀木高台，一个是讲经台；另一个是唱经台，精雕细刻，精美绝伦。懿宗又施舍了可供一万人吃的斋饭，还下令重修安国寺，工人夜以继日进行建造，懿宗还时不时地亲自前往督促工期，所建成的殿阁规模宏大，装饰华丽，为一时之冠。

六七九 明争暗斗

懿宗后期，宠臣政治非常明显。

如今的四位宰相，其实都是宠臣政治的产物，尤其是路岩、韦保衡二人更是如此。二人原本是沆瀣一气，权势熏天，据《南部新书》记载，“韦保衡、路岩作相，势动天地。附其势者，有牛头阿旁、夜叉捷疾之号。”然而，随着时间的推移，两人就因争权夺利而发生了矛盾，韦保衡开始在懿宗面前说路岩的坏话了。

一个是宠臣，一个不仅是宠臣，还是刚刚去世的爱女之夫，懿宗毫不犹豫地就选择了后者。咸通十二年四月，懿宗遂将门下侍郎、同平章事路岩贬为同平章事、西川节度使。路岩上路时，路人纷纷拿起砖头、瓦块向他扔来。代理京兆尹薛能是路岩提拔起来的，路岩对他说：“我临走时，还麻烦砖头、瓦块来饯行！”薛能慢慢举起笏板，回答：“以前的宰相出镇地方，京兆府从无派兵护卫的先例。”路岩听了，一脸羞愧。

咸通十二年七月，懿宗又任命兵部侍郎卢耽为同平章事、山南东道节度使。十月，提拔兵部侍郎、盐铁转运使刘邺为礼部尚书、同平章事。刘邺，字汉藩，润州句容人。其父刘三复，非常会写文章，李德裕担任浙西观察使时，将其召入幕府，此后，李德裕拜相，提拔刘三复为刑部侍郎、弘文馆学士。刘邺六七岁时就会写文章，李德裕将他视为己出，让他与自己的儿子们一起学习。李德裕被贬，刘邺流落民间，曾到高元裕、高少逸的幕府任职。懿宗继位后，刘邺被提拔为左拾遗、翰林学士，赐进士及第，后担任中书舍人。刘邺感恩李德裕，等令狐绹离任后，替李德裕鸣冤，懿宗因此恢复了李德裕的官爵。此后，刘邺被晋升为户部侍郎、诸道盐铁转运使。刘邺此次之所以能被拜为宰相，主要是因为他与韦保衡和路岩走得很近，参与了诬陷刘瞻。

咸通十三年（公元 872 年）一月，幽州节度使张允伸得病，请求朝廷允许自已辞职看病。朝廷答应，任命其子张简会为留后。不久，张允伸就去世了。张允伸镇守幽州二十三年，勤俭恭谨，边境平安。平州刺史张公素在幽州很有声望，张允伸去世后，张公素率领州兵前来奔丧，张简会害怕被杀，三月逃奔京师。四月，朝廷任命张公素为幽州留后，不久，又正式任命其为幽州节度使。张公素性格暴躁、严厉，双眼眼白很多，幽州人称其为“白眼相公”。

二月，懿宗将兵部侍郎、同平章事于琮罢相，改任其为山南东道节度使；晋升刑部侍郎、判户部赵隐为户部侍郎、同平章事。于琮罢相，并不带使相，显然是失去了懿宗的宠信，这应该是韦保衡在排挤路岩之后，又一个比较大的动作。赵隐，字大隐，祖父赵植，德宗朝曾官至岭南东道节度观察等使，其父赵存约，太和三年为兴元从事，兴元兵变时与节度使李绛一起被杀。赵隐，大中三年进士登第，历任郡守、尚书郎、给事中、河南尹，后又担任户、兵二侍郎，领盐铁转运等使。史称：赵隐“性仁孝，与弟骘尤称友悌。少孤贫，弟兄力耕稼以奉亲，造次不干亲戚。既居宰辅，不以权位自高。退朝易衣，弟兄侍母左右。岁时伏腊，公卿大臣盈门通讯，而大臣及母之荣，无如其比”。至此，朝中宰相分别是：韦保衡、王铎、刘邺、赵隐。

去年女儿同昌公主去世，给懿宗以沉重打击，到了今年，又发生了一件足以摧毁懿宗心理的大事！

咸通十三年五月六日，国子司业韦殷裕前往宫门投递奏章，上告郭淑妃的弟弟、内作坊使郭敬述一些荒淫隐私。《通鉴考异》引《续宝运录》称：“内作坊使郭敬述与宰臣韦保衡、张能顺频于内宅饮酒，潜通郭妃，荒秽颇甚。”如果此事属实，就是一桩宫廷丑闻，也就是说，在同昌公主刚刚去世不久，女婿就与岳母搞到一起去了。

懿宗接到韦殷裕的奏章后，勃然大怒，接着却表现得颇为反常，当天就下令用棍棒打死韦殷裕，将其抄家。其妻崔氏，音声人（艺人）郑羽客、王燕客，婢女微娘、红子等九人配入掖庭。同日，懿宗又迁怒于阁门使田献铦，因其接受了韦殷裕的奏章，下令将其夺去紫色绶带，改为桥陵使；阁门司阎敬直杖打十五，配南衙。又将韦殷裕的岳父、太府少卿崔元应贬为应州司户；妻子堂兄、中书舍人崔沆（崔铉之子）贬为循州司户；其妻叔父、前河阴院官崔君卿贬为爱州崇平尉；给事中杜裔休（杜悰之子）因与韦殷裕是好友，也被贬为端州司户。任命前大理正万俟镕为国子司业，前兴元少尹冯彭为普州刺史，前大理正阳琯为昌州刺史。次日，韦保衡又嫁祸于于琮，懿宗又把已经贬出京师的于琮再次贬为普王傅、分司。

五月十二日，在韦保衡的谗言下，懿宗又将尚书左丞李当贬为道州刺史，吏部侍郎王沨贬为漳州刺史，左散骑常侍李郁贬为贺州刺史，翰林学士承旨兵部侍郎张裼贬为封州司马，前中书舍人封彦卿贬为潮州司户，左谏议大夫杨塾贬为和州司户；十四日，懿宗再将工部尚书严祁贬为郴州刺史，给事中李贶（李汉之子）贬为蕲州刺史，给事中张铎贬为滕州刺史，左金吾大将军充左街使李敬伸贬为儋州司户，起居舍人萧遘（萧寘之子）、李渎、郑彦特、李藻也都贬到了南方。史称，萧遘“形神秀伟，志操不群。自比李德裕，同年皆戏呼‘太尉’，保衡心衔之。及保衡作相，掎遘之失，贬为播州司马”。这些人都是于琮的一党。十五日，懿宗又把于琮的两个哥哥：前平卢节度使于琄贬为凉王府长史、分司；前湖南观察使于瑰贬为袁州刺史。于琮兄弟于璆、于珪也被流放。不久，再贬于琮为韶州刺史。于琮的妻子广德公主是懿宗的妹妹，与于琮一起前往韶州，时刻保护着于琮，于琮因此才得以保全。

韦殷裕、于琮案其实就是一案，实际上是韦保衡与于琮二人之间的权力之争。一个是妹夫，一个是女婿，懿宗更倾向于女婿，也更相信曾经与自己同甘共苦的郭淑妃，因此，于琮在与韦保衡的较量中，显然处于劣势。韦殷裕只是个国子司业，根本没有机会得知内廷秘闻，但其与韦保衡同族，可能有机会了解到韦保衡的一些丑闻，另外，整个事件的幕后指使者很有可能就是于琮，于琮以驸马身份，朝中势力不容小视，也有机会探听到内廷秘闻。当于琮被贬出京城之后，未带使相，已经说明其失势，但为了反戈一击，就指使韦殷裕上书，企图扳倒韦保衡，然而，家丑不可外扬，懿宗看到韦殷裕的奏表后，不仅没有惩处韦保衡，反而当即杖杀了韦殷裕灭口，同时，在盛怒之下，将于琮一党一网打尽，这可能是于琮等人所始料未及的。

于琮一党被逐出朝廷，韦保衡开始大肆提拔自己的亲信。他想任用同党裴条为郎官，但又忌惮尚书左丞李璋正直，唯恐在李璋那里通不过，就先派人给李璋捎话。谁知李璋果然不给他面子，回复道：“朝廷用人之事，不该来打听。”韦保衡大为不满，七月，将李璋贬出朝廷，任命为宣歙观察使。

八月，归义军节度使张义潮去世，沙州长史曹义金代行节度使一职，朝廷遂以其为节度使。从此以后，唐朝开始内乱，回鹘人攻克了甘州，归义军下辖的很多州县也逐渐被羌族和胡人占领，与朝廷失去了联系。

振武节度使李国昌自恃战功，日渐骄横，朝廷派去一个长史，他就杀掉一个，把辖区变成了一个独立王国。朝廷甚为不满，下令将其调为大同军防御使，但李国昌拒不从命。

由于晚唐史料焚毁严重，五代时期，作者们在撰写《旧唐书》时，就已面临史料缺乏的情况，加之《旧唐书》成书仓促，晚唐诸位皇帝本纪记载的不少地方与此后出现的《新唐书》《资治通鉴》相互矛盾。就拿本年李国昌不从命一事来说，《旧唐书·懿宗》记载，同年五月，懿宗调任天德防御使、检校左散骑常侍段文楚为云州刺史、大同军防御使；到十二月，又调李国昌为检校右仆射、云州刺史、大同军防御使等，李国昌拒不从命。朝廷只好任命太仆卿卢简方检校刑部尚书、云州刺史，充大同军防御使等。懿宗在思政殿召见卢简方，对他说："卿以沧州节镇，屈转大同。然朕以沙陀、羌、浑挠乱边鄙，以卿曾在云中，惠及部落，且忍屈为朕此行，具达朕旨，安慰国昌，勿令有所猜嫌也。"同月，李国昌的儿子李克用杀云中防御使段文楚，据云州，自称云州防御留后。李克用从十五岁就追随其父讨伐庞勋，作战十分骁勇，军中号称"飞虎子"。《五代史补》称，李克用生下来瞎了一只眼，但精通骑射，所向无敌，号称"独眼龙"。也就是说，在本年，沙陀李国昌不仅仅是拒不从命，而且已经发动了叛乱，占领了云中（此处的云中，即大同）。然而，《新唐书》《资治通鉴》没有采纳这一说法。《新唐书·懿宗》在本年十二月无事可记，只在下一年一月称："沙陀寇代北。"而《资治通鉴》则把沙陀人杀害段文楚、朝廷任命卢简方为大同防御使之事都置于六年后的僖宗乾符五年（公元 878 年），但又删除了皇帝面见卢简方说的那一段话，显然，司马光也觉得十七岁的僖宗不可能说出这种话的，可是，他又觉得如果懿宗在五月已经调任段文楚当了大同防御使的话，就不可能在十二月再调李国昌为大同防御使。

六八〇 奉迎佛骨

不过，《新唐书·段秀实传附段文楚传》却明确记载："文楚，咸通末为云州防御使。时李国昌镇振武，国昌子克用欲得云中，引兵攻之，杀于斗鸡台下，沙陀之乱自此始。"

结合咸通十年平定庞勋之乱后，唐朝朝廷将李国昌滞留长安，咸通十一年不得不任命其为振武节度使这一点来看，我们认为，《旧唐书》的记载是可信的，当时的情况可能是：沙陀人在平定庞勋之乱中立下了大功，也引起了唐朝朝廷的猜忌，企图将其首领李国昌滞留长安，像对待归义军节度使张义潮那样，扣为人质，身为汉人的张义潮倒还罢了，而李国昌却不买朝廷的账，一番运作之后，朝廷不得不任命其为振武节度使，将沙陀人打发到边地。沙陀人在此之前一直居住在阴山以南和晋西北一带，这次唐朝朝廷将他们迁至更北面的振武，这当然令沙陀人非常不满，因此，李国昌不是"恃功恣横"，而是对唐朝朝廷心怀怨恨，这才诛杀长史，发动了叛乱。

宪宗元和三年，沙陀突厥在酋长朱邪尽忠、朱邪执宜父子的率领下全族三万余帐归顺唐朝，一路上遭到吐蕃人的追杀，只有两千余人、七百余匹战马抵达萧关，投奔了朔方节度使范希朝。起初，唐朝朝廷将他们安置在盐州（今陕西省定边县），此后，散居唐朝各地的沙陀人也纷纷投靠，沙陀人逐渐恢复了元气。沙陀人对唐朝朝廷非常感激，在宪宗消灭吴元济之战中立下汗马功劳。到文宗时期，沙陀人逐渐强大，引起了朝廷的不安，王锷就曾建议："朱邪族兹炽，散居北川，恐启野心，愿析其族隶属诸州，势分力弱也。"遂建十府以安置沙陀。然而，随着沙陀的强大，也经常与党项等北部杂胡发生争斗，引起了党项人的叛乱，此后，沙陀人在王宰讨伐党项时，仍立下不少战功。平定庞勋之后，据《新唐书·沙陀传》记载，唐朝朝廷不仅给朱邪赤心赐名李国昌，而且还将其晋封为大同节度使。

当时的情况可能是：李国昌在大同恣意妄为，朝廷就把他改任为振武节度使，而以段文楚接任，这令其更加不满。等段文楚到任后，李国昌派遣其子李克用率军南下，公然要将大同夺回，并将段文楚赶走。在这种情况下，唐朝朝廷只好又下令恢复了李国昌大同节度使一职，但李国昌没有回复，朝廷改任卢简方，命其迁往大同，以安抚李国昌。朝廷失去振武和大同之后，咸通十四年（公元 873 年）三月，朝廷只好将大同节度使卢简方晋升为单于大都护、振武节度、麟胜等州观察等使，以统一领导占据振武、大同等地的沙陀军。

这些年来，裘甫造反、庞勋叛乱、南诏入侵、爱女早亡、爱妃外遇、沙陀不宁、朝臣内讧、身体不好，等等，让懿宗身心俱疲，也让他把希望寄托于佛的保佑。咸通十四年（公元 873 年），懿宗打算派人前往法门寺奉迎佛骨舍利。群臣劝谏的很多，甚至有人提及宪宗当年奉迎佛骨，不久就去世了的旧事，但懿宗决心已定，说道："朕活着能见到佛骨，死而无憾！"准备了很多佛像、宝帐、香车、伞盖等前去迎接，上面都装饰着金银珠宝。"计用珍宝不啻百斛，其剪裁为幡为伞，约以万队"（《杜阳杂编》语）。三月二十九日，懿宗派遣使者带着这些仪仗浩浩荡荡地前往法门寺奉迎佛骨舍利。从长安到法门寺三百里之间，路上车马，昼夜不断。四月八日，佛骨舍利抵达长安。由禁卫军在前面开路，皇家和民间的乐队，竞相演奏，声震天地，队伍蜿蜒数十里，场面盛大，远远超过郊外祭祀大典，连宪宗奉迎佛骨时也比不上。《剧谈录》称，过去长安城内就设置了迎接真身社，居民不论大小，每十天捐出一文钱，从开成年间至今，该社已积累了巨额财富，至此花费一空。长安城内有钱人家也在路旁搭建彩楼，开设无遮大会，相互炫耀。或水银为池，或金玉为树，召来很多僧人，敲锣打鼓，十分热闹。民间用纸竹扎了很多佛像，一些好事者要么说看到佛光，要么说晚上会动，以骗取钱财。

懿宗驾临安福门城楼，只见他从城楼上下来，跪地叩拜，泪流满面，给僧尼以及曾看过宪宗奉迎佛骨的京城老人赏赐财物。当时的长安城内几近疯狂，有一名士兵用刀砍断自己的左臂，用右手托着，走一步，叩一次头，血流满地，至于那些用肘、用膝盖爬行的，咬断手指、截下头发的，数不胜数。还有一个僧人将艾草点燃放在头上，疼得乱叫，无赖少年摁着他不让他乱动，僧人难耐剧痛，在路上大叫。然后，将佛骨舍利恭恭敬敬地迎入皇宫，三天之后，再送出，安放在安国寺和崇化寺内。宰相以下官员竞相施舍金银，数不胜数。懿宗又下诏命令全国对囚犯减刑。

五月，南诏再度进攻西川，又骚扰黔南。黔中经略使秦匡谋以众寡不敌，弃城逃往荆南。荆南节度使杜悰将其囚禁，并上报朝廷。六月二日，懿宗下令斩杀秦匡谋，将其抄家，同族应连坐的，由有关部门搜捕。同月，懿宗将王铎罢相，改任同平章事、宣武节度使。王铎被贬也是韦保衡的主意。虽然韦保衡是王铎的门生，对王铎非常敬重，但王铎对其人品不以为然，韦保衡也察觉了，就将其贬出京城。

七月十六日，懿宗病情突然转重。为了控制朝廷，神策左军中尉刘行深、右军中尉韩文约拥立年仅十二岁的懿宗第五子普王李俨为帝。《通鉴考异》引范质《五代通录》云："梁李振谓陕州护军韩彝范曰：'懿宗初升遐，韩中尉杀长立少，以利其权，遂乱天下。今将军复欲尔耶？'彝范即文约孙也。"懿宗一共八个儿子，分别为：魏王李佾、凉王李侹、蜀王李佶、威王李偘、普王李俨、吉王李保、寿王李晔、睦王李倚。史书没有明文记载，刘行深和韩文约杀害的是哪个王，但从《新唐书》上看，李俨以上的四王，魏王李佾、蜀王李佶、威王李偘，卒年均缺载，只有凉王李侹记载"乾符六年薨"，因此，刘韩二人杀害的有可能就是魏王李佾、蜀王李佶、威王李偘三王。如果说懿宗之前，宦官拥立皇帝多少还不那么明目张胆，从懿宗开始，他们就完全掌握了废杀诸王、拥立皇帝权力，外廷朝臣只是敢怒而不敢言，只能承认既成事实。

七月十八日，以懿宗名义所颁布的诏书称："册立李俨为皇太子，权句当军国政事。"十九日，懿宗在咸宁殿去世，终年四十一岁。遗诏以韦保衡为冢宰，僖宗李俨继皇帝位。八月十五日，僖宗追尊亡母王贵妃为皇太后，刘行深、韩文约都被晋封为国公。

懿宗驾崩后，懿宗身边的红人全部失势。司徒、门下侍郎、同平章事韦保衡就失去了靠山，很快他的仇人就告发了他的"阴事"（很可能还是韦殷裕所告之事），朝廷将韦保衡贬为贺州刺史，不久，再贬其为崖州澄迈县令，接着又将其赐死；韦保衡的弟弟、翰林学士、兵部侍郎韦保乂也被贬为宾州司户，心腹翰林学士、户部侍郎刘承雍（刘禹锡之子）被贬为涪州司马；乐工李可及也被流放到岭南。懿宗对李可及宠爱有加，一次，李可及娶儿媳，出手大方的懿宗送给李可及两个银酒壶作为贺礼，李可及端起酒壶，却发现里面装的全是珍宝。曾任神策左军中尉的西门季玄曾多次在懿宗面前劝谏，但懿宗就是不听。还有一次，懿宗又赏赐给李可及很多财物，李可及用公家的车辆满载而归。西门季玄说道："将来，你被抄家，这些财物还将用公车拉回。这不是受赏，只是辛苦牛腿罢了！"等李可及被流放，果然如西门季玄之言。显然，李可及并没有多大罪过，他的罪过就是家财太多，让宦官们眼红而已。

按例加封西川节度使路岩为兼侍中，成德节度使王景崇为中书令，魏博节度使韩君雄、卢龙节度使张公素、天平节度使高骈为同平章事。十月四日，晋升尚书左仆射萧倣为门下侍郎、同平章事。十二日，大赦天下。十一月七日，调西川节度使兼侍中路岩为荆南节度使，十二月再贬其为新州刺史。同月，下诏送佛骨回法门寺。据《剧谈录》记载，懿宗去世后，长安街头扎起来的众多佛像，全被拆毁。《阙史》记载，佛骨被送回时，再无当时的盛况，仪仗也很简单，人们也没有了过去的热情，"去岁徒众，万无一来，循路见者，顶别而已。"

六八一　新贵登场

刘行深和韩文约之所以拥立李俨，就是看中了他贪玩。

《卢氏杂说》记载，僖宗还是藩王时，就喜欢踢球，有“练腿”之语。《续世说》称，僖宗皇帝好蹴毬、斗鸡为乐。自以能于步打（由马球发展而来，类似今天的曲棍球），对俳优石野猪说：“朕如果当步打进士，也能考上个状元。”石野猪说道：“假如遇上尧舜禹汤当礼部侍郎，陛下就不免要落第了。”僖宗笑笑而已。《续秀万花谷》称，僖宗喜欢斗鹅，经常驾临六王宅、兴庆池，与诸王一起斗鹅。一只鹅价十万钱。《虚谷闲抄》记载：“僖宗聪睿强记，好驰骋，记诸色博弄，无不周遍。”《补录记传》称，僖宗自普王继位，幼而多能，从来就不会围棋，一天夜里，梦见有人把《棋经》烧成灰烬让他吃下，醒来后，竟然已经深通棋理了。显然，李俨虽然聪明，却是一个被惯坏了的纨绔子弟，其个人形象正符合昔日的权宦仇士良挑选皇帝的要求。

僖宗继位时，唐朝内外情况都已十分不妙：第一，朝廷财政已濒临枯竭，原因正如僖宗广明元年（公元 880 年）宰相卢携、豆卢瑑所说的那样：“自咸通以来，蛮两陷安南，一入黔中，四犯西川，征兵运粮，天下疲敝，逾十五年。租赋太半不入京师，三使、内库由兹空竭。”第二，人们生活非常困苦，社会贫富差异很大。晚唐诗人于濆的《田翁叹》就写出了当时的情况：“手植千树桑，文杏作中梁。频年徭役重，尽属富家郎。富家田业广，用此买金章。昨日门前过，轩车满垂杨。归来说向家，儿孙竟咨嗟。不见千树桑，一浦芙蓉花。”第三，当时的吏治已非常腐败。《全唐文》存录的翰林学士刘允章《直谏书》称，官员滥进情况严重，主要有八个途径：一是节度使奏改；二是用钱买官；三是诸色功优；四是从武入文；五是虚衔入仕；六是改伪为真；七是媚道求进；八是无功受赏。第四，宦官权力进一步膨胀。僖宗继位后，宦官集团的权力得到进一步扩大，过去，外朝宰相还有一定的权力，而到了僖宗时期，宦官已完全控制了朝廷的决策权，《旧唐书·僖宗》史臣曰："恭帝冲年缵历，政在宦臣。"

尽管如此，由于懿宗奢靡无度，拒谏饰非，大臣尔虞我诈，醉生梦死，朝廷上下到处弥漫着一股追欢逐乐的末世之风，身处当时的诗人韦庄写的《贵公子》就反映了这种情况："大道青楼御苑东，玉栏仙杏压枝红。金铃犬吠梧桐月，朱鬣马嘶杨柳风。流水带花穿巷陌，夕阳和树入帘栊。瑶池宴罢归来醉，笑说君王在月宫。"

僖宗即位之后，到咸通十五年（本年此后改元为乾符元年、公元874年）一月二十七日，翰林学士卢携就上书，认为："陛下刚刚登基，应该特别关心民生。国家有了百姓，就好像是草木有了根一样，如果秋冬之际施肥灌溉，等到来年春夏就能生长茂盛。臣私下看到关东去年以来发生旱灾，从虢州一直到东海，小麦收成才及过去的一半，秋庄稼更是颗粒无收，冬天百姓的蔬菜更是很少，家境贫寒的只能将蓬草的种子磨成面，搜集槐树叶捣碎当菜吃。还有比这更悲惨的人家，无法逐一列举。常年歉收，百姓只能流亡到别处，可是，如今到处都在闹饥荒，已经无处可去，只能坐困家中等死。朝廷所谓的赦免赋税，实际上就算不赦免，也无税可征，就算这样，而州县却因必须向三司上贡，督促很急，动辄鞭打，百姓们即便拆掉房屋，卖掉妻子，也只够税收人员的一顿饭钱，根本送不到仓库之中。另外，在正常赋税之外，还有杂税，朝廷倘若不加以安抚，百姓实在是无法生存了。请求下诏命令各州县，凡是百姓拖欠的赋税一律暂时停征，等到秋季再说，并打开常平仓，速速赈济饥民。等到晚春之后，树木、野菜开始发芽，桑葚也开始成熟了，百姓就可以拿来充饥了。从现在往后的数月之间，百姓最为困窘，应该马上行动起来，再也不能耽误了。"僖宗下诏予以采纳，然而，各部门并不执行，诏书也只是一张废纸而已。

显然，新君即位，朝廷大员们都忙着重新分割权力，谁还有心思关心民瘼呢？继咸通十四年贬死韦保衡之后，得势朝臣也不放过曾经跋扈的路岩。

咸通十五年年初，被贬为新州刺史的路岩，行至江陵，又接到了朝廷削去其官爵、流放到儋州的诏命。路岩原本容貌俊美，但被打入江陵大牢中后，仅仅过去两天两夜，头发胡须一下子都变白了，很快，一道赐死诏书随后也来了。路岩担任宰相时，曾密奏懿宗请求："凡是三品以上赐死的，都要令使者剔取死者三寸喉结呈上，以备查验。"此时，他自己也被剔取了喉结，身死之处正是杨收被赐死的地方。他的心腹边咸、郭筹也被抓获斩首。当初，路岩曾任崔铉的部下，崔铉预见到他将来一定会大富大贵，说道：“路十（路岩排行第十）终归是要做到那个官（指宰相）的。”不久，路岩就入朝当上了监察御史，十年不出京城就做到了宰相，而当路岩当上翰林学士时，崔铉还在淮南，原地踏步，听说后说道：“路十这么年轻就已经入了翰林院，如何能活到老！”此后均证实了崔铉的预测。

在清除路岩、韦保衡一党的同时，懿宗一朝被打压的人物也一一得到提拔。咸通十五年一月，朝廷下诏任命太子少傅于琮为同平章事、山南东道节度使。二月，将赵隐罢相，外调为同平章事、镇海节度使；提拔华州刺史裴坦为中书侍郎、同平章事；虢州刺史刘瞻为刑部尚书。僖宗即位后，就给刘瞻平反了，从驩州司户提拔为虢州刺史。《中朝故事》记载，僖宗即位后，用老臣萧倣维持大局，萧倣举荐刘瞻代替自己。僖宗调任刘瞻为康州刺史，又改为虢州刺史。刘瞻行至湘江时，正遇上韦保衡被贬南下，刘瞻家人在船上痛骂韦保衡，韦保衡约束家人，无言以对。李庾正担任湖南观察使，给刘瞻接风。席间，刘瞻唱《竹枝词》送给李庾：“蹑履过沟，竹枝恨渠深女儿。”命李庾应和。李庾说不会，给刘瞻敬酒，刘瞻将酒杯摔到一旁，说道：“你只会写诏书啊！”当晚，李庾喝下毒酒自杀了。刘瞻被征召入朝时，长安两市居民凑钱雇来戏子欢迎，刘瞻听说后，改变了回京日期，并改道进京了。五月，刚刚当上宰相两个多月的裴坦就去世了，僖宗晋升刘瞻为中书侍郎、同平章事。此时，朝中宰相分别为：萧倣、刘瞻、刘邺三人。

刘邺素来依附于韦保衡和路岩，刘瞻被贬时，刘邺也曾一起落井下石。等刘瞻拜相后，刘邺深恐刘瞻会报仇。八月一日，刘邺在盐铁院宴请刘瞻。酒后，刘瞻回家就生病了。八月十五日，刘瞻去世，时人都认为是刘邺毒死的。《中朝故事》也称，刘瞻系刘邺下毒毒死的。此后，刘邺出镇淮南，一个优伶在僖宗面前唱：“刘公出典扬州，庶事必应大治，民瘼康泰矣！”其余优伶齐唱：“真是药王菩萨啊！”其实是在讥讽刘邺。

裴坦、刘瞻相继去世，僖宗只好又晋升兵部侍郎、判度支崔彦昭为中书侍郎、同平章事。崔彦昭，字思文，清河人。大中三年进士及第，咸通初，累迁兵部员外郎，转郎中、知制诰，拜为中书舍人，又晋升为户部侍郎，判本司事。史称：崔彦昭“长于经济，儒学优深，精于吏事。前治数郡，所莅有声，动多遗爱”。

咸通末年，他被调任河东节度使，庞勋之乱后，北方回鹘屡屡骚扰边境，而沙陀各部也横行不法，崔彦昭恩威并用，河东大治。僖宗即位后，因宰相赵隐、高璩都是崔彦昭的同年进士，就推荐了他擅长财政，咸通十五年三月，召入朝廷，担任吏部侍郎，充诸道盐铁转运使。五个月后，拜相。史称：“杨收、路岩、韦保衡皆以朋党好赂得罪。萧倣秉政，颇革前弊。而彦昭辅政数月，百职斯举，察而不烦，士君子称之。”兵部侍郎王凝与崔彦昭是姨表兄弟，二人一起考进士，王凝先及第，曾在崔彦昭面前夸耀，还说：“进士科太难，你还不如去考明经科呢。”从此二人结下深仇。等崔彦昭拜相后，其母对婢女说：“给我多做些鞋袜，王侍郎母子一定要被贬谪了，我要和我的妹妹同行。”崔彦昭在母亲面前跪下哭泣，说道：“孩儿一定不敢。”王凝由此躲过一劫。

到了十月，僖宗又以门下侍郎、同平章事刘邺为同平章事、淮南节度使，而以吏部侍郎郑畋为兵部侍郎、同平章事；翰林学士承旨、户部侍郎卢携以本官、同平章事。过去，皇帝驾临延英殿听政，散骑常侍不得参加，郑畋认为，散骑常侍是皇帝的顾问之官，应该参加，僖宗同意，并定了规矩。岭南之兵的军需物资都由岭北五道供应，很多运粮船都沉没了，郑畋建议请求把岭南的盐铁专卖权交给岭南东道节度使韦荷，每年拿出海盐利润四十万钱购买虔州、吉州的粮食，供应安南的驻军，取消了荆南、江西等道的漕运，安南的军粮也得到了保证。此后，岭南供军副使王师甫请求兼任总兵，每年再给朝廷多进贡二十万钱，郑畋反对道：“韦荷有功，而王师甫以钱财引诱朝廷，企图夺去韦荷的兵权，不可。”卢携，字子升，范阳人。大中九年进士及第，授集贤校理，后担任藩镇幕僚，咸通中，入朝为右拾遗、殿中侍御史，累转员外郎中、长安县令、郑州刺史。再入朝担任谏议大夫。僖宗即位后，晋升为翰林学士、中书舍人，户部侍郎、翰林学士承旨。史称：卢携“姿陋而语不正，与郑畋俱李翱甥，同位宰相，然所处议多驳”。《北梦琐言》记载，郑畋与卢携是亲戚，门第、才学都相差无几，两人担任宰相其间，却因公事不和闹得很不愉快，先是开口相骂，继而拿起瓦块、砚台相打，很不成体统。《唐语林》也记载，二人是表兄弟，后来因政务发生口角、打斗。王铎笑道：“真想不到中书省内竟然还会发生瓦块武斗之事啊！”

经过这一番调整，僖宗初步建立起一套自己的行政班子，到该年年底，朝廷重臣分别是：司空兼同平章事萧倣，同平章事崔彦昭（中书侍郎）、郑畋（兵部侍郎）、卢携（户部侍郎），盐铁转运使王凝（兵部侍郎），神策左军中尉刘行深，神策右军中尉韩文约（年底退休），枢密使田令孜。

六八二 高骈退敌

田令孜，字仲则，蜀人，本姓陈氏。

懿宗时期，田令孜跟着义父进入内侍省担任宦官，此人略通文墨，有谋略，曾任小马坊使。李俨当普王时，与田令孜关系亲密，吃住都在一起。等李俨即位后，就提拔田令孜担任了枢密使，等韩文约退休后，僖宗就提拔他担任了神策右军中尉。僖宗即位后，还是十分贪玩，把军国政务全都交给了田令孜处理，尊称田令孜为“阿父”。田令孜知道僖宗不足畏惧，遂大肆招权纳贿，拜官以及赏赐绯、紫官服根本不禀报僖宗。每次田令孜来见僖宗，总是随身拿着两个果盘，与僖宗二人相对而坐，一边闲谈，一边吃喝，根本不提朝中政事，闲谈了很久才从容退下。僖宗与内园小儿游戏，赏赐乐师、伎女动辄上万钱，很快内库就没钱了。田令孜让内园小儿尹希复、王士成等人劝说僖宗下令搜刮长安两市商户以及旅客的金银财宝，全部送入内库，有谁胆敢告状，一律交付京兆府用棍棒打死。朝中宰相知道了，也无人敢提异议。

咸通十五年十一月五日，冬至，群臣给僖宗上尊号为圣神聪睿仁哲孝皇帝，改元为乾符元年。同月，魏博节度使韩允中去世，军中拥立其子节度副使韩简为留后。也就在这个月，南诏军队又一次入侵西川，他们在大渡河上修建浮桥，开始渡河。防河都知兵马使、黎州刺史黄景复等南诏人渡过一半时，向敌人发起了进攻，南诏军队败退而去，唐军随后摧毁了浮桥。南诏人不甘心失败，在正面阵地上竖起了很多旗帜，却分兵偷偷移动至上游、下游各二十里，连夜修建浮桥，等到次日清晨，全军都渡过了大渡河，击破了唐军沿河的各座营寨，夹击黄景复。黄景复率领唐军苦战三天，然后，他率部佯装败退，南诏军队悉数追击，谁知黄景复早已设下了三层伏兵，等南诏人通过三分之二时，伏兵突然杀出，南诏军队措手不及，顿时被杀得大败，唐军一直追杀到大渡河南岸才返回，共计杀死敌军两千余人，又重新整修了防御工事，固守在北岸。南诏人在撤军途中，行至之罗谷（今地不详），遇到国内的增援部队，又掉头杀回，与唐军隔河对峙。南诏军队声势浩大，鼓声数十里都能听到，他们谎称求和，再次从上下游偷渡，与唐军激战数日。西川援军迟迟没有到来，而南诏军队却越来越多，黄景复所部终因众寡不敌，最终溃败。

十二月，党项、回鹘人入侵天德军。南诏军队乘胜攻克了黎州（今四川省汉源县），穿越邛崃关（在今四川省汉源县北），进攻雅州（今四川省雅安市）。黄景复的败兵逃入邛州，成都居民也是一片惊恐，百姓争相入城，有的逃奔其他州县。成都城内加强战备，比往年更加坚固。南诏皇帝酋龙派遣其宰相给西川节度使牛丛下书称：“我不敢侵扰，只是想面见天子，当面陈诉数十年来被奸臣离间冤屈之事，倘若天子哀怜，一定会回来与大人永远和睦相处。现在，我只是想向贵府借道，暂时借蜀王宫留宿数日，即行北上。”牛丛素来胆小怕事，真的就要答应下来，杨庆复以为不可，当即下令斩杀了南诏的两位使者，留下两人，让他们带上复信回去。杨庆复在信中历数酋龙的种种罪行，极尽羞辱谩骂。南诏军队推进到新津就撤退了，牛丛唯恐南诏人会杀来，提前下令焚烧成都城外的民居，令成都居民都非常怨恨。

得知南诏入侵后，朝廷下诏命令河东、山南西道、东川军队前去支援，并命令天平节度使高骈赶赴西川负责抵御南诏。

乾符二年（公元 875 年）年初，高骈抵达剑州（今四川省剑阁县），先派人飞马赶往成都，通知大开城门。有人劝道：“敌人已经逼近成都，大人还离成都尚远，万一出现意外，将如何是好？”高骈回答：“我在交趾城击破南诏二十万大军，他们听说我来，逃窜还来不及呢，怎敢冒犯我成都！如今，天气向暖，数十万人挤在成都城内，活人和死人共处一地，污秽遍地，很快就会闹出瘟疫来的，再不可迟疑了！”高骈的使者来到成都，打开城门让百姓出城，各自恢复旧业，登城守备的也都解下铠甲，下来休息，军民大喜。南诏军队正在进攻雅州，听说高骈挂帅，派人求和，撤军而去。高骈上奏朝廷：“南诏小丑，容易对付。如今西川新兵老兵已经够用了，朝廷调派的长武、鄜坊、河东军队，徒劳花费，并请遣返。”朝廷只令河东军队返回了。

高骈来到成都，次日，调派五千步骑追击南诏军队。追至大渡河，杀死俘虏了很多敌人，生擒山蛮酋长数十人，押回成都后，一律斩杀。又修复了邛崃关、大渡河各座城堡，在戎州马湖镇（今四川省宜宾市）修筑城池，号称平夷军；在沐源川修筑城池，这些都是南诏人入川的必由之路，各布置数千人马驻守，从此南诏不再入侵。高骈召来黄景复，斥责其丢掉大渡河之罪，将其腰斩。高骈又上奏请求率领本部人马以及天平、昭义、义成等军共计六万人南下进攻南诏，朝廷下诏不许。过去，南诏方面的部长屡屡给唐朝朝廷写信，言辞怨恨，朝廷一律不予回复。卢携奏称："如此一来，南诏人将更加骄横，认为我们无言以对，应该历数其十代受恩的事实予以斥责。然而，由朝廷直接回复，似乎抬高了他们的身份，应该给高骈和岭南西道节度使辛谠下诏，让他们抄录诏书原文，送给南诏人。"僖宗同意了。

当初，南诏包围成都时，颜庆复从优招募突将抵御，最终保全了成都。突将分为左右两厢，每厢又设了两个虞候，一个负责治安，一个负责调兵，高骈上任后，取消了一个虞候；又以蜀地屡屡遭受兵灾，人们尚未完全恢复生产，财力有限，停发了突将们的俸禄，约定："等府库充实，就恢复原样。"原来规定，成都的团练兵，出战的待遇很好，不出战的，只负责文书、仓库等后勤工作，待遇减半。高骈认为："都是朝廷将士，待遇应该一致。"因此，战士们都很失望。高骈又迷信妖术，每次发兵追击敌人前，都要在夜里集合队伍，竖起大旗，对着将士们焚烧纸人纸马，朝地上撒些小豆，说："蜀兵懦弱，如今特派遣玄女神兵先行。"军中将士都深以为耻。高骈又命人检索出那些出身小吏的官员，一律予以停职；还命令民间使用足陌钱（足百钱，足额的钱数）进行交易，如果不足额支付，就予以逮捕，以行贿论处，交易双方都要处死。高骈刑罚严酷，蜀地百姓都十分不满。

乾符二年（公元 875 年）四月，突将作乱，呐喊着冲入衙门。高骈逃入厕所藏匿起来，突将没有找到。天平都将张杰率领本部数百人冲入衙门解救高骈，突将们抄起庭前仪仗兵器，没有兵器的赤手空拳，或者拿起木棍，满腔怒火与天平军将格斗，天平军不能抵挡，逃归军营。突将们追赶上来，营门紧闭，无法进入。监军命人安抚，突将们纷纷说道："本州虽然经历战乱，但府库完好，户口照旧，大人克剥军饷自肥，我们不堪忍受才作乱的。"监军答应让突将们官复原职，并照发俸禄，过了很久，突将们才返回军营。为了让突将们安心，还必须做做评判了事的样子，监军就策划让天平军打开了营门追杀一番。行至成都城北，当时数百民工正在修建球场，天平军一阵砍杀，将这数百无辜工人全部杀死，以顶替真正作乱的突将们。回到衙门，向高骈请功："已经全部诛杀了乱兵。"高骈厚厚地赏赐了他们。次日，高骈下令张贴公告，向突将们道歉，恢复了他们的官职、俸禄。从此以后，高骈下令让追随自己前来的各道士兵轮流到衙门值班，严密护卫自己。

突将叛乱着实让高骈吓得不轻，也让他久久不能释怀。他暗中派人秘密调查突将之名、家庭住所，到六月二十日，命令部队趁夜搜捕，包围突将们的家，破窗而入，不分老弱病残孕，全部驱赶出去杀掉。有的婴儿在台阶上被摔死，有的被摔死在门柱上，当天，血流成河，哭号声震天动地，被屠杀了数千人，趁夜将尸体投入江中。有一位妇女正在哺乳怀中的婴儿，临刑，一个老太婆很同情她，怀疑她怕死，就说："把孩子给我，我陪你去死。"那位妇女跳起身来，说道："我知道，只是先喂饱我的孩子，不能让孩子饿着被杀啊！"见到刽子手，她跪下叩拜说："哪有节度使抢夺战士们的口粮，激起众怒，你侥幸逃过一死，还不反省自己，还靠诈术滥杀近万无辜之人！国家王法何在啊？天地鬼神，岂能容你！我死，一定向上帝告发你，令高骈此贼将来全家被屠杀如我今日！冤屈羞辱如我今日！惊恐万状如我今日！"说完，她又叩头拜天，从容赴死。当地百姓听说后，都为之纷纷落泪。八年后，此女的诅咒终于应验到了高骈身上。

突将之乱让高骈着实吓得不轻，已变得神经质了，在大屠杀后，他又命人把那些在外戍守的突将们的名字记下来，分别团成纸团放入罐中，每当遇到心情不好时，就从罐中摸出纸团，或十个，或五个，交给部将李敬全执行斩杀。一个一直追随高骈的心腹王殷劝高骈道："相公信奉道教，应该好生恶杀，这些人都在外戍边，不与乱兵同谋，如果再行诛杀，那么，就会人人自危了。"高骈听了，就高兴起来，将罐子扔入池中，众人才放下心来。

六八三　黄巢起义（一）

高骈号称文武双全的名将，尚且如此凶残，其他藩镇武将可以想见。

当时的情况是：僖宗贪图享受、游玩无度，权贵卖官鬻爵、骄奢淫逸，宰相噤若寒蝉、明哲保身，文臣贪生怕死、朋比为奸，武将贪婪残暴、草菅人命，朝廷政在臣下、南衙北司势同水火，关东连年水旱灾害，州县不敢如实上报，上下相互蒙蔽；官府横征暴敛，百姓流离失所，冤情无处可诉，社会矛盾日益激化，人们相互聚集起来“为盗”，全国各地已比比皆是。各地州县武备废弛，根本不是强盗的对手，遇到强盗，往往失利，而这一切情况，僖宗还被蒙在鼓里，一概不知，正如《田令孜传》所云：“既所在盗起，上下相掩匿，帝不及知。”

晚唐诗人皮日休在他的诗歌《橡媪叹》中，就对当时百姓的悲惨生活做了一个真实的描述：“秋深橡子熟，散落榛芜冈。伛伛黄发媪，拾之践晨霜。移时始盈掬，尽日方满筐。几曝复几蒸，用作三冬粮。山前有熟稻，紫穗袭人香。细获又精舂，粒粒如玉珰。持之纳于官，私室无仓箱。如何一石余，只作五斗量。狡吏不畏刑，贪官不避赃。农时作私债，农毕归官仓。自冬及于春，橡实诳饥肠。吾闻田成子，诈仁犹自王。吁嗟逢橡媪，不觉泪沾裳。”他写于懿宗咸通七年庞勋之乱前的《三羞诗》之一，也详细描述了当年江淮遭遇旱灾、蝗灾，百姓的凄惨处境，在这首诗的序言中，他写道：“见颍民转徙者，盈途塞陌，至有父舍其子，夫捐其妻，行哭立，朝去夕死，呜呼！天地诚不仁耶？”诗中写道：“夫妇相顾亡，弃却抱中儿。兄弟各自散，出门如大痴。一金易芦卜，一缣换凫茈。荒村墓鸟树，空屋野花篱。儿童啮草根，倚桑空羸羸。斑白死路傍，枕土皆离离。”虽然该诗写的是数年前的情况，但僖宗即位后百姓的生活困顿状况，则有过之而无不及。咸通十二年的进士聂夷中在他的《咏田家》中也写过当时百姓的困境：“二月卖新丝，五月粜新谷。医得眼前疮，剜却心头肉。我愿君王心，化作光明烛。不照绮罗筵，只照逃亡屋。”

就在南诏军队入侵西川之时，不仅党项、回鹘、沙陀骚扰北方边境，而且全国各地的民变也是此起彼伏。乾符元年十二月，商州刺史王枢以政府财政困难，少给百姓折籴钱(税物折钱,使民输米粟,谓之折籴)，愤怒的百姓手持木棒，群起殴打官吏，又打死了两人。朝廷改派刺史李诰到任，逮捕百姓李叔汶等三十人，全部予以斩杀。此时的官民关系已经陷入一个压迫、反抗、镇压、激化、再反抗、再镇压的怪圈，与此同时，由于感化军被调往灵武防秋（抵御党项和回鹘），军镇兵力空虚,治安状况更趋于恶化,感化军上奏称,群盗四处劫掠,州县无法抵御。朝廷下令兖州、郓州等各道发兵前去镇压；等兖州等地军队抽调徐州之后，濮州（今河南省鄄城县)人王仙芝也开始在长垣(今河南省长垣县)聚集了数千百姓，揭竿而起，反抗朝廷。

乾符二年（公元875年）一月三日，王仙芝向各地发布檄文，自称天补平均大将军，兼海内诸豪杰都统，指斥朝廷官吏贪渎、无能，百姓赋税沉重，赏罚不公。王仙芝发布檄文后，当地政府再也无法向朝廷隐瞒了，但宰相们知道后，见王仙芝的檄文正说中了他们的痛处，深感羞耻，又向僖宗隐瞒了下来。就在王仙芝起兵不久，到了三月，由于南诏入侵，朝廷下令原本前往灵武防秋的感化军改去增援西川，他们还未行至成都，南诏军队就撤退了，朝廷又命他们继续前去灵武。这支部队一直在路上奔波，人人牢骚满腹，等行至凤翔时，军中吵嚷着要擅自返回徐州老家。内养王裕本、都将刘逢逮捕了胡雄等八个领头的，全部处死，然后才阻止了这次未遂哗变。

四月，就在成都突将发动兵变时，浙西的狼山也发动了兵变。浙东浙西由于裘甫之乱、徐州周边地区由于庞勋之乱，所以长期以来，这里的治安一直都不太好。浙西狼山（在今江苏省南通市一带）镇遏使王郢等六十九人在讨伐“群盗”过程中，立下了战功，而浙西节度使赵隐虽然赏赐给他们官位，却有名无实，不发给衣服、粮食，王郢等人向赵隐陈诉，赵隐却置之不理，这让将士们非常愤怒，遂劫掠仓库里的武器发动了兵变，一路上，接收了上万余众，相继攻克苏州、常州，然后，他们乘坐船只，从长江转入大海，当起了海盗，劫掠浙东、浙西、福建的沿海州县，给当地居民带来很大的灾难。

六月，王仙芝及其部将尚君长、柴存、毕师铎、曹师雄、柳彦璋、刘汉宏、李重霸等人率众攻克了濮州、曹州（今山东省菏泽市定陶区），已拥有部众数万。

高骈调任后新任的天平节度使薛崇是个儒将，他出兵讨伐，被王仙芝的义军击败。冤句（今山东省菏泽市西南马头集）人黄巢也组织起了一支数千人队伍，前去投奔王仙芝。如前所述，晚唐时期的食盐专卖政策，养肥了宦官集团、神策军和皇帝内库，却让百姓更加贫困，一些盐商无利可图，只好走上贩卖私盐的道路，朝廷不断加大对贩卖私盐的打击力度，然而，魔高一尺，道高一丈，这些贩卖私盐的盐商最终走上了一条武装贩盐的道路，地方政府武备不足，更让这些人的武装越来越壮大，而黄巢和王仙芝就是这种贩卖私盐的盐商。

黄巢，其家世代就是盐商，家境十分富裕。他擅长剑术、骑术，又会写文章，口齿伶俐，喜欢结交四海朋友。《贵耳集》记载，黄巢五岁时，陪着祖父一起吟咏菊花。其父还没想出，黄巢脱口而出："堪与百花为总首，自然天赐赭黄衣。"黄巢的父亲听了，要打黄巢，其祖父说道："孙儿会赋诗，但不知轻重，可以让他再赋一首。"黄巢又说道："飒飒西风满院栽，蕊寒香冷蝶难来。他年我若为青帝，移共桃花一处开。"据明代郎瑛《七修类稿》引《清暇录》记载，黄巢长大后，曾经参加几次科举考试，都名落孙山，气愤之余写下了另外一首著名的咏菊诗《不第后赋菊》："待到秋来九月八，我花开后百花杀。冲天香阵透长安，满城尽带黄金甲。"这首诗对后世影响很大，郎瑛继续写道："尝闻我太祖（朱元璋）亦有咏《菊花》诗：'百花发，我不发；我若发，都骇杀。要与西风战一场，遍身穿就黄金甲。'人看二诗，彼此一意：成则为明，而败则为黄也。"

唐末，在曹州一带流传着一句民谣："金色虾蟆争努眼，翻却曹州天下反。"黄巢喜乱，也带上自己八名亲信，招募了数千人，投奔了王仙芝。王仙芝和黄巢合兵一处，攻克劫掠州县，横行于山东境内，穷苦百姓纷纷加入起义军的队伍里，数月之间，人数已至数万。

在王仙芝、黄巢纵横山东之时，全国各地也不断爆发兵变、民变、蝗灾、旱灾。五月，司空、同平章事萧倣去世，六月，僖宗以御史大夫李蔚为中书侍郎、同平章事。李蔚，字茂休，开成末进士及第，入仕担任襄阳从事。会昌末年，拜为监察御史，转殿中监。大中七年，以员外郎知台杂，不久知制诰，转郎中，正拜中书舍人。咸通五年，权知礼部贡举。六年，拜礼部侍郎，转尚书右丞。懿宗佞佛，李蔚上书劝谏，懿宗虽不能接受，但下诏予以褒奖，不久拜为京兆尹、太常卿。

同月，幽州发生兵变。卢龙节度使张公素残暴，不得军心。大将李茂勋，原本是回鹘阿布思一族，阿布思战败后，投降了张仲武；张仲武命其守卫北方边地，屡立战功，被朝廷赐名。纳降军使陈贡言是幽州老将，素来为幽州将士所信服，李茂勋偷偷杀掉了陈贡言，率军朝蓟县杀来，谎称是陈贡言的军队；张公素率军出战，战败，逃往京师。李茂勋入城，众人才发现并非陈贡言，不得已，只好拥立他为主，朝廷遂以其为幽州留后。次年，李茂勋自请退休，朝廷改以其子李可举为卢龙节度使。七月，关中地区蝗虫遮天蔽日，从东向西而来，所到之处，庄稼颗粒无存。京兆尹杨知至却上奏称："蝗虫进入京畿地区，不吃庄稼，一个个抱着荆棘而死。"僖宗君臣竟然都"相信"了这种弥天大谎，宰相崔彦昭、郑畋、卢携、李蔚纷纷向僖宗道贺。九月，左补阙董禹上书劝谏僖宗不要游猎、骑驴打球等，僖宗赏赐给他金银，以示褒奖。邠宁节度使李侃上奏请求给养父华清宫使李道雅追赠官职，董禹再次上书反对，言辞触怒了宦官。枢密使杨复恭（杨钦义养孙）等高级宦官集体到僖宗跟前陈诉。十月，僖宗将董禹贬为郴州司马。昭义军发动兵变，大将刘广驱逐节度使高湜，自任留后。朝廷任命左金吾大将军曹翔担任昭义节度使。

除了王仙芝、黄巢的起义军之外，淮南（治所今江苏省扬州市）、忠武（治所今河南省许昌市）、义成（治所今河南省滑县）、宣武（治所今河南省开封市）、天平（治所今山东省东平县）等地百姓纷纷起来造反，每一支义军少则数百人，多则千余人，他们纵横驰骋，四处劫掠，朝廷赶忙下令这五个军镇火速发兵讨伐，并予以招安。十二月，王仙芝和黄巢向东进攻沂州（今山东省临沂市）。平卢节度使宋威及其副使曹全晸屡屡击败义军，宋威上书请求朝廷分派一支五千人的军队，设置一名军使，专门负责清剿变民，并统领本道军队一起讨伐。朝廷遂以宋威为诸道行营招讨草贼使，调派三千禁军、五百战马归其指挥，又下诏河南军镇派遣讨伐变民的军队都归宋威统领，又任命左散骑常侍曾元裕担任招讨副使。

六八四 黄巢起义（二）

到乾符三年（公元 876 年），各地兵变、民变继续蔓延。正如晚唐诗人罗隐在《上招讨宋将军书》中说的那样："朝廷以咸通九年，彭虺肆螯，而东南一臂，为之枯耗。其后吴卒以狼山叛，则东西浙之筋力殆矣……所以不幸者，江南水，钟陵火，沿淮饥，汴滑以东螟，故无赖辈，一食之不饱，一衣之不覆，则磨寸铁，挺白棒，以望朝廷姑息。"

首先说王仙芝、黄巢的起义军。

宋威的建议被朝廷采纳后，很快就改变了各个军镇各自为战的局面，扭转了唐军在战场上的不利态势。宋威率领禁卫军、各道讨伐军直扑沂州，在沂州城下大破义军，王仙芝逃走。宋威上奏称已经杀死了王仙芝，遣散了各道讨伐军，自己则率部返回了青州（平卢军治所）。朝廷群臣都向僖宗道贺。三日后，州县上报，王仙芝还活着，仍在四处劫掠。当时，各道讨伐军刚刚返回休整，朝廷又下诏重新征召，士兵们都非常气愤，人人思乱，一时难以集中，这给了王仙芝一个绝好的机会。

八月，王仙芝乘虚西进，跳出了官军主力的包围圈，相继攻克了阳翟（今河南省禹州市）、郏城（今河南省郏县）。朝廷匆忙下诏命令忠武节度使崔安潜（崔慎由之弟）发兵讨伐；命令昭义节度使曹翔率领五千步骑以及义成军保卫东都皇宫，以左散骑常侍曾元裕守卫东都；命令山南东道节度使李福挑选两千步骑把守汝州（今河南省汝州市）、邓州（今河南省邓州市）的交通要道。王仙芝率部逼近汝州，朝廷另下诏邠宁节度使李侃、凤翔节度使令狐绹挑选一千步兵、五百骑兵进驻陕州（今河南省陕县）、潼关。

九月二日，王仙芝率领义军攻克了汝州，抓获汝州刺史王镣（王铎的堂兄弟）。汝州距离东都洛阳仅一百七十里，汝州陷落后，东都洛阳军民一片惊恐，纷纷携家带口逃出城去。十一日，朝廷见义军越战越强，采取招安之策，下诏赦免了王仙芝、尚君长之罪，给二人任命了官职，派人前去招降。与此同时，王仙芝又攻克了阳武（今河南省原阳县），之后又向郑州杀来。昭义监军判官雷殷符率军驻扎在中牟（今河南省中牟县），向义军发起进攻，义军战败南逃。

十月，王仙芝率部南下，再次打乱了朝廷的部署，向南进攻唐州（今河南省泌阳县）、邓州（今河南省邓州市）。关东各州县都害怕义军，个个闭城固守，故义军得以纵兵四处劫掠，不久，再次将宋威兵团甩在身后，继续南下，进入湖北，相继攻克了郢州（今湖北省京山县）、复州（今湖北省天门市），“所过焚剽，生人几尽”。唐军疾追，义军就扔下财物，唐军纷纷捡拾，各军都逗留不前，义军得以顺利脱身。

十二月，王仙芝率领义军又转而向东北杀出，进攻申州（今河南省信阳市）、光州（今河南省光山县），劫掠随州（今湖北省随州市），活捉了随州刺史，并乘胜占领了安州（今湖北省安陆市），此后，以此为据点，分兵进击庐州（今安徽省合肥市）、寿州（今安徽省寿县）、舒州（今安徽省潜山县）、光州（今河南省光山县）等州。

当时，讨伐军主帅宋威已经年老，暗中与副使高元裕商议：“昔日，庞勋已灭，康承训就被朝廷贬谪了。我们就算成功了，能免祸吗？不如留着叛贼，万一人家打下了天下，我们也不失做个功臣。”显然，像宋威这样的唐朝重臣，已经对唐王朝失去了信心。有了这个想法，唐军行动消极，只是与义军保留三十里的距离，始终跟着而不进攻。

淮南节度使刘邺上奏请求朝廷增兵，僖宗下诏命令感化军节度使薛能挑选数千精兵南下救援。宰相郑畋因自己的建议不被采用，提出辞职，僖宗不许。郑畋遂上言，认为：“官军自从沂州大捷后，王仙芝却越来越猖狂，劫掠屠杀五六个州，数千里之间满目疮痍。宋威衰老多病，自从其谎报军情以来，各道将士对其很不服气，如今，他率军停留亳州，毫无进攻叛军之意。曾元裕率军驻扎蕲州、黄州之间，只想望风退缩。一旦叛军攻克扬州，则朝廷就失去了长江以南。崔安潜威望过人，张自勉是骁勇良将，宫苑使李琢是西平王李晟之孙，治军严厉，又非常勇敢。请求陛下任命崔安潜为行营都统，李琢为招讨使，取代宋威，以张自勉为副使代替高元裕。”崔安潜，字进之，是前宰相崔慎由的弟弟，他出身名门，大中三年进士及第，懿宗朝历任江西观察使、忠武军节度使。王仙芝西进河南之后，崔安潜第一个请求朝廷各道会剿，义军不敢进犯许昌境内。李瑑，是李听之子，原安南都护李涿已死十三年了，如前所述，并非同一人，《新唐书》称，李瑑时任鸿胪卿。张自勉，《新唐书》称，其时任右威卫上将军。对于宋威的心思，明眼人都看得出来，罗隐在《上招讨宋将军书》中就说："今闻群盗已拔睢阳二城，大梁亦版筑自固，彼之望将军，其犹沸之待沃压之待起也。而将军朱轮大旆，优游东道，抑不知朝廷八十三州奉将军侍卫者乎？复俾将军诛剪草寇者乎……自将军受命，迄今三月，关东之惨毒不解，杀伤驱辇之不已，乃将军为之，非君长仙芝所为也。"朝廷自然也看出了宋威的心思，就采纳了郑畋的意见，于乾符三年十二月，罢免了宋威招讨使一职，而以崔安潜为行营都统，李瑑代替宋威，张自勉代替高元裕。

招讨副使、都监杨复光（杨玄价养子）上奏称，尚君长弟弟尚让盘踞嵖岈山（今河南省遂平县西），官军退守邓州。

同月，王仙芝又率众折向西南，进入蕲州（今湖北省蕲春县）、黄州（今湖北省黄冈市）境内。蕲州刺史裴渥（前宰相裴休的侄儿）是王铎知贡举时选拔的进士，当时，王铎的堂兄弟、汝州刺史王镣被义军扣留，就替王仙芝给裴渥写信，裴渥与王仙芝约定，双方休战，并答应替王仙芝奏请朝廷招安，王镣也说服了王仙芝接受了这一条件。裴渥打开城门，请王仙芝、黄巢等义军三十余名将领入城饮宴，并送给王仙芝等人很多财物，替王仙芝给朝廷上奏请官。

此时，崔彦昭已被罢相，改任太子太傅，尚书左仆射王铎被拜为门下侍郎、同平章事，宰相分别是：王铎、郑畋、卢携、李蔚。其他宰相们都说："先帝不赦免庞勋，一年之内最终将其平定，如今王仙芝一个小小的蟊贼，非庞勋可比，赦免其罪过，任命其官职，会滋长更大叛乱。"但在王铎反复请求下，僖宗最终还是同意了，遂任命王仙芝为左神策军押牙兼监察御史，派遣中使赶赴蕲州，将委任状送交王仙芝。王仙芝接到任命后，不禁大喜，王镣、裴渥也纷纷向其道贺。二人还未告退，黄巢见朝廷没有给自己官职，勃然大怒，说道："一开始起义时，我们一起立下誓言，当横行于天下，如今，你独自一人接受官职去神策左军，让这五千余众到何处安身！"当即挥拳就朝王仙芝打去，打破了王仙芝的脑袋，义军部众更是喧哗吵闹，乱作一团。王仙芝见众怒难犯，遂不敢接受朝廷的任命，大肆劫掠蕲州城，城中之人一半被裹挟，一半被杀，然后焚毁了城池，裴渥逃奔鄂州，中使逃奔襄州，王镣又被义军扣押。

经过这次内讧，义军一分为二：三千余人归王仙芝、尚君长，北上进入陈州、蔡州；二千余人追随黄巢，则回到山东一带。

乾符三年除了王仙芝、黄巢义军搅乱了河南、湖北，全国的其他地方也不太平。

天平军：本年一月，天平军上奏称，本镇所派将士张晏等人在救援沂州后，行至义桥（今山东省临沂市西），朝廷听说沂州北境还有盗匪，命令他们继续留在沂州。张晏等人拒不从命，鼓噪返回郓州（今山东省东平县、天平军治所）。都将张思泰、李承祐出城与哗变士兵撕裂衣袖盟誓，拿出俸禄一一安抚，大家才安定下来。朝廷下诏由本镇负责处置，不得再行追究。

东南沿海：王郢海盗继续猖獗。二月，朝廷下诏命令福建、江西、湖南各道观察使、刺史，均加强练兵，同时下令，全国各地农村都要配备弓箭、刀枪、鼓角，以防备盗匪。七月，朝廷又任命岩州刺史高杰为左骁卫将军，充缘海水军都知兵马使，发兵讨伐王郢。此后，王郢通过温州刺史鲁寔请降，鲁寔屡次向朝廷替王郢请命，僖宗下诏命令王郢前来京师。王郢拥兵，迟延半年也不肯进京，恳求朝廷任命其为望海镇使，但朝廷没有答应，而是任命其为太子右率府率，并可以在神策左军担任要职，允许其先前劫掠的财物仍归其所有，但王郢没有表态。

原州：原州（今宁夏回族自治区固原市）刺史史怀操贪婪残暴，四月，发生兵变，乱兵将其驱逐。

徐州：四月，朝廷给宣武、感化、泗州防御使下密诏，要求他们挑选数百名精兵在辖区巡逻，以确保漕运安全，每五天要上报一次情况。

西川：南诏派遣使者向高骈求和，但仍然不断骚扰唐朝边境，高骈将其使者斩杀。南诏攻陷安南时，掳掠了安南经略使判官杜骧的妻子李瑶，而李瑶是唐朝宗室。南诏人把李瑶送回，让李瑶给高骈捎来了一封书信，信中言辞十分傲慢。高骈将李瑶送回京师，三月二十六日给南诏人回信，历数其忘恩负义之罪，安南、大渡河战败之状，将他们羞辱一番。继而，高骈下令修筑成都外城，命僧人景仙设计，周长二十五里，命令下属县令亲自监工，凡是收受一百钱贿赂的，一律处死。西川的土质疏松，于是把土烧成砖块砌墙，土是从城外十里之内的土山上取的，不得在耕地上取土，影响耕种；服劳役的每十天一轮换，百姓们觉得这很公平，出工都很积极。成都外城从八月开始修筑，到十一月就建成了。在修建之初，高骈担心南诏人会入侵，就算不会真的入侵，单单放出话来，也必然引发工匠们的恐慌。高骈就奏请朝廷令景仙以云游之名前往南诏，说服酋龙归顺唐朝，并答应把公主许配给他，又故意在两国的见面礼仪上反复协商，迟迟定不下来。高骈又谎称要巡视边防，令南诏国内非常惊慌，因此，一直到成都外城建成，南诏人也不敢采取任何行动。过去，西川使者来到南诏国，酋龙都是坐着接受叩拜，高骈知道南诏人信奉佛教，特意派遣景仙前往，果然景仙到后，酋龙及其臣下亲自迎接，还十分相信景仙的话。

桂州：桂管监军李维周为人骄横，桂州观察使李瓒（李宗闵之子）对他曲意逢迎，但仍然无法令其满足。桂管只有守军八百名，其中只有一百名属于观察使统领，其余七百人都归监军统领。十二月，青州和沧州的戍边将士从安南返回时，途经桂州，在李维周的指使下，这些士兵发动兵变，赶走了李瓒。李维周强行夺取了观察使和防御使两个大印，擅自任命州县官吏，还强行扣留了昭州上缴给本道的赋税。朝廷又任命右谏议大夫张禹谟为桂州观察使。

六八五　黄巢起义（三）

到乾符四年（公元 877 年），兵变仍在各地蔓延。

四月，陕州兵变，驱逐了观察使崔碣，朝廷将其贬为怀州司马，以给事中杨损（杨嗣复之子）为陕虢观察使。杨损到任后，诛杀了兵变头领。六月，忠武都将李可封戍守边地，率军返回，途经邠州，强迫节度使偿还拖欠的军饷，留在当地四天，令朝廷一片惊恐。七月，等李可封等人回到许昌后，节度使崔安潜将他们全部诛杀。八月，盐州发生兵变，驱逐了刺史王承颜，僖宗下诏派遣高品宦官牛从珪前去安抚，将王承颜贬为象州司户。牛从珪从盐州回京时，军中推举大将王宗诚为刺史，僖宗下诏命王宗诚进京，赦免了将士们的罪过。十月，邠宁节度使李侃上奏称，已经派兵前去讨伐王宗诚，将其斩杀，平定了余党。同月，河中发生兵变，乱兵驱逐了节度使刘侔，四处放火劫掠。朝廷任命京兆尹窦璟担任河中宣慰制置使，不久就任命其为河中节度使。

乾符四年发生的这几次兵变表明，晚唐军镇节度使与下层将士们的关系已经陷入一个难以解决的怪圈：一方面，军镇节度使贪婪残暴，克扣将士军饷，激起士兵们的普遍不满，忠武这次未遂哗变就是这个原因；另一方面，由于官兵关系趋于恶劣，进而导致军纪涣散，骄横之兵大量存在，一些循规蹈矩的节度使为了整顿军纪，也让这些骄兵们不满，进而引发另一类的兵变，像盐州兵变、陕州兵变就是如此。陕州观察使崔碣和盐州刺史王承颜，都是很有政绩的地方官，因整肃军纪而被驱逐，而朝廷却不分青红皂白，与那些贪腐而导致兵变的官员一起贬谪。

乾符四年年初，活动在浙东的海盗王郢将温州刺史鲁寔引诱到船中，扣押起来。朝廷听说后，任命右龙武大将军宋皓为江南诸道招讨使前去讨伐，除了先前征调的各道军队之外，又增调忠武、宣武、感化三道以及宣州、泗州两州的军队，新旧军队合计一万五千余人，均受宋皓的统领。二月，王郢攻克了望海镇（今浙江省宁波市东北），劫掠明州（今浙江省宁波市），接着又攻克了台州（今浙江省临海市），台州刺史王葆退守唐兴（今浙江省天台县）。朝廷又下诏命令浙东、浙西、福建分别出动水军前去讨伐。王郢率部横行于浙西境内，镇海节度使裴璩严兵固守，不与之交战，而暗中劝诱王郢同党朱实，朱实投降后，被朝廷任命为金吾将军。朱实的投降，给王郢以沉重打击，义军六七千人同时归降，朝廷缴获武器二十余万件，还有大量的船只、粮食。朱实投降后，王郢势力大损，搜集余党，逃往明州，甬桥镇遏使刘巨容用筒箭将王郢射死，浙东王郢之乱遂被平定。裴璩，史书无传，《北梦琐言》仅说了此人吝啬。《资治通鉴》称此人系裴谞的从曾孙。刘巨容，徐州人，年少曾向著名的道士轩辕集学道，科举考试屡屡没有考中，后弃文从武，考中了武科进士，被任命为徐州大将。庞勋反叛时，刘巨容系都将王仲甫的部将，从叛军中脱离，被朝廷授予甬桥镇遏使，此次他杀死王郢之后，被朝廷拜为明州刺史，后又调任楚州团练使。

乾符四年年初，南诏皇帝酋龙也去世了。酋龙即位以来，一直与唐朝为敌，两国都因之非常疲敝。酋龙去世后，被追谥为景庄皇帝。其子法继位，改元贞明承智大同，改国号为鹤拓，又号大封人。鹤拓国王法喜欢游猎、饮宴，将国事都交付给大臣处理。乾符四年闰一月，岭南西道节度使辛谠上奏称，鹤拓派人前来求和，并称："各道驻扎邕州的守军时间长了，粮运耗费巨大，令中国疲敝，请求答应与之和解。"朝廷同意了。辛谠派遣大将杜弘等人携带礼物前往南诏，签订和平协议，邕州只留下荆南、宣歙的军队，其余各道军队减少十分之七。

回过头来继续说王仙芝、黄巢起义。

王仙芝和黄巢在沂州败于宋威之后，其转战路线《新旧唐书》与《资治通鉴》各说有异，但大体上是：先西进威逼汴州、宋州、颍州、陈州，破阳翟、阳武、汝州，继而南下唐州、邓州，又纵横驰骋于江汉平原一带，活动范围包括今河南省东北部、南部，安徽省西北部、中部，湖北省大部。其间，义军沿途招徕了大批贫苦百姓，比如，朱温兄弟（《旧五代史》卷一云："唐僖宗乾符中，关东荐饥，群贼啸聚。黄巢因之，起于曹、濮，饥民愿附者凡数万。帝乃辞崇家，与仲兄存俱入巢军，以力战屡捷，得补为队长。"）、刘康乂（《旧五代史》卷二十一云："寿州安丰县人也。以农桑为业，唐乾符中，关东群盗并起，江、淮间遍罹其苦，因为巢党所掠。"）、邓季筠（《旧五代史》卷十九云："宋州下邑人也。少入黄巢军……"）、黄文靖（《旧五代史》卷十九云："金乡人。少附于黄巢党中……"）、李重允（《旧五代史》卷十九云："宋州下邑人。状貌雄武，初在黄巢党中，推为刚鸷。"）等等，壮大了力量。

关于王仙芝在蕲州接受朝廷招安未果以及黄巢殴打王仙芝最终导致义军分裂之事，由于各书记载很不相同，有人认为，此事属于子虚乌有，理由是，黄巢一直率部还在北方活动，不可能发生殴打王仙芝一事，另外，学者还经过考证，认为，裴璩是在乾符四年三月才担任的蕲州刺史，故此，王仙芝在蕲州招降未果一事应当发生在乾符四年上半年而非乾符三年十二月，而此时黄巢正在北方作战，不可能出现殴打王仙芝之事，裴璩招降王仙芝之事应当发生在乾符四年年初，在义军进攻鄂州之后，顺江东进，进攻蕲州之时，而此时黄巢则率部进攻郓州，杀死了节度使薛崇。鉴于史料相互矛盾，此处我们暂且存疑。

根据《资治通鉴》的记载，到乾符四年（公元877年）上半年，王仙芝率军攻克了鄂州（今湖北省武汉市），同时，黄巢则攻克了郓州，诛杀了节度使薛崇，继而，黄巢又攻克沂州，而王仙芝的部将柳彦璋则率部劫掠江西。到了四月，黄巢率部从山东也一路西撤，进入河南境内，与尚君长的弟弟尚让合兵一处，驻扎嵖岈山一带。四月，柳彦璋率部攻克抚州（今江西省抚州市），六月，又攻克了江州（今江西省九江市），生擒江州刺史陶详，命陶详替自己上书，柳彦璋也自己写了降表附上。朝廷任命柳彦璋为右监门将军，命其解散军队，前往京师，另派左武卫将军刘秉仁担任江州刺史。柳彦璋拒不接受，以百艘战舰封锁湓江江口，构筑水寨，劫掠如故。

七月二十一日，王仙芝与黄巢合兵一处，进攻宋州。唐朝平卢、宣武、忠武三道军队与义军交战，被义军击败，义军遂将宋威团团包围于宋州城内。二十七日，右威卫上将军张自勉率领七千忠武军解救宋州，杀死义军两千人，义军遂解围而去。忠武军战斗力很强，《新唐书·李光颜传》就称："王仙芝、黄巢反，诸道告急，多请以助守。大校曹师罕以千五百人隶招讨使宋威，张贯以四千人隶副使曾元裕。僖宗倚许军以屏蔽东都，有请以为援，率不报。大将张自勉讨云南、党项；庞勋乱，解围寿州，战淮口，以功累擢右威卫上将军。至是表请讨贼，诏乘传赴军，解宋州围。威忌自勉成功，请以隶麾下，且欲杀之。宰相得其谋，不听，以自勉代元裕。"王铎、卢携想让张自勉把兵权交给宋威，但郑畋认为，宋威与张自勉已经产生了矛盾，如果把张自勉划归宋威指挥，势必为其所杀，因此，不肯在奏疏上署名。八月，王铎、卢携亲自在僖宗面前提出辞职，继而，郑畋也提出辞职，僖宗均没有答应。

宋州失利后，王仙芝、黄巢分别率部南下，王仙芝所部攻克了安州，继而又攻克了随州，生擒随州刺史崔休征。山南东道节度使李福派遣其子率军救援随州，被义军斩杀。李福上奏朝廷请求增兵，朝廷遂派遣左武卫大将军李昌言率领五百凤翔骑兵东下，王仙芝又离开随州，转战复州、郢州。忠武大将张贯等四千人与宣武兵一起增援襄州，途中从申州、蔡州私自逃回本镇。朝廷又下诏命令忠武节度使崔安潜、宣武节度使穆仁裕派人阻截，命其返回。黄巢所部则再次进攻蕲州、黄州，曾元裕将其击败，斩首四千级，黄巢率部逃去，一路东进，进攻和州、池州。此后，黄巢又一路北上，攻克了匡城（今河南省长垣县西南），接着又攻陷了濮州（今山东省鄄城县）。朝廷下令颍州刺史张自勉统领各道军队前去讨伐。也有一说是：王仙芝、黄巢合围宋州之后，王仙芝独自率军南下，黄巢则又返回曹州、濮州一带，至于攻下蕲州、黄州等地的仍然是王仙芝之军，而非黄巢之军，《资治通鉴》之所以这样记载，是误将王仙芝之军记作了黄巢之军。

与此同时，朝中宰相之间也为讨伐方略发生了激烈的争吵。郑畋倾向于崔安潜、张自勉一方，而王铎和卢携则倾向于宋威一方，双方常常闹得不可开交。其间，僖宗又命崔安潜回到昭义镇，重新起用了宋威、曾元裕，而以杨复光担任都监。郑畋在僖宗面前争不过王铎、卢携两个人，退下后，上书称："自从王仙芝起兵以来，崔安潜是第一个提出请求朝廷集结各道军队讨伐的人，继而，他调派军队，运送粮食。盗匪虽然往来不定，但始终不敢侵犯忠武军，他还把本道军队交给张自勉指挥，解除了宋州之围，使江淮漕运得以畅通无阻。如今，陛下命令张自勉将率领的七千人交由忠武部将张贯统领，隶属于宋威指挥，张自勉孤身一人返回忠武，宋威仍不罢休，上书诋毁。张自勉因功受辱，臣私下替其痛心。崔安潜自从出兵以来，屡战屡胜，一旦将自己的军队交付他人，良将独自一人返回，如果盗匪突然来临，将如何应对！臣请求以忠武军四千人交给宋威指挥，下余三千人仍然让张自勉带回，好守卫忠武四境，这样一来，既不夺了宋威之功，也不让崔安潜羞耻。"当时，卢携却不以为然，僖宗左右为难，无法作出决定。郑畋又上言认为："宋威欺骗朝廷，屡屡惨败。我又听说王仙芝曾经向朝廷写过七道请降的奏章，而宋威却不上奏。朝野上下对其切齿痛恨，纷纷认为应当将其正法，如此情形，就不该再让其统军，希望陛下与内大臣商量斟酌，早早将其罢黜。"但僖宗没有听从。

六八六　黄巢起义（四）

经过三四年的斗争，不少义军将领的斗志逐渐开始消磨。

像王仙芝、柳彦璋甚至包括后来的黄巢都是如此，他们想的是受到朝廷的招安，能被朝廷封个一官半职，最好手里还掌握着兵权。与此同时，僖宗看到形势渐趋恶化，在乾符四年年初，他就发布了《讨草贼诏》，在诏书中，他先举出庞勋、王郢被杀、朱实投降封官正反两个方面的例子，再次提出王仙芝等人如果能够洗心革面，解散军队，“朝廷当议奖升”。又宣布，各讨伐军凡是生擒草贼三百人以上的，破格提拔为将军，赏钱一千贯。如果各地民团能够在讨伐战争中立功的，也一一予以奖励。

僖宗的招安政策也起到了一定的效果，起码是动摇了义军军心。到乾符四年年底，招讨副使、都监杨复光再次派人招降王仙芝，王仙芝派遣尚君长、蔡温球、楚彦威等人向杨复光请降，但宋威不愿让杨复光得了招安王仙芝的头功，听说这一消息后，就派兵在颍州（今安徽省阜阳市）西南的半道上劫走了尚君长等人，十二月，宋威上奏朝廷称与尚君长等人在颍州西南作战，生擒了尚君长；杨复光上奏称，尚君长等人实际上是来向官军投降的，并非宋威所擒。僖宗下诏命令侍御史归仁绍（咸通十年状元、与司空图同年）等人到军中调查，但还是没有调查清楚，于是，将尚君长等人押到长安东市狗脊岭斩杀了。

尚君长等人到底是来归降、半途被宋威劫持的，还是宋威交战中生擒的，极易查清，而归仁绍等人就是没弄清楚，其实，是朝中有人不想让事情弄清楚。自从郑畋、卢携拜相之后，郑畋“姿采如峙玉”（《新唐书》语），是位风度翩翩的美男子，而卢携呢，“姿陋而语不正”（《新唐书》语），这一对表兄弟（《新唐书》如此记载），就成了一对冤家。郑畋立身处世比较正直，而卢携则是一个奸臣，《旧唐书》说“携内倚田令孜，外以高骈为援，朝廷大政，高下在心”。

宋威之所以能够当上招讨使（史称：“携表宋威、齐克让、曾衮皆善将，为招讨使。”），就是卢携推荐的，卢携巴不得宋威能立下大功，不仅自己有知人之明的美名，更重要的是自然会落得很多好处。都监杨复光本姓乔，福建人，是神策左军中尉杨玄价的养子，枢密使杨复恭的堂弟，杨氏兄弟与田令孜不和，史称：“令孜专权，人莫与之抗。唯复恭数与之争得失，故令孜恶之。”由此可见，朝中已经形成了田令孜、卢携与郑畋相互对立的两党，田令孜、卢携支持宋威，与杨复光兄弟不和，郑畋则支持崔安潜等人，朝中有田令孜、卢携等人暗中支持宋威，向归仁绍等人施加压力，尚君长等人是否归降一事，查不清楚也是预料中的事了。虽然僖宗最终还是杀掉了尚君长等人，但他也开始意识到郑畋的意见是正确的，决定撤换宋威了。

江州刺史刘秉仁乘坐驿马车来到江州，乘坐一叶小船径直来到柳彦璋的水寨，义军出乎意料，前来拜见，刘秉仁遂将柳彦璋斩杀，遣散了柳彦璋所部义军。

尚君长的被杀，令王仙芝对朝廷非常愤怒，到乾符四年年底的时候，王仙芝率众入侵荆南。荆南节度使杨知温（就是那位称蝗虫不吃庄稼的京兆尹杨知至之兄），是个文臣，不懂军事，有人向他报告王仙芝的义军就要到了，他竟然根本不信，也毫不戒备。当时，汉水水浅，王仙芝就率领义军从贾堑（在今湖北省钟祥市南）西渡汉水，朝江陵杀来。

乾符五年（公元 878 年）一月一日，天降大雪，杨知温正喜气洋洋地接受下属们的新年祝福，义军突然就出现在了江陵城下，江陵外城很快就陷落了。荆南文武官员一起退守内城固守，按理说，大敌当前，情况危急，杨知温早该出来与将士们见面，一则激发将士们守城的决心；二则共同商议守城的方略，可是，直到傍晚，将士们也看不到杨知温的影子。将士们请求杨知温出来安抚士卒，杨知温这才慢悠悠地从屋内晃了出来，头上戴着纱帽，身穿黑皮袍子，将领们劝他改穿铠甲，以防流箭。杨知温见士兵们与敌作战，顿时诗兴大发，赋诗一首，让幕僚们欣赏。荆南被围，杨知温派人向山南东道节度使李福告急，李福亲自率领全军赶赴救援。当时，襄阳驻扎有五百沙陀军，李福也命他们随行。行至荆门（今湖北省荆门市），遇到了王仙芝的一部分义军，沙陀军一阵冲杀，义军大败。王仙芝听说后，就下令焚烧江陵外城，劫掠一番而去。江陵城下原来有三十万户居民，至此为义军所杀十之三四。

一月六日，招讨副使曾元裕在申州（今河南省信阳市东）大破王仙芝别部，斩杀一万人，招降遣散上万人。《资治通鉴》记载，是大破王仙芝，一月一日王仙芝还在江陵，杨知温请求李福发兵南下，最快也要到二日，也就是说王仙芝一月二日还在江陵，就算当天就东撤，也不可能在短短的四天内就跑到河南省信阳市，因此，曾元裕所击破似乎不太可能是王仙芝的本部。僖宗以宋威讨贼无功，又劫持尚君长等人，导致叛乱不断扩大，遂以其长期生病为由，撤销了他招讨使一职，命其返回青州，以曾元裕为招讨使，颍州刺史张自勉为招讨副使，另将西川节度使高骈调为荆南节度使兼盐铁转运使。宋威被撤，卢携心里很不高兴。

宋威被撤后，唐军各道讨伐军在曾元裕的指挥下，开始对义军穷追不舍，并发起猛烈的进攻，很快就取得了战果。乾符五年（公元 878 年）二月，曾元裕上奏称，在黄梅（今湖北省黄梅县）大破王仙芝主力，杀五万余人，并追上王仙芝，将其斩首，义军残部逃去。当时，黄巢正率领本部人马围困亳州（今安徽省亳州市），尚君长的弟弟尚让率领王仙芝残部前去投靠，推举黄巢为黄王，号称冲天大将军，改元王霸，任命文武百官。义军未能攻下亳州，遂解围北上，再次袭占了沂州、濮州。不久，义军又屡屡被唐军击败，黄巢遂给天平节度使张裼写信，请求他向朝廷转交降表，朝廷任命黄巢为右卫将军，命其在郓州就地解散军队，但黄巢最终没有接受。《新唐书》称："巢兵在江西者，为镇海节度使高骈所破；寇新郑、郏、襄城、阳翟者，为崔安潜逐走；在浙西者，为节度使裴璩斩二长，死者甚众。巢大沮畏，乃诣天平军乞降，诏授巢右卫将军。巢度籓镇不一，未足制己，即叛去"云云。

王仙芝被杀后，除了尚让率领一部分义军投靠了黄巢，还有一部分转而向江西等地发展。三月，在王仙芝义军的影响下，湖南变民也相继攻陷了朗州（今湖南省常德市）、岳州（今湖南省岳阳市）；王仙芝余党王重隐率部攻陷了洪州（今江西省南昌市），江西观察使高湘逃到了湖口（今江西省湖口县）。攻克洪州之后，该部义军又兵分两路，一路向西向湖南发展；一路由曹师雄率领向东劫掠宣州（今安徽省宣城市宣州区）、润州（今江苏省镇江市）。在这种情况下，招讨使曾元裕只得驻军荆南和襄阳之间，稳定江汉地区，而任命副使张自勉充当东南面行营招讨使，率部追击王重隐、曹师雄等人的义军。

与此同时，黄巢在北方从滑州奔袭汴州，又从汴州奔袭宋州，相继进攻了卫南（今河南省滑县南）、叶县（今河南省叶县）、阳翟（今河南省禹州市），摆出一副将要进攻洛阳的架势。唐朝朝廷再次受到惊吓，僖宗赶忙下诏命令一千河阳军队赶赴东都，与宣武、昭义兵两千一起拱卫东都皇宫；又以左神武大将军刘景仁充当东都应援防遏使，统领三镇之兵，又允许他在东都自行再招募两千人。僖宗又下诏命令曾元裕率军北返洛阳，并调派义成兵三千人守卫洛阳外围要隘轘辕关（在今河南省偃师市东南）、伊阙（在今河南省洛阳市南）、河阴、虎牢关（同在今河南省荥阳市东北）。由于东都国库空虚，僖宗还命人带了五份殿中侍御史和十份监察御史的空头委任状，只要富有商人拿出钱粮供军，就任命他们官职。当时，连年灾害，盗贼充斥，全国一半的土地荒芜，国家税收锐减，兵部侍郎、判度支杨严三次上书，自称没有才能，无法调配到足够的军饷，言辞几近哀求，但僖宗不同意。

其实，黄巢是虚晃一枪，当他看到朝廷已经加强了东都的防御之后，转兵又朝江南杀来。这时，江南的王仙芝余部分为三支：第一支从洪州西进，进入湖南，在这支部队进入湖南后不久，就发生潭州兵变，都将高杰驱逐了湖南观察使崔瑾（崔郾之子），不知是否与该部入湘有联系，但此后，这一支下落不明；第二支由王重隐率领，不久王重隐去世，部将唐莒就驻守洪州；第三支是曹师雄率领的义军，主要活动在宣州和润州一带。也许是黄巢听说了江南义军的消息，才避实就虚，率军南渡长江，很快就攻克了虔州（今江西省上饶市）、吉州（今江西省吉安市）、饶州（今江西省鄱阳县）、信州（今江西省赣州市）等地，一说，攻占四地的当是王仙芝余党，而非黄巢渡江之义军。僖宗又赶忙命令曾元裕、杨复光转而率军救援宣州、润州。朝廷见王仙芝余党开始劫掠浙东、浙西地区，认为，荆南节度使昔日在天平当节度使时有威名，从元和十四年以来，曹州、濮州属于天平节度使辖区，据史料记载，庞勋之乱时，郓州、兖州、密州、沂州等地的小股义军纷纷投靠，朝廷调任高骈为天平节度使，前去镇压，《全唐文·创筑罗城记》称："时属庞勋初溃，郓方未宁，骈则再登帅坛，复开将幕，士绝朝饥，犬无夜惊。"可见，高骈在镇压天平镇一带的义军上是取得成效的，而王仙芝之党大多是郓州人，遂调任高骈为镇海节度使，又调崔安潜为西川节度使。

六八七 黄巢起义（五）

黄巢义军渡江之后，似乎并没有与曹师雄所部取得联系。

曹师雄率部先侵入两浙，杭州招募从每个县里招募一千名乡兵与义军作战，其中共分八队，临安人董昌、钱塘人刘孟安、阮结、富阳人闻人宇、盐官人徐及、新城人杜棱、余杭人凌文举、临平人曹信，号称杭州八个都将，董昌是头领。此后，闻人宇去世，钱塘人成及接替。临安人钱镠是董昌的部下，以骁勇闻名，因战功被晋升为石镜（今浙江省杭州市临安区）都知兵马使。钱镠，就是五代十国吴越国的开国皇帝。曹师雄被击败后，此后下落不明。

乾符五年（公元 878 年）三四月，黄巢从和州、宣州南渡长江，接着，义军开始进攻宣州。宣歙观察使王凝率军抵御，在南陵（今安徽省南陵县）战败，都将王涓被杀，监军率领四五千败兵退守宣州。义军攻城不下，折向浙东，转而进攻润州、杭州、越州，浙东观察使崔璆逃走。镇海节度使高骈派遣部将张潾、梁缵分道追杀义军，屡屡将义军击败，招降了黄巢部将毕师铎。黄巢义军在两浙失利，到乾符五年下半年，黄巢遂率领义军披荆斩棘，开辟七百里的山路，从浙东转向福建，劫掠福建各州。十二月，义军攻克了福州，福建观察使韦岫弃城而逃。《新唐书·黄巢传》记载，“是时闽地诸州皆没”。

乾符六年（公元 879 年），黄巢义军已经全取福建，僖宗对此十分担忧。此时，黄巢有三个进攻方向：一是回到两浙；二是北上江西；三是南下广州。高骈就在两浙，正是高骈部将一路追杀，黄巢才不得不逃往福建，因此，重回两浙是不可能的；而如今，高骈的部将张潾已经率部进驻江西，继而进入郴州，北上江西似亦不可行，那么就只有南下广州了，而朝廷方面也深恐黄巢义军会北上，必须在长江中游地区也就是荆南一带，依托长江天险阻挡义军北上，在这种情况下，僖宗就想派出一名重臣赶赴荆南，与高骈东西呼应，阻挡黄巢。王宰毛遂自荐，说道："臣身为首相，在朝廷不足替陛下分忧，请求亲自出外统领诸将前去平叛。"僖宗遂任命王铎为守司徒兼侍中，充荆南节度使、南面行营招讨都统。泰宁节度使李系，是李晟的曾孙，此人伶牙俐齿却没有真才实学，王铎觉得他出身将门，就上奏朝廷任命其为行营副都统兼湖南观察使，命其率领五万精兵以及当地民团驻守潭州，以切断黄巢的北上之路。

与此同时，高骈上书朝廷请求率军跨境讨伐义军，他奏称："请求以权舒州刺史郎幼复为镇海留后，守住浙西，派遣都知兵马使张潾率领五千人马在郴州（今湖南省郴州市）固守险要，兵马留后王重任率领八千人马从循州（今广东省惠州市）、潮州（今广东省潮州市）两路截击敌人，臣将率领一万大军从大庾岭直扑广州，讨伐黄巢。黄巢听说我前往，一定会逃跑，请求命令王铎率领本部三万人马在梧州（今广西壮族自治区梧州市）、昭州（今广西壮族自治区平乐县）、桂州（今广西壮族自治区桂林市）、永州（今湖南省永州市）四州守卫险要。"当时，僖宗还在是讨伐还是招安黄巢义军这一问题上左右摇摆，没有同意高骈这一计划。

在福建的黄巢，给浙东观察使崔璆、岭南东道节度使李迢写信，请求他们替自己向朝廷转交奏表，希望朝廷给自己一个天平节度使一职。二人替黄巢向朝廷禀报，僖宗下诏令公卿大臣一起商议。其间，黄巢所部开始从福建南下，进入广州地区。朝廷有人认为应当暂时答应黄巢的要求，好让朝廷方面也喘一口气，郑畋采纳多数人的意见，建议将岭南东道节度使给黄巢，以安抚住义军，但卢携则觉得自己刚刚举荐了高骈，而高骈在与黄巢的作战中屡屡取胜，就想让高骈再立奇功，遂提出反对意见，说道："高骈将略，天下无双，淮南军队十分精锐。如今各道军队刚刚集结，黄巢不过一介草寇，容易消灭，为何要向其示弱，而令各军军心涣散呢！"郑畋说道："黄巢之乱，原本就是因为饥荒。百姓因有利益而聚集在一起，以致到了今天这个地步。江淮以南，占据天下一半的税负，而朝廷久不用兵，战士都已没有战斗经验，各地的将帅遇到敌人，常闭城自守，尚且难以守住。不如予以包容，暂且降下恩典。黄巢等人不过是饥荒之年一时纠集在一起，遇到丰年，谁不思念故土？其部众一旦离散，黄巢就是朝廷案板上的鱼肉，这是所谓的不战而屈人之兵！如果现在不用计策，完全依赖军事进攻，臣恐怕天下之乱方兴未艾啊！"郑畋的一番话，大多数人纷纷表示赞同，卢携也无言以对，而就在这时，尚书左仆射于琮却又提出了异议，他说道："南海是帝国对外贸易的窗口，每年都要向朝廷进贡珠玑，一旦被黄巢占据，以后国库就会枯竭了。"

僖宗也指望着高骈能够最终战胜黄巢，就采纳了卢携的意见。卢携的意见是：只授予黄巢率府率这一闲散之职，以便激怒黄巢，令黄巢北上打败都统王铎，再依靠高骈击败黄巢。

等到在中书省商量起草诏书时，郑畋说道："如今妖贼百万，横行天下，高骈迁延玩寇，无意剪除，有人又在朝中回护，高骈算是满意了！国家安危，就在于我们三四个人的谋划，你想依靠淮南军队，我不知道归宿将在何方了！"卢携听了，一脸怒容，拂袖而起，结果衣袖拂着了砚台，遂将砚台摔到地上。僖宗听说后，非常恼火，说道："身为大臣，竟然相互诟骂，将如何给世人当好表率！"遂下令免去了二人的宰相，以太子宾客分司东都，提拔翰林学士承旨、户部侍郎豆卢瑑为兵部侍郎、同平章事，吏部侍郎崔沆为户部侍郎、同平章事。这就是《北梦琐言》《唐语林》等书中提到的郑畋、卢携用瓦块、砚台相打一事。在去年（乾符五年）九月，中书侍郎、同平章事李蔚已被罢相，改任东都留守，吏部尚书郑从谠被升任中书侍郎、同平章事，至此，朝中宰相分别为：郑从谠、豆卢瑑、崔沆三人。

郑从谠，字正求，前宰相郑余庆的孙子。会昌二年进士，历任秘书省校书郎、拾遗、补阙、尚书郎、知制诰。前宰相令狐绹、魏扶都是郑从谠父亲的门生，在他们的极力推荐下，郑从谠又被晋升为中书舍人。咸通三年，知贡举，拜礼部侍郎，转刑部，改吏部侍郎。后又历任河东、宣武、岭南节度使，僖宗即位后，将其召入朝廷担任刑部尚书。史称：郑从谠"貌温而气劲，沉机善断，奸无遁情"。

豆卢瑑，河东人，父祖均进士及第，他在大中十三年也进士及第。咸通末年，历任兵部员外郎，转户部郎中知制诰，召充翰林学士，正拜中书舍人。乾符中，累迁户部侍郎、学士承旨。

崔沆，进士及第，官至员外郎、知制诰，拜中书舍人。因崔沆的从妹夫殷裕告发郭淑妃之弟内作坊使郭敬述的荒淫隐私，懿宗将其贬为循州司户。僖宗即位后，又将其拜为舍人，不久晋升为礼部侍郎，典贡举。《南部新书》记载，崔沆知贡举时，同榜进士有个叫崔瀣，有人就说："座主和门生，沆瀣一气。"暗指崔沆、崔瀣有私交，这就是成语"沆瀣一气"的来历。

《剧谈录》记载，崔沆、豆卢瑑拜相当天，殿庭雾气很浓，还下了很大的冰雹，有人就认为是不祥之兆。《旧唐书·豆卢瑑传》则记载，当天，下起倾盆大雨，还有很大的雷电。尚书左丞韦蟾与豆卢瑑是好友，就去道贺。豆卢瑑提及雷电大雨，韦蟾迎合道："这说明大人要破掉大雨之兆。"豆卢瑑笑答："这雨好像也太大了点吧？"《剧谈录》另称：宰相中有人下班时，总是让侍从口袋中带数千钱，沿途施舍给贫苦百姓，于是，路上挤满了乞丐，一见到宰相的仪仗队经过就一拥而上，弄得宰相仪仗队全无威仪，当时，就有一位朝臣投书给这位宰相，劝谏道："如今乱匪四起，百姓困苦，我们都盼望着大人能够辅佐皇上治理好国家，举贤任能，令万物各得其所，百姓生活不知不觉间就富足了。裁撤冗官，杜绝私下请托，这样一来，国家政治清明，百姓自然富足，不该身居高位，而行小惠。春秋时期，郑国相国子产把自己的车子借给渡河之人，君子尚且嘲讽他不如给百姓们修建一座桥梁，希望大人能对此好好体会一下。"这位宰相看了，又羞又怒，不久，黄巢军队就攻入了长安，这位宰相也死于乱兵。该书未明确记载这位宰相是谁，但考察史书，死于黄巢乱兵的只有崔沆、豆卢瑑二人，非此即彼。

果然，黄巢接到朝廷任命其为率府率的委任状后，不禁勃然大怒，破口大骂朝廷宰相，乾符六年九月，黄巢命令义军向广州发起猛烈的进攻，当天即将广州攻陷，逮捕了岭南东道节度使李迢，又分兵劫掠岭南各个州县。黄巢又令李迢替自己起草奏表，写出自己内心真实的想法，李迢回答："我世代受朝廷厚恩，亲戚满朝，我的手腕可断，也不会替你起草的。"黄巢遂将其杀掉。

六八八 沙陀之乱（一）

由于黄巢的部队中很多是北方人，在岭南水土不服，不少士兵得了传染病，死伤累累，部下劝说他返回北方，以图大业，黄巢同意了。

黄巢下令在桂州（今广西壮族自治区桂林市）编了数千大竹筏，趁着河水暴涨，通过漓江与湘江之间的运河灵渠，进入湘江，顺流而下，经过永州（今湖南省永州市）、衡州（今湖南省衡阳市），到乾符六年（公元879年）十月二十七日，义军进抵潭州（今湖南省长沙市）。当时，都统王铎的前锋都将李系率领五万大军驻守潭州，再加上当地民团号称有十万人马，李系不敢出战。黄巢指挥大军对潭州发起猛烈的进攻，仅仅激战一天，就攻克了潭州，李系逃奔朗州（今湖南省常德市）。黄巢下令将所有的唐军守城部队全部屠杀，尸体投入湘江之上，顿时湘江水面全被尸体覆盖。尚让乘胜率部北上，直逼江陵，号称有五十万大军。《北梦琐言》记载，王铎虽然出身名门，却不是“定乱之才”。王铎是出了名的怕老婆，领兵出镇时把姬妾带在身边，而老婆因故未随，一天，突然有人来报说已经离京，很快就要到了。王铎对幕僚说道：“黄巢逐渐从南而来，夫人又将从北面而至，内心滋味可想而知，将如何应付？”幕僚跟他开玩笑说：“不如投降黄巢。”王铎听后大笑。《贾氏谈录》又称，此后，王铎解职，带着家眷回老家养老，数百伎女前呼后拥，招摇过市。由此可知，王铎不仅不是一个将才，还是一个厚自奉养的官僚，怎能指望他会替朝廷拼杀呢？

果然，等王铎听说黄巢义军即将兵临城下时，就三十六计走为上计，对部将刘汉宏谎称自己要北上与刘巨容的军队会合，率领大队人马离开了江陵，而把刘汉宏留下抵御义军。当时，江陵城内兵马不足一万，王铎又带走了一多半，岂能抵挡住来势汹汹的义军。刘汉宏也不是傻子，等王铎前脚一走，他后脚就变守军为乱军，率军大肆劫掠江陵，然后纵火焚烧殆尽，义军还未到，江陵百姓先遭到了刘汉宏的一番洗劫，百姓们纷纷逃入山谷避难，刘汉宏率部北逃，落草为寇。而正巧又天降大雪，匆忙逃出城外的百姓又活活冻死，尸体遍布原野，又过了十余日，黄巢大军才抵达江陵。《吴越备史》称，刘汉宏，原为兖州小吏，后来当了大将。

黄巢大军从岭南北上之后，一路上攻无不克，在占领江陵之后，即继续向北进发，直指襄阳而来。黄巢南下江淮时，曾经杀死王郢的刘巨容又从楚州团练使调任蕲黄招讨副使，不仅，又调任襄州行军司马、检校右散骑常侍，黄巢北上后，刘巨容又被升任山南东道节度使，率军进驻团林，以抵御黄巢大军。见黄巢从江陵北上后，刘巨容与江西招讨使、淄州刺史曹全晸合兵一处，进驻荆门关（今湖北省荆门市）以抵御义军。义军赶到后，曹全晸率领轻装骑兵与义军作战，刘巨容则领兵埋伏密林之中，曹全晸刚一交战，就佯装败北。义军一路追杀，突然刘巨容从密林中杀出，义军大败，唐军乘胜追击，一直追杀到江陵，生擒义军十三名大将，俘虏、斩杀义军十之七八。黄巢与尚让带着残兵败将渡过长江，向东逃去。

有人劝说刘巨容应该穷追猛打，将黄巢彻底歼灭。刘巨容却说道："朝廷总爱辜负人，遇到危急时刻，才想到爱惜将士，又是赏赐财物，又是加官晋爵，而一旦天下太平，就忘了我们，甚至前线将士还受到追究。不如留下这股强盗，作为我等升官发财的资本。"众将也都认为刘巨容说得很有道理。曹全晸率部追赶黄巢，但他很快就听说了朝廷任命泰宁都将段彦谟代替自己当上了江西招讨使，这让曹全晸也非常气愤，就停止了追击，就这样，黄巢稍稍得以喘息，军威再次振作起来，进攻鄂州，攻下了外城，又转而劫掠饶州、信州、池州、宣州、歙州、杭州等十五州，拥有二十万之众。曹全晸，河南开封人，出身官宦世家，曹全晸素负大略，智勇过人，又弓马娴熟。咸通年间中举，任河南都尉，因平乱有功，被晋升为淄州刺史。乾符五年，天平军节度使张裼病死，牙将崔君裕作乱，自称留后，曹全晸从淄州出兵将其杀死，平定了叛乱，朝廷遂任命曹全晸为江西招讨使，让其率兵南下讨伐。

曹全晸在取得大胜之际，却突然被人取代，原因似乎仍然与朝中的权力斗争有关。当初，兵部尚书卢携曾经举荐已任淮南节度使的高骈担任都统，结果王铎以宰相之尊当上都统，卢携对此也深为不满，然而，就在卢携、郑畋被罢相后这段时间里，高骈的部将张潾等人屡屡击败黄巢，招降了黄巢部将秦彦、李罕之、许勍等人，而王铎的表现却让僖宗大失所望。由于高骈所部屡立战功，让僖宗对卢携也改变了态度，到乾符六年年底，又重新起用卢携为门下侍郎、同平章事。卢携上任之后，将潼关以东诸如汝州、陕州、许州、邓州、汴州、滑州、青州、兖州节度使全部换了一遍，凡是王铎、郑畋提拔的人全都给撤了，而朝廷以段彦谟来取代曹全晸应该就与此有关。

黄巢还在江南转战，并寻找机会从淮南辖区渡江北上。我们暂且将黄巢这一段放一放，看看这两年来，大唐帝国其他方向又发生了什么。

乾符五年、六年这两年里，黄巢将唐帝国东南方向搅得一塌糊涂，而在帝国的北方和西南方向同样也让僖宗君臣焦头烂额。

首先是沙陀人在北方发动了叛乱。关于沙陀人的叛乱究竟始于哪一年，旧史各说有异,有说是在咸通十三年,有说是在乾符四年,有说是在乾符五年,比如,《新五代史·唐本纪》就记载："沙陀素强，而国昌恃功益横恣，懿宗患之。十三年，徙国昌云州刺史、大同军防御使，国昌称疾拒命。国昌子克用……为云州守捉使。国昌已拒命，克用乃杀大同军防御使段文楚，据云州，自称留后。唐以太仆卿卢简方为振武节度使，会幽、并兵讨之。简方行至岚州，军溃，由是沙陀侵掠代北，为边患矣。明年，僖宗即位，以谓前太原节度使李业遇沙陀有恩，而业已死，乃以其子钧为灵武节度使、宣慰沙陀六州三部落使，以招缉之。拜克用大同军防御使。居久之，国昌出击党项，吐浑赫连铎袭破振武。克用闻之，自云州往迎国昌，而云州人亦闭关拒之。国昌父子无所归，因掠蔚、朔间，得兵三千，国昌入保蔚州，克用还据新城。僖宗乃拜铎大同军使，以李钧为代北招讨使，以讨沙陀。乾符五年，沙陀破遮虏军，又破岢岚军，而唐兵数败，沙陀由此益炽，北据蔚、朔，南侵忻、代、岚、石，至于太谷焉。"《后唐太祖纪年》也称，乾符三年，朝廷以段文楚为代北水陆发运、云州防御使，以代替支谟（应为支详之误）"……众因大噪，拥太祖（指李克用）上马，比及云中，众且万人，城中械文楚出以应太祖。"云云。《资治通鉴》虽然在咸通十三年条，称李国昌拒不从命，但最终还是采纳了沙陀叛乱在乾符五年的说法，今不再一一考证，从《资治通鉴》。据《资治通鉴》记载，北方的沙陀人见中原大乱，也都开始心怀异志。云州（今山西省大同市）沙陀兵马使李尽忠与牙将康君立、薛志勤、程怀信、李存璋等人商议道："如今天下大乱，朝廷号令已经无法在各地得到顺利实施，这正是英雄建功立业之时啊。我们虽然各自拥有一定部众，然而，李振武（指振武节度使李国昌）功大官高，名闻天下，其子副兵马使李克用勇冠三军，如果我们辅佐他们父子二人，就一定能够轻松拿下代北之地。”李尽忠、程怀信，生平不详，李尽忠与武曌时期发动叛乱的契丹首领同名，但并非同一人。康君立，蔚州兴唐人，世代为边地豪强。乾符中，为云州牙校，隶属于防御使段文楚。薛志勤，蔚州奉诚人，小字铁山，系李国昌帐下亲信。李存璋，字德璜，云中人。

当时，代北连年发生灾荒，军需物资供应不足，大同防御使兼任水陆发运使段文楚就下令裁减了将士们的军饷，另外，段文楚还严刑峻法，致使将士们都非常不满。李尽忠派遣康君立偷偷来到蔚州（今河北省蔚县），面见驻扎在此的李克用，劝说李克用起兵，除掉段文楚，取而代之。李克用说道：“我父亲在振武，等我禀报父亲之后再说。”康君立说道：“如今情况已经泄露，再耽误下去就会发生变故，哪还有时间去千里之外禀报呢？”康君立离开大同不久，李尽忠就趁夜率兵进攻内城，逮捕了段文昌和判官柳汉璋等人，将他们打入大牢，自己主持了大同军务，再派人赶往蔚州迎接李克用。李克用率领本部人马直奔云州（今山西省大同市），一路上一边行军，一边募兵。二月四日，李克用抵达云州城下，已经拥有近万人马，驻扎斗鸡台（今山西省大同市东）下。六日，李尽忠派人将段文楚的印绶送给李克用，请求李克用担任大同防御使。七日，李尽忠将段文楚等五人全部押到斗鸡台下，李克用命令士兵们将他们千刀万剐吃掉，又让骑兵将遗骨踏碎。八日，李克用进入衙门，命令手下起草奏表，向朝廷索要委任状，但朝廷不答应。

得知其子起兵之后，振武节度使李国昌假惺惺地向朝廷上书，称：“请求朝廷速速任命大同防御使，如果克用违抗朝命，臣请求率领本道军队前去讨伐，我绝不会爱惜一个儿子而辜负了国家。”朝廷正想让李国昌去劝说李克用，接到李国昌的奏表后，信以为真，就任命了司农卿支详为大同宣慰使，下诏让李国昌去说服李克用，命其按照惯例奉迎支详，并答应一定会给李克用任命一个他满意的官职。又任命太仆卿卢简方为大同防御使，然而，李克用拒不从命。

朝廷因李克用盘踞云州，四月，又改任卢简方为振武节度使，以李国昌为大同节度使，朝廷方面想当然地认为，这样一来李克用总不至于不让其父上任吧。实际上，李国昌父子的真实想法是二人同时割据振武、大同两镇，等接到朝廷调任其为大同节度使的诏书后，李国昌终于原形毕露，撕毁了诏书，斩杀了监军，与李克用一起攻陷了遮虏军（今山西省岢岚县东北），又进击宁武（今河北省怀来县西）及岢岚军（今山西省岢岚县）。不久，沙陀人又焚毁了唐林（今山西省原平市）、崞县（今山西省原平市北），进入忻州（今山西省忻州市）境内。卢简方在前往振武上任途中，行至岚州（今山西省岢岚县）去世。

五月二十二日，河东节度使窦浣征调百姓开挖晋阳（今山西省太原市）的护城河，以备沙陀人南下。二十四日，窦浣任命都押牙康传圭为代州刺史，又调派一千民团进驻代州（今山西省代县）。民团行至晋阳城北，却突然停下，要求赏赐。当时，河东府库早已枯竭，窦浣命马步都虞候邓虔前去安抚，但民团士兵竟将邓虔活剥，将其尸体送回。窦浣与监军一起亲自出城安抚，每人给钱三百，布一端，众人才算安定下来。押牙田公锷奉命给民团士兵们发放钱物，谁知乱兵们又劫持其为都将，一起去了代州。

六八九　沙陀之乱（二）

经此一番折腾，窦浣向商人们借了五万钱，朝廷以窦浣无能，遂于六月，将其罢免，改任昭义节度使曹翔为河东节度使。

七月，曹翔进入晋阳，捕杀了杀害邓虔的民团士兵十三人。同月，黄巢正在两浙一带劫掠，朝廷下诏调派义武（今河北省定州市）、义成（今河南省滑县）、忠武（今河南省许昌市）、昭义（今山西省长治市）、河阳（今河南省孟州市）等道军队，到晋阳集结，以备沙陀人的入侵。义武军队来到晋阳后，不解铠甲，喧闹鼓噪，要求赏赐，曹翔下令斩杀了一名士将，众人才安定下来。

八月十三日，曹翔亲自率军救援忻州。沙陀人进攻岢岚军，攻陷了外城，又在洪谷（今山西省岢岚县东南）击败了唐军，晋阳闻讯，紧闭城门固守。九月十日，曹翔突然去世，十四日，昭义军队大肆劫掠晋阳，晋阳百姓群起反击，杀了一千余人，昭义军才溃散。

十月，朝廷下诏命令昭义节度使李钧、幽州节度使李可举与吐谷浑酋长赫连铎、白义诚，沙陀酋长安庆，萨葛酋长米海万，合兵讨伐李国昌、李克用父子。十一月三日，岢岚军守军翻越城墙投靠沙陀人。十六日，朝廷又任命河东宣慰使崔季康为河东节度使兼代北行营招讨使。沙陀人进攻石州（今山西省吕梁市离石区），十九日，崔季康发兵救援。不久，崔季康和李钧率部在洪谷再次与李克用交战，唐军再次战败，李钧战死。昭义军队逃回代州，败兵大肆劫掠，代州百姓奋起反抗，几乎将他们杀光，剩余乱兵从鸦鸣谷（今山西省忻州市东北）逃回昭义。

乾符六年（公元879年）二月十一日，河东军队进至静乐（今山西省静乐县）。士兵们又发动了叛乱，杀死了孔目官石裕等人。十二日，崔季康逃归太原。十四日，都将张锴、郭昢率领行营兵攻入东阳门，冲入军府，杀掉了崔季康。二十一日，朝廷改任陕虢观察使高浔为昭义节度使，以邠宁节度使李侃为河东节度使。

黄巢在两浙与高骈部将交战不利，逃到福建前后，僖宗君臣也被代北局势弄得焦头烂额。在不到一年时间里，作为抵御代北前沿的河东镇已一连换了窦浣（朝廷撤换）、曹翔（病死）、崔季康（为乱兵所杀）三任节度使，发生了河东民团兵变、昭义兵溃乱、昭义兵兵变、河东军兵变四次兵变，遭受了两次洪谷大败，代北局势岌岌可危。李侃上任后，到了乾符六年五月二日，为了安抚河东将士，僖宗下令赏赐给河东士兵们钱财，谁知，这次犒赏举动反而又引发了一次河东镇的动荡。牙将贺公雅所部将士发动叛乱，焚烧、劫掠太原全城，逮捕孔目官王敬，送交马步司。河东节度使李侃以及监军亲自出面劝说，并将王敬斩首，才平息了这次兵变。此后，河东都虞候每夜都率部暗中逮捕贺公雅所部那些曾经作乱的士兵，并将他们灭族。二十八日，那些作乱的人还剩下近百名，他们自称“报冤将”，再次大肆劫掠太原，焚烧了马步都虞候张锴、府城都虞候郭昢二人的家。河东节度使李侃下令：“为了军府安定，顺应军心，逮捕张锴、郭昢二人，予以斩杀，并将二人家属驱逐出境；以贺公雅为马步都虞候。”张锴、郭昢原本是杀害前任节度使崔季康的凶手，李侃到任后，不仅没有惩处二人，反而予以重用，显然，贺公雅是二人的对立面，借赏赐分配不公而发动叛乱。张锴、郭昢二人在军中还是很有影响力的，临刑时，他们哭着对士兵们说道：“所杀之人都是根据捕盗司的密令，今日蒙冤而死，难道没有一个壮士替我们申冤吗！”于是，士兵们再次鼓噪，劫了法场，把二人送回了都虞候司。李侃原本是想舍车保帅，如今弄到这步田地，只好再次下令让二人官复原职，并召回二人的家眷。为了安抚二人，李侃又逮捕了捕盗司元义宗等三十余家，全部斩杀。三十日，李侃又任命马步都教练使朱玫等人为三城斩斫使，率部分头逮捕“报冤将”，全部斩杀，军府才安定下来。经过这番事变，李侃深感河东难以治理，就称病请求辞职。八月，僖宗改任东都留守李蔚为同平章事、河东节度使。这已经是一年来河东第五任节度使了。李蔚上任两个多月，就得病死掉了，李蔚临死前，以供军副使李邵为观察留后，监军李奉皋为权兵马留后。李蔚一死，河东实力派人物都虞候张锴、郭昢就向朝廷上书，罢免李邵，建议朝廷以少尹丁球为观察留后。

朝廷没有答应二人的要求，十一月三日，僖宗任命定州以来制置使王处存为义武节度使，以河东行军司马、雁门关以来制置使康传圭为河东节度使。康传圭从代州返回晋阳，二十五日，抵达乌城驿（今山西省盂县以北），张锴、郭昢出城迎接，康传圭立即下令将二人斩杀，入城之后，又将二人灭族。王处存，其父王宗，为神策军吏，官至金吾大将军、兴元节度使。王宗很会做生意，家中非常富裕，奴仆上千人，生活非常奢华，他有两个儿子：王处存、王处直。王处存，因父亲的关系而官至骁卫将军、定州以来制置内闲厩宫苑等使。

河东频繁内乱，迟滞了朝廷对李国昌、李克用父子的讨伐行动，让沙陀人得以喘息，反而由弱变强，开始转入反攻。公元 880 年一月一日，僖宗下诏改元为广明元年。新年刚过，沙陀人就已经攻入雁门关，向忻州、代州杀来。广明元年（公元 880 年）二月二十六日，两万余沙陀军队逼近晋阳，次日，攻陷太谷（今山西省太谷县）。朝廷闻讯，赶忙派遣汝州防御使诸葛爽率领东都防御黄巢的军队北上，救援太原。诸葛爽，青州博昌人。为县里伍长，被县令鞭打后逃亡。庞勋之乱中，诸葛爽加入叛军，后被晋升为小校。庞勋失利，诸葛爽率领一百余人与泗州守将汤群一起归顺朝廷，后被晋升为汝州防御使。

从窦浣以来，康传圭是这两年来的第六任河东节度使，自从他上任诛杀了张锴、郭昢二人之后，就开始严刑峻法，经常公报私仇，强夺富人家的钱财，弄得原本就矛盾重重的河东军更加离心离德。听说沙陀军南下之后，康传圭派遣前遮虏军使苏弘轸领兵赶赴太谷迎击沙陀军，行至秦城（今山西省太谷县西南），唐军与沙陀军遭遇，交战失利，败退而还，康传圭闻讯大怒，下令将苏弘轸斩杀。当时，沙陀军已经向北撤回了代北，但是康传圭又命令都教练使张彦球率领三千人马追赶敌人，三月九日，唐军行至百井（今山西省阳曲县以北），军中哗变，乱兵杀回晋阳。康传圭关闭城门拒守，乱兵从西明门杀入城内，斩杀了康传圭。监军周从寓亲自出面解劝，乱兵才安定下来，推举张彦球为府城都虞候。朝廷听说河东军再次哗变的消息，赶忙派人前去安抚，称："你们杀死节度使，只是出于一时冲动，朝廷充分理解，你们各自放心，不用多虑。"

如前所述，在这短短的两年时间里，河东已经发生了数次兵变，节度使也换了六人：窦浣（朝廷撤换）、曹翔（病死）、崔季康（为乱兵所杀）、李侃（称病离职）、李蔚（使相、病死）、康传圭（为乱兵所杀）。河东军杀掉康传圭后，更加骄横，朝廷不得不考虑派遣重臣前去镇抚。广明元年（公元 880 年）三月十八日，僖宗任命门下侍郎、同平章事郑从谠为同平章事、河东节度使，并允许郑从谠自行挑选幕僚。郑从谠遂举荐长安令王调为节度副使，前兵部员外郎、史馆修撰刘崇龟为节度判官，前司勋员外郎、史馆修撰赵崇为观察判官，前进士刘崇鲁为推官，李渥为掌书记，崔泽为支使。整个幕僚队伍名士众多，被誉为"小朝廷”。刘崇龟和刘崇鲁是唐朝开国功臣、邢国公刘政会的七世孙。刘崇龟有三个弟弟：刘崇望、刘崇鲁、刘崇谟，兄弟四人均进士及第。其中，刘崇望在昭宗时被拜为宰相；刘崇鲁，拜为翰林学士；刘崇谟，后为太常少卿。李渥，为前宰相李蔚之子。

郑从谠足智多谋，外表温和，而内心刚毅，他到任之初，河东刚刚经过一番乱离，社会治安很差，每天都会发生抢劫杀人案件，郑从谠到任后，一些将士想干坏事，他都会提前察觉，予以斩杀，从此，河东镇的治安开始向好。郑从谠看出张彦球很有手段，百井叛乱，确实不是出自他本人的意愿，遂查出首恶分子杀掉，而对张彦球予以安抚，并用人不疑，把兵权都交给了张彦球，从此，河东才算安定下来。张彦球也知恩图报，死心塌地地替郑从谠卖命。

安顿好了河东军，朝廷这才能抽出精力对付代北的沙陀叛军。广明元年四月十四日，僖宗任命太仆卿李琢为蔚州、朔州等道招讨都统、行营节度使，命其统领讨伐各军，全力讨伐李国昌父子，不久又晋升其为蔚州、朔州节度使，仍兼任讨伐都统一职，另以诸葛爽为北面行营招讨副使。五月十六日，僖宗又将原振武节度使吴师泰调回担任左金吾大将军，任命诸葛爽为振武节度使。李琢率领一万精兵进驻代州（今山西省代县），与卢龙节度使李可举、吐谷浑都督赫连铎一起讨伐李国昌父子。李克用派遣大将高文集守卫朔州（今山西省朔州市），自己亲率主力在雄武军（应在河北省西北部、山西省东北部一带）抵御李可举的幽州军。赫连铎派人劝说高文集归顺朝廷，高文集遂逮捕了李克用的部将傅文达，六月十八日，与沙陀酋长李友金（李克用的堂叔）、萨葛都督米海万、安庆都督史敬存率领两千沙陀军一起向李琢投降，打开朔州城门迎接唐军。

李克用听说高文集投降的消息，赶忙率部西返，想要夺回朔州。李可举派遣行军司马韩玄绍领兵在药儿岭（今地不详）截杀李克用，结果大破沙陀军，斩杀七千余人，李尽忠、程怀信均临阵被杀；取得药儿岭之战的胜利后，幽州唐军乘胜追杀，再次取胜，又斩杀了一万沙陀军。与此同时，李琢、赫连铎的南路唐军也对蔚州发起了猛攻，李国昌战败，部众溃散，遂与李克用以及家眷一起向北逃窜，逃入鞑靼人部落避难去了。振武节度使吴师泰见天下大乱，就让手下上书朝廷挽留自己，朝廷不得已，只好改任诸葛爽为夏绥节度使，留任吴师泰为振武节度使。

六九〇 和亲南诏

平定沙陀之乱后，僖宗晋升赫连铎为云州刺史、大同防御使，白义诚为蔚州刺史，萨葛米海万为朔州刺史，加封李可举兼侍中。鞑靼人，原为靺鞨一部，如今已南下，居住于阴山一带。李国昌父子逃奔鞑靼后数月，赫连铎暗中给鞑靼酋长送去财物，让其结果了李国昌父子。李克用风闻这一消息，当时，他正与鞑靼酋长们一起打猎，就悬挂马鞭，或者指定一片树叶，甚至是悬挂一根针，由自己来射，竟然百发百中，李克用精湛的箭术，令鞑靼酋长们口服心服，不敢心生歹意。此后，李克用又设宴款待酋长们，酒酣耳热之际，他对大家说："我冒犯了天子，想要尽忠朝廷暂时还不可能。如今，我听说黄巢已经北上，一定会搅乱了中原，一旦天子赦免了我的罪过，我将与你们一起南下立下大功，这岂不是一件快事！人生短短几十年，谁想一辈子老死在这荒漠里呢！"鞑靼人听了，知道其不会长期待在这里，就打消了除掉他们的想法。

这两年来，唐朝朝廷不得不调集大军对付北面的沙陀之乱和业已北上的黄巢义军，又需要密切关注着西南方向南诏动向，还得未雨绸缪，安定西川这一长安的大后方。

高骈担任西川节度使其间，派遣高僧景仙前往南诏，说服了南诏酋龙与唐朝和解，不久，酋龙去世，其子法继位，大臣掌握了朝中大权，遂派遣使者开始通过岭南西道节度使辛谠与唐朝接触，辛谠则派遣大将杜弘等人携带书信、礼物前往南诏。到乾符五年年初，当李克用发动叛乱之后，南诏又派遣副宰相赵宗政等人来到长安催促两国实现和亲事宜，但赵宗政此行并没有带来奏表，只是带了一封送交中书省的公文，称南诏皇帝只能对唐朝皇帝称弟而不能再称臣了。僖宗下诏命百官商议，礼部侍郎崔澹等人认为："南诏人傲慢无礼，高骈不识大体，竟然派遣一个和尚引诱南诏人前来，如果就这样接受，恐怕会让后人耻笑的。"高骈已经调任荆南节度使，听说朝中议论后，上书与崔澹等人争论，僖宗下令让他们和解。

辛谠派去的杜弘，经过一年才返回岭南西道，到乾符五年五月，杜弘回国后，辛谠又派遣代理巡官贾宏、大将左瑜、曹朗再次出使南诏。长安方面，经过数月的权衡，到了乾符五年年底，唐朝朝廷才将赵宗政送回南诏。唐朝朝廷最终的解决方案是：中书省对南诏方面的公文不予答复，只是以西川节度使崔安潜的名义，给南诏做一答复。

辛谠派去的贾宏等人在前往南诏途中，相继死去，随行人员也死了一多半。当时，辛谠也已得了中风，他召来巡官徐云虔，紧紧地握着他的双手，叮嘱道："我已经奏请朝廷向南诏派去了使者，可是，使者们在途中相继死去，这该如何是好？你既然当了一个官，就该时刻想着为国而死，你能再走一趟吗？我只恨得了中风，无法给你叩头了！"徐云虔听了，深受感动，流着眼泪，点头答应，说道："士为知己者死！大人既然征辟了我，我只恨没有机会报答大人，怎敢不从命！"辛谠大喜，给他准备了丰厚的行装，送他出境。

乾符六年二月六日，徐云虔抵达了南诏国都鄯阐城（今云南省昆明市）。在礼仪方面，两国基本上达成了一致，南诏国王法接见大使徐云虔时用平等的礼节，接见唐朝副使以下时，接受副使以下的叩拜。九日，法派遣教育部副部长杨宗到馆驿里，对徐云虔说："贵府的公文要让我们国王称臣，上书进贡特产，而我国国王已经从西川到了长安，与你们皇帝约定为兄弟，如果唐朝公主下嫁，就是舅甥。如果是兄弟或者舅甥关系，见面不过是一些见面礼而已，哪来的进贡之说？"徐云虔回答："你们国王既然想成为弟弟或者外甥，而你们国王是酋龙的儿子，难道酋龙就没有兄弟，他们就是你们国王的叔父一辈，但你们国王是君王，虽然他们是叔父，也得向你们国王称臣，何况是弟弟或者外甥呢？况且，酋龙的祖先是由我大唐册封的，才得以把六诏合而为一，大唐对你们的恩德深厚，此后虽然出现一些小小的纷争，那都是边将们的罪过。如今，你们国王想实现和解，岂能违背祖宗的规矩？遵从祖先的意愿，这就是孝；侍奉大国，这就是大义；平息战争，这是仁爱；弄清楚名分，这是礼仪。这四点都是很好的德行，能不努力做到吗？"南诏皇帝对徐云虔很优待，徐云虔在鄯阐城待了十七天，就回去复命了，然而，南诏皇帝法只给徐云虔两封用木匣子封好的公文，一封是送给中书门下省的；一封是送给岭南西道的，公文上仍未向唐朝称臣。

高骈被调离后，崔安潜就被调任为西川节度使。崔安潜到任后，对西川境内日益猖獗的盗匪不管不问，让西川人很是奇怪。有人就向他提了出来，崔安潜却说："强盗们如果没有人庇护，就不可能如此猖獗，如今一旦彻底追究起来，势必牵连到很多人，一一搜捕，只会徒增烦扰。"

乾符六年四月五日，崔安潜下令从仓库中拿出一千五百串钱，分别放置在三个市场内，并在钱堆上安插了一通告示，内容为："凡是能够告发一名强盗的，赏钱五百串。强盗们一定有同伙，同伙告发的，本人罪行一律予以赦免，赏格与其他人一样。"不久，就有一个人逮捕了一名强盗来领赏，那名强盗很是不服，说道："你和我犯的是同样的罪，一起干了十七年之久，所得赃物每次都是均分的，你怎能逮捕我？我们两个都是死罪。"崔安潜说道："你既然知道我的悬赏公告，为什么不逮捕他呢？你如果逮捕了他，那么，他就是死罪，你就该受赏了。你既然让人家占先了，还有什么话说呢！"当即兑现承诺，命人把赏钱发放给那人，还让被逮来的那位强盗亲眼看着，然后，将那位强盗用酷刑处死，并屠杀了他的全家。事后，各处的强盗们之间都相互猜疑起来，无地自容，不到第二天，纷纷逃离西川，西川境内的匪患就此绝迹了。

崔安潜见西川本地士兵怯弱，在得到朝廷允许后，派遣大将前往陈州、徐州招募将士，将招募来的壮士与西川当地士兵混编，加强训练，组成一支三千人的军队，分为三队，也头戴黄帽，号称黄头军。他又奏请朝廷请求调来洪州的弓弩手，训练用弓弩射击抛在空中的泥丸，经过训练，又组织起一支一千人的神射军，号称神机弩营。经过崔安潜的努力，西川的军队逐渐强大起来了。

广明元年（公元880年）三月，僖宗任命左金吾大将军陈敬瑄为西川节度使。陈敬瑄，就是田令孜的亲哥哥。幼年地位低贱，在左神策军当一名炊饼师傅，田令孜当权后，陈敬瑄也因此而爬上左金吾卫将军之位。《北梦琐言》记载，崔安潜担任忠武节度使其间，田令孜请求给陈敬瑄谋一个兵马使的职位，但崔安潜没有答应，等崔安潜改任西川节度使后，一次，陈敬瑄与杨师立、牛勖、罗元杲三人打球争当西川节度使，结果，陈敬瑄拔得头筹。僖宗大喜，就任命陈敬瑄当上了西川节度使。《资治通鉴》称，田令孜见天下大乱，提前为逃往西川做准备，就奏请从陈敬瑄和左神策军心腹大将杨师立、牛勖、罗元杲四人中选出一人担任西川节度使，僖宗就让四人打球，结果自然是陈敬瑄拔得了头筹，遂任命陈敬瑄为西川节度使。

虽然天下已经被黄巢、沙陀、南诏搅得七零八落，但僖宗的爱好依然不减。左拾遗侯昌业上书极力劝谏称，盗贼已经布满山东各地，而僖宗仍然不亲自处理政务，一心玩游戏，对身边的小人赏赐无度，田令孜专权跋扈，目无主上，天象示警，社稷将危。僖宗看了奏疏，勃然大怒，将侯昌业召至内侍省，赐死。度支部门用度不足，上奏请求朝廷暂借有钱人、外国商人钱财，僖宗下诏借这些人家财的一半。盐铁转运使高骈上奏称："天下盗贼蜂起，都是因为饥寒，现在只剩下有钱人和外国商人没有造反了。"朝廷这才作罢。

陈敬瑄素来微贱，等朝廷诏命传到西川时，西川上下都大吃一惊，不知道陈敬瑄这人到底是谁，有什么来头。青城县弥勒会的妖人觉察后，就装扮成陈敬瑄一行，谎称天下大乱，皇上马上就要驾临西川了，让陈敬瑄先来。西川军府信以为真，慌忙派人前去奉迎。这群人来到驿站，有一人索要四匹白马，催要得很急迫，马步使瞿大夫感到蹊跷，就将这群人控制了起来。瞿大夫命人把狗血浇到这群人的头上，很快，这群人都如实招供了，遂将其全部诛杀。广明元年六月八日，陈敬瑄来到成都。

《新唐书》称，陈敬瑄此人"性畏慎，善抚士"。《北梦琐言》亦称："陈太师敬瑄虽滥升重位，而颇有伟量。自镇西川日，乃委政事于幕客，委军旅于护戎。日食蒸犬一头，酒一壶。一月六设曲宴。即自有平生酒徒五人狎昵。焦菜一碗，破三十千。常有告设吏偷钱，拂其牒而不省。营妓玉儿者，太师赐之卮酒，拒而不饮，乃误倾泼于太师，污头面，遽起更衣。左右惊忧，立候玉儿为齑粉。更衣出，却坐，又以酒赐之。玉儿请罪，笑而恕之。其宽裕率皆此类。"据此，陈敬瑄此人还是有一定可取之处的。

南诏使者赵宗政返回南诏后，时任西川节度使的崔安潜暗中上书朝廷支持崔郸等人的意见，并说："南诏不过是个小蛮族，占据云南一个郡之地，如今，我们派遣使者与之和解，他们一定会认为中国怯弱，如果再向我们提出请求迎娶大唐公主，又该拿什么理由拒绝他们呢？"僖宗命令宰相们商议。卢携、豆卢瑑认为："大中末年，国库充实，自从咸通以来，南诏两次发兵攻陷安南、邕管，一次入侵黔中，四次侵犯西川，国家征兵运粮，天下疲敝，已超过十五年了，租赋有一多半都用于战争，进入不了国库，朝廷三使、内库因此而枯竭。战士们死于南方瘴气、传染病，百姓们则受困于盗贼，致使中原布满荆棘，归根结底都是因为与南诏之间的战争啊。前年冬天，南诏不再入侵了，原因是赵宗政还未归国。

去年冬天，南诏没有入侵，是因为徐云虔回国复命，他们心存希望。如今，安南子城已经被叛乱的士兵占领，节度使曾衮反攻，还没有攻下，其余等地的守边将士大多已擅自逃回，派往邕管的内地驻军又减少了一半。冬季将至，倘若南诏再次入侵，朝廷将拿什么来抵御！不如暂且派遣使者前去，就算南诏人对我们不称臣纳贡，起码能让其不再如此怨恨、入侵边境了。”僖宗采纳了二人的建议，下诏命新任节度使陈敬瑄答应与南诏和亲，允许他们不称臣，让陈敬瑄照抄诏书，给南诏答复。此后，僖宗又派遣嗣曹王李龟年（与开元时期著名乐师同名）担任宗正少卿兼大使，以徐云虔为副使，另外又从宦官中间挑选了内使，一起出使南诏。改任前西川节度使崔安潜为太子宾客、分司。不久，僖宗又任命杨师立为东川节度使，牛勖为山南西道节度使。

六九一　北入中原

从乾符六年（公元 879 年）下半年到广明元年（公元 880 年）上半年，黄巢一直在江南各地流窜，而淮南节度使高骈派遣的大将张潾等人也是屡屡取胜。张潾率部渡江南下，击败义军将领王重霸，王重霸归降，黄巢退守饶州（今江西省鄱阳县），黄巢别将常宏率领数万人向唐军投降。张潾又乘胜进攻饶州，一举攻下饶州，黄巢率部逃走。当时，江淮各部唐军屡屡上奏击败了义军，但很多是谎报战绩，而朝中信以为真，宰相以下百官经常入宫向僖宗道贺，僖宗君臣稍感安心。

其间，朝中宰相先是郑从谠、豆卢瑑、崔沆三人，继而，僖宗重新任命了卢携，又以郑从谠前往镇抚河东，朝中只剩下了卢携、豆卢瑑、崔沆三个宰相。豆卢瑑没有经国治世之才，一心依附于卢携；崔沆有时提出一些建议，常常被卢携、豆卢瑑二人否决。卢携重新上台之后，联络权宦田令孜，依靠高骈，僖宗对其非常倚重，开始专制朝政，高下在心，郑畋过去重用的人全都受到打压，像西川节度使崔安潜的被免就是一例，田令孜和高骈的势力则更强了，卢携又上奏僖宗，以高骈为诸道行营兵马都统。高骈发布檄文，征召天下各道军队，并广为招募，一共组织起一支七万人的讨伐大军，朝廷把消灭黄巢的全部希望寄托在高骈身上。不久，卢携就得了中风，不能行走，请假在家休养。卢携生病之后，神志大不如前，军国大事都交给心腹小吏杨温、李修处理，二人公开收受贿赂。广明元年六月十七日，卢携身体稍稍好转，才入宫面见僖宗，僖宗允许他不再跪下叩头，还派两名宦官在两边搀扶。

当初，山南东道节度使刘巨容从荆南返回襄阳后，荆南监军杨复光就让忠武都将宋浩暂时主持荆南军镇事务，让泰宁都将段彦谟率部守城，不久，朝廷就任命宋浩为荆南安抚使，这让段彦谟非常不满。宋浩担任留后以后，就开始看不起杨复光了，两人很快就产生了矛盾。宋浩禁止士兵们砍伐道路两旁的景观树，段彦谟的士兵们违反了禁令，宋浩下令杖打了违禁士兵，段彦谟听说后，勃然大怒，手持利刃，冲入府中，当即将宋浩以及两个儿子杀掉。杨复光遂向朝廷上奏称宋浩残暴凶狠，为众人所杀，以门客常滋为留后，并推荐段彦谟为朗州刺史。僖宗下诏任命段彦谟为朗州刺史，以工部侍郎郑绍业为荆南节度使，以杨复光为忠武军监军，驻扎邓州。在各道大军与黄巢义军激战的同时，曾经焚毁江陵北逃的刘汉宏也逐渐强盛起来，开始侵扰宋州、兖州一带。僖宗赶忙下诏命令关东各道军队组织围剿。刘汉宏只得南下，劫掠申州和光州，到该年七月，朝廷任命淄州刺史曹全晸为天平节度使、兼东面副都统，刘汉宏走投无路，向朝廷投降，朝廷任命其为宿州刺史。

广明元年四月十九日黄巢被唐军从饶州赶跑之后，逃到了信州（今江西省上饶市），军中又染上传染病，死了不少人，张潾趁机向义军发起猛攻。当时，义军转战各地，接连战败，军中大将李罕之、王重霸、常宏、许勍、秦彦等人相继投降，义军的处境已非常危急。李罕之，陈州项城人。其父李文，世代务农，李罕之力大无穷，身手矫健，年少时曾学文，学不成，又落发为僧，而人们又嫌弃其无赖，无处容身，一次，他曾到酸枣县要饭，从中午一直到黄昏，无一人施舍给他，遂毁坏僧服，扔掉饭碗，落草为寇。黄巢起义后，李罕之也率众加入，逐渐成了一名头领。

黄巢无奈，给张潾送去了很多金银财宝，并给高骈写信，请求投降，还请高骈向朝廷转奏。高骈信以为真，也想不战而夺得头功，就答应替黄巢向朝廷要来节度使官位，厚厚地款待了黄巢派来的使者。当时，昭义、义成、感化等各道军队均已抵达淮南，高骈唯恐各道抢去了自己的功劳，就上奏朝廷称很快就可以平定义军，不用再麻烦各道军队了，请求朝廷予以遣返。朝廷不明就里，也就答应了。

显然，黄巢准确地把握了高骈急于立功的心态，采取诈降之计麻痹了高骈，迟滞了张潾的进攻，给义军换取了暂时休整的宝贵时机，同时，又促使高骈遣返了各道讨伐军。当高骈还在淮南寄希望于不战而平黄巢之时，黄巢已经探听到了各道军队北渡淮河、离开淮南的消息，立马与高骈翻脸，并给高骈下了决一死战的战书。接到黄巢的战书，高骈急火攻心，又羞又怒，立即传令张潾与义军决战。唐军一直认为黄巢行将投降，早已松懈，而义军则经过休整，准备充分，一战下来，唐军大败，张潾被杀，黄巢义军再次强盛起来了。

信州大捷后，黄巢乘胜派遣部将又攻克了睦州（今浙江省建德市）、婺州（今浙江省金华市），其主力部队则于六月二十八日攻克了宣州。七月，黄巢大军从采石（今安徽省当涂县西北长江渡口）北渡长江，包围了天长（今安徽省天长市）、六合（今江苏省南京市六合区），声势浩大。降将毕师铎对高骈说道："国家安危，朝廷全依靠大人，如今，黄巢大军数十万之众，乘胜长驱北上，如入无人之境，大人如果不率军扼守险要抵御，一旦黄巢越过长淮关（今安徽省凤阳县西北），将无人能够控制了，必为中原大患。"信州惨败后，此时的高骈已经与朝廷发生了隔阂，僖宗下诏严厉斥责高骈遣返各道讨伐军，又上了黄巢诈降之计，高骈见各道军队已经撤回，淮南主力已被义军歼灭，张潾败死，自感无力抵挡黄巢大军，遂不敢出兵迎击，只是下令各将加强战备，以图自保而已，并上书向朝廷告急，称："敌人六十余万大军驻扎天长，距离臣的城池仅五十里不到。"当时，朝野上下虽然有人觉得高骈不值得依靠，但卢携曾称其有文武全才，大家还是对其寄予厚望的，等到接到高骈的奏表，朝野震动，僖宗下诏严厉斥责高骈遣散了各道讨伐军，以致黄巢可以轻松渡过长江。高骈上书推卸责任称："臣上奏请求遣返各道军队，批准的是陛下您自己，也不是我一个人的责任。如今臣竭尽全力，一定能守好淮南一地，只是担心敌人会渡过淮河，希望陛下速速下诏命令东道各军加强守备。"遂自称得了中风，不再言战了。另据《旧唐书·高骈传》记载，当毕师铎建议发兵时，高骈的心腹爱将吕用之唯恐毕师铎等人立功，夺了自己的权势，就对高骈建议道："大人的功劳已经很大了，如今叛贼未灭，朝廷方面就已经出现了责难的声音。如果消灭了叛贼，大人功高震主，又将去何处安身呢？替大人筹划，不如按兵不动，静观时局。"高骈遂采纳了他的建议。此段记载聊备一说。

高骈不战，等于淮河门户洞开。僖宗接到高骈奏表后，心情可想而知，但也无可奈何，只好赶忙下令河南各道军队进驻溵水，泰宁节度使齐可让进驻汝州，又晋升淄州刺史曹全晸为天平节度使、东面副都统。好在是，恰恰在这时，代北各军平定了李国昌父子的叛乱，一直搅乱中原腹地的刘汉宏也投降了，让僖宗君臣心里多少安慰一点。

九月，东都上奏："汝州招募的李光庭等五百士兵从代州返回，经过东都时，烧毁了安喜门，劫掠、焚毁街市，从长厦门逃去。"徐州奉命派遣三千人赶赴溵水，途经许昌（今河南省许昌市）。徐州士卒素来凶悍，忠武节度使薛能自以为曾经担任过感化军节度使，对徐州人有过恩德，就把这些徐州士兵安排在城内的球场内，等到天黑以后，徐州士兵开始大声鼓噪，薛能登上内城城墙询问原因，徐州士兵们回答供应太差，薛能安抚了很长时间，徐州士兵们才作罢。经过此番折腾，忠武城内军民都很害怕，当时，忠武也已经派遣大将周岌率军赶往溵水，他们还没走太远，听到了城内的喧哗之声，遂连夜返回，快到天明时，回到许昌，袭击徐州军队，将这三千徐州兵全部杀害，又怨恨薛能厚待这些徐州兵，差一点酿成大祸，趁机把薛能也赶出了许昌。薛能逃往襄阳，乱兵追上将其全家杀害。奉命前来溵水的汝州、郑州把截制置使齐可让担心被周岌袭击，也退回了兖州，于是，朝廷派往溵水堵截黄巢的各道军队也都纷纷撤离。薛能进士出身，一介书生，过去却相当自负，曾写诗："焚却《蜀书》宜不读，武侯无可律我身。"把诸葛亮都不放在眼里，但实践证明，这些书生出身的晚唐节度使们都是不中用的。

黄巢部众号称十五万，曹全晸率领本部六千余人与之作战，杀伤了很多义军，但终因众寡不敌，退守泗州（今江苏省盱眙市淮河北岸），以等待其他各道援军。然而，高骈迟迟不敢出兵，义军遂击破了曹全晸的军队，打开了北上的门户。溵水各道军队撤离后，黄巢遂率众渡过淮河，所到之处，一改昔日作风，不再劫掠，只是征召壮丁，以扩充军力。义军很快就攻克了申州（今河南省信阳市），进入颍州、宋州、徐州、兖州一带，所到之处，唐朝军队无力抵抗，官吏、百姓纷纷逃散。

六九二　杀进长安

黄巢将要北渡淮河时，豆卢瑑请求朝廷把天平节度使一职授予黄巢，等其到任之后再行讨伐。

但是，卢携提出反对，他说："盗贼贪得无厌，就算授予他节钺，也无法制止其四处劫掠，不如立即发兵扼守泗州，以汴州节度使为都统，他们前进不能入关，一定还会回头劫掠淮河、浙江一带，在沿海地区苟延残喘罢了。"可是，各道军队因徐州士兵为忠武军周岌所杀而纷纷撤离，事态急转直下，淮北各地纷纷告急，卢携无法塞责，只好再次称病不出，长安城内一片惊恐。

广明元年十一月，河中都虞候王重荣叛乱，将河中集市洗劫一空，朝廷暂且以王重荣担任河中留后，将节度使同平章事李都调回，改任太子少傅。王重荣，太原祁人。其父王纵，太和末为河中骑将，追随石雄破回鹘，后官至盐州刺史。王重荣与哥哥王重盈均勇冠三军，被提拔为河中牙将，主伺察，后为行军司马。史称："重荣多权诡，众所严惮，虽主帅莫不下之。"同月，新归降的宿州刺史刘汉宏怨恨朝廷给他的官职太小，朝廷不得不以其为浙东观察使。僖宗下诏命令河东节度使郑从谠将本道军队交给夏绥节度使诸葛爽以及代州刺史朱玫统领，命二人南下讨伐黄巢，另以代北都统李琢为河阳节度使。

十一月十日，东都上奏称，黄巢大军已经进入汝州境内。汝州、郑州把截制置都指挥使齐可让上奏称，黄巢已自称天补大将军，向各地驻军发布公文，称："你们各自守好营垒，不要冒犯我的兵锋！我将进入东都，转向长安，只想审问犯罪之人，不关你们的事！"僖宗召集宰相们商议。豆卢瑑、崔沆请求调派关内各镇以及左右神策军把守潼关。

十二日冬至，僖宗驾临延英殿，对着宰相们流下眼泪。观军容使田令孜上奏称："请求陛下挑选左右神策军弓弩手把守潼关，臣亲自担任都指挥把截制置使。”僖宗回答：“侍卫将士，不熟悉征战，恐怕无用。”田令孜又说：“昔日安禄山叛乱，玄宗皇帝驾临蜀地避难。”崔沆反驳道：“安禄山拥众不过五万，与黄巢相比不值一提。”豆卢瑑说道：“哥舒翰以十五万大军尚且不能守住潼关，如今，黄巢有六十万大军，而潼关又没有哥舒翰那样多的军队。如果田令孜替社稷打算，三川将帅都是田令孜的心腹，与玄宗相比可以说早有准备了。”豆卢瑑这话说得很妙，明褒实贬，僖宗听了，一脸不悦，对田令孜说道：“你暂且替朕发兵把守潼关。”

当天，僖宗亲临左神策军，检阅将士。田令孜举荐左神策军马军将军张承范、右神策军步军将军王师会、左神策军兵马使赵珂。僖宗亲自召见了三人，任命张承范为兵马先锋使兼任把截潼关制置使，王师会为制置关塞粮料使，赵珂为句当寨栅使，田令孜为左右神策军内外八镇及诸道兵马都指挥制置招讨等使，以飞龙使杨复恭为副使。

十三日，齐可让上奏称：“黄巢已经进入东都境内，臣率军退守潼关，在关外设置营寨。将士们屡经战斗，一直缺乏军饷，州县残破，人烟全无，东西南北不见一个官员，将士们饥寒交迫，武器残破，各自思乡，臣恐怕一旦溃散而去，希望陛下速速调拨粮饷，增派援军！”僖宗命令从左右神策军中挑选两千八百名弓弩手赶赴潼关支援。田令孜上奏从长安城内招募数千人补充神策军兵员。

十七日，黄巢进入东都，东都留守刘允章率领百官迎接。黄巢进入城内后，军纪严明，安慰劳问一番而已，对百姓秋毫无犯。刘允章，刘迺曾孙，曾写《直谏书》，指斥朝廷和社会弊端，黄巢杀来时，他无力抵抗，只好迎降。二十一日，陕虢上奏朝廷，东都已经陷落。二十二日，僖宗任命田令孜为汝州、洛州、晋州、绛州、同州、华州都统，率领左右神策军向东迎战，同日，黄巢义军攻克了虢州（今河南省灵宝市）。朝廷任命神策将领罗元杲为河阳节度使，周岌为忠武节度使。当初，薛能派遣牙将秦宗权调发蔡州军队，秦宗权来到蔡州后，听说许州发生兵变，就谎称带兵要去平叛，征召蔡州军队，等掌握了蔡州军队后，秦宗权趁机驱逐了蔡州刺史，占领了蔡州城。等朝中任命周岌为忠武节度使后，周岌就任命秦宗权为蔡州刺史。

十一月二十五日，张承范等人率领神策军弓弩手从长安出发。这些神策军士兵都是长安富家子弟，通过贿赂宦官才换取一个神策军士兵的身份，以领取丰厚的俸禄，平日里只会仗势欺人，作威作福，根本不会打仗。听说这一次真要出征，父子相聚，抱作一团，哭得一塌糊涂，很多人临时拿出重金雇用病患收容所内的贫苦百姓代行，而雇来的这些患病之人往往连武器都拿不动。当天，僖宗驾临章信门给士兵们壮行。张承范进言道："臣听说黄巢已拥有数十万大军，战鼓齐鸣，一路西行，齐可让率领一万饥饿难耐之兵守在潼关关外，陛下又派遣臣率领两千余人驻扎关上，却没有听说怎么发给我们粮饷，这样抵挡敌人，臣实在是非常担心。希望陛下速速督促各道精兵前来救援。"僖宗说道："你只管先去，援军马上就到。"二十七日，张承范等人抵达华州，华州城内一片萧条，士兵们打开州仓库，只见仓库内布满灰尘，到处是老鼠的痕迹，幸赖库中尚存一千多斛大米，士兵们携带了三天的粮食，继续进发。

十二月一日，张承范等人来到潼关。将士们大肆搜索，从草丛中找出一百多名吓得瑟瑟发抖的村民，让他们运送石头，准备饮水，加强防御，而他们这时也与齐可让之军一样已经断粮，将士们毫无斗志。就在这时，黄巢的先头部队已抵达潼关城下，白色战旗漫山遍野，一望无际。齐可让与义军交手，义军措手不及，稍稍退却，不一会儿，黄巢大军就赶到了，全军齐声呼喊，声震黄河华山。齐可让竭力抵抗，从中午一直战至黄昏，唐军士兵因饥饿已无力再战，遂齐声呼喊，烧毁营垒溃散，齐可让退入潼关。

潼关以北有一条山谷，平时禁止百姓出入，以便官府在关城征税，称之为"禁坑"。义军突然到来，仓促之间，唐军竟然忘记守卫这条山谷了。溃散的唐军从这条山谷逃跑，山谷之内原本布满荆棘、藤萝，暗无天日，败兵一过，顿时践踏成一条坦途。

张承范把所有的资粮都分发给将士们，派人向朝廷告急，称："臣离京六天，不见一个援军，也没有送来一点粮饷。到潼关的当天，敌人已经到了，我们以两千八百人抵御六十万大军，齐可让的关外之军已经溃败，踏平了禁坑。臣失守潼关，甘愿受罚，而朝廷谋臣，你们的脸面又放到哪里！我还听说陛下已经打算西逃，一旦陛下离开长安，则上下立刻土崩瓦解。臣斗胆以尚且活着之躯，冒死说出直言，希望陛下与近臣认真商议，不可轻举妄动，火速征召各地大兵解救潼关，如此一来，高祖、太宗基业也许还能挽救，如果能让黄巢像安禄山那样被杀，则臣的死就胜过哥舒翰之死了（意思是自己就不会像哥舒翰那样投敌）！"

十二月二日，黄巢义军向潼关发起猛烈的进攻，张承范率部全力抵抗，战斗从凌晨一直打到黄昏，守军箭已射完，将士们拿起石块向义军砸去。潼关外面有一条天然壕沟，义军把一千余名百姓驱赶到壕沟里，用泥土填埋，一会儿工夫，就填平了壕沟，大军随后通过。夜里，义军纵火焚烧潼关，城楼瞬间化为灰烬。《北梦琐言》记载，当时已经被贬的王铎从洛阳逃出，又把守潼关，黄巢给王铎传话称："你是个儒生，不是我的对手，请自行避让，不要污了我的刀锋！"王铎遂撤离西逃。

张承范分出八百名士兵交给王师会，命其把守禁坑，但等唐军来到禁坑时，已经发现义军早已通过。三日一大早，义军前后夹攻，潼关唐军顿时溃散，张承范换了衣服，率领残兵败将向西逃去，王师会自杀。张承范一行行至野狐泉（今陕西省华阴市西南），碰上从奉天赶来的两千援军，张承范说道："你们来晚了啊！"博野、凤翔援军也随之返回渭桥，见到田令孜招募的新兵衣服光鲜，都非常气愤，说道："这些人有什么功劳待遇这么好，我们反而饱受冻饿！"遂劫掠新兵的衣服，转而当了义军的向导，直扑长安而来。义军进攻潼关时，朝廷任命前京兆尹萧廪担任东道转运粮料使，萧廪称病拒不上任，被贬为贺州司户。黄巢大军进入华州，留下部将乔钤驻守。河中留后王重荣向黄巢投降。

十二月四日，僖宗下诏任命黄巢为天平节度使。眼看黄巢已经打到了长安，这时僖宗君臣才给黄巢这个官职，简直是颟顸透顶。

听说黄巢打入潼关，田令孜唯恐僖宗归罪于己，就把所有的责任都推到卢携身上。五日，僖宗任命翰林学士承旨、尚书左丞王徽为户部侍郎、同平章事，翰林学士、户部侍郎裴澈为工部侍郎、同平章事，贬卢携为太子宾客、分司。当晚，卢携喝毒药自杀。王徽，就是到刘琢跟前哀求不愿娶公主的那位。裴澈，是前宰相裴休的侄儿，裴休兄弟三人：裴俦、裴休、裴俅，民间有"俦不如俅，俅不如休"之说，裴澈就是裴俅的儿子。就在这一天凌晨，百官退朝后，就听说乱兵已经进入长安了，纷纷逃亡躲避，田令孜率领五百神策军保护着僖宗从金光门逃出长安，随行只有福王、泽王、穆王、寿王以及数位嫔妃，朝廷文武百官无人知道。

僖宗一路狂奔，一刻也不敢停留，就是这些随从也很多追赶不上。《新唐书·田令孜传》称，僖宗行至咸阳沙野，军中十余骑兵高呼道："黄巢替陛下除奸臣，陛下今日西去，关中父老还有什么指望？请陛下回宫！"田令孜呵斥他们，命令羽林骑兵飞马斩杀了这十余名骑兵，并以羽林骑兵的白马送给僖宗，日夜飞奔。

听说皇帝已经逃走，长安城内顿时大乱，不少士兵和百姓纷纷冲入国库内，劫掠金银财物。五日午后，义军先锋柴存率部最先进入长安，金吾大将军张直方率领文武数十人前往霸上（今陕西省西安市东南）迎接黄巢。张直方从幽州逃回朝廷后，一直受到朝廷人士的歧视，如今投降黄巢，也在情理之中。

黄巢乘坐黄金装饰的两人小轿，部下均披头散发，以红布条缠头，身穿绸缎衣服，手持兵器，簇拥黄巢身边；黄巢的大军声势浩大，铁骑像奔腾的洪水，辎重车辆塞满道路，千里之内，络绎不绝，一眼望不到边。长安百姓站在道路两边观看，尚让一一安抚大家，说："黄王起兵，是为了百姓，我们不会像李氏那样不爱惜你们，你们只需安居乐业，不要害怕。"义军进入长安时，晚唐诗人韦庄正在城内参加科举考试，后来他写下了《秦妇吟》就描写了当时的情况："前年庚子腊月五……忽见门外起红尘，已见街中擂金鼓。"

进入长安后，黄巢先住在了田令孜的家中。义军不少将士劫掠已久，每人身上都有很多钱财，他们见到穷人，经常进行施舍。进入长安几天后，又各自出去劫掠，焚烧市场、商店，杀人满街，黄巢却无法制止，这些人尤其憎恨官吏，只要唐朝官吏落入他们的手上，很多都被杀害了。

六九三 建立大齐

僖宗逃奔骆谷（今陕西省周至县西南）。

凤翔节度使郑畋早已在路边接驾，请求僖宗暂时在凤翔安顿下来。僖宗早已吓成了惊弓之鸟，对郑畋说道："朕不愿离这个巨寇这么近，暂且前往兴元，征调各路兵马以图恢复。爱卿东面抵御敌人，西面结好各族，联合邻近各道，努力建立大功。"郑畋回答："道路难行，奏报往来困难，请求陛下允许臣可以根据实际情况独断专行。"僖宗同意了。十二月九日，僖宗抵达壻水（流经今陕西省洋县西北），下诏告知牛勖、杨师立、陈敬瑄三人，长安已经陷落，自己将驾临兴元，如果敌人势力仍然很大，即将再往成都，要提前着手准备。

广明元年十二月十一日，黄巢下令将留在长安城内的李唐宗室子弟一律诛杀。十二日，黄巢才开始进入皇宫。十三日，黄巢在含元殿登基即皇帝位，以黑色绸缎画为龙袍，敲击数百面战鼓充当管弦乐器之声。然后，他登上丹凤楼，宣布大赦天下，建国号大齐，改元为金统元年。并在诏书中指出，唐朝的广明年号，预示着去掉了唐朝的下体，加入了黄家日月，正是上天给自己带来的祥瑞；他要求唐朝三品以上官员一律停职，四品以下官员照旧；同时，晋封妻子曹氏为皇后。任命尚让为太尉兼中书令，赵璋为兼侍中，崔璆、杨希古为同平章事，孟楷、盖洪为尚书左右仆射、知左右军事，费传古为枢密使，太常博士皮日休为翰林学士。《旧唐书·黄巢传》称："崔璆、杨希古、尚让、赵章（即赵璋）为四相，孟楷、盖洪为左右军中尉，费传古为枢密使，王播为京兆尹，许建、朱实、刘塘为军库使，朱温、张言、彭攒、季逵为诸卫大将军、四面游弈使。又选骁勇形体魁梧者五百人，曰功臣，令其甥林言为军使，比之控鹤。"据《殷诫录·金统事》称："自从大驾去奔西，贵落深坑贱出泥……扶犁黑手翻持笏，食肉朱唇却吃齑。"

在黄巢任命的这些官员中，有义军将领，也有一部分投降的唐朝官吏。崔璆从浙东观察使任上被罢免，如今滞留长安，被黄巢拜为宰相，另外一位宰相杨希古，是前长安县令杨鲁士的儿子，前吏部尚书杨汝士的侄儿。杨氏一家是名门望族，懿宗时期，杨希古担任司勋员外郎、户部郎中等职，黄巢入京时，其很可能是尚书右丞。皮日休，是咸通八年进士，黄巢在江浙一带活动时，将其劫持，入京后拜为翰林学士。与皮日休一起被黄巢任命为翰林学士的还有沈云翔、裴渥等人，《唐摭言》称，沈云翔也是进士出身，与其余九人因巴结宦官而飞黄腾达，被人称为“芳林十哲”。芳林门，是进入后宫之门，以此暗喻宦官。裴渥，曾任蕲州刺史，曾招降过王仙芝，与义军有过接触。张直方，时任唐朝尚书右仆射、左金吾卫大将军，根据大齐规定，按理说张直方是从二品，不能留任，但因其率众迎降，破格被授予检校尚书左仆射。

诸葛爽率领代北行营的军队驻扎栎阳（今陕西省西安市高陵区东北），黄巢派遣朱温率部进驻东渭桥，并令朱温前去招降，诸葛爽遂投降了黄巢。朱温，砀山（今江苏省砀山县）午沟里人。其父朱诚在乡里教授《五经》，生下三子朱昱、朱存、朱温。朱诚去世后，其妻王氏无法生活下去，就带着三个儿子到萧县人刘崇家里当仆人。朱昱为人忠厚，没有什么才能，而朱存、朱温二人却孔武有力，尤其朱温更是十分凶悍，经常惹是生非，当地人对其都非常厌恶。刘崇因朱温懒惰，屡屡羞辱、鞭打他，唯独刘崇之母从朱温幼时就对他很喜欢，曾告诫家人们说：“朱三不是常人，你们要对他善待。”家人询问原因，刘母回答：“我曾经见其熟睡时，化成一条红色的蛇。”但是，家人们都不相信。诸葛爽投降黄巢后，黄巢任命其为河阳节度使，诸葛爽率部前去上任，唐朝河阳节度使罗元杲发兵抵御，但士兵们纷纷丢掉铠甲，迎接诸葛爽，罗元杲逃走，追赶僖宗。

郑畋回到凤翔，召集众将商议破敌之策。众将纷纷表示：“敌人势力正盛，暂且静观其变，等各道军队集结以后，再图收复。”郑畋说道：“各位难道是想让我投降吗？”一时急火攻心，一头栽倒在护栏上，被砖头剐伤了脸面，从中午一直到次日一早，仍然不能说话。正巧黄巢的使者带着大赦令来到凤翔，监军袁敬柔与将领们依次排列，代替郑畋起草奏表并署名，向黄巢谢罪。监军与黄巢的使者一起饮宴，席间，音乐响起，将士们都忍不住哭出声来。使者感到很奇怪，就问原因，幕僚孙储赶忙打圆场，说道：“相公因中风不能出席，所以才感到悲痛啊。”百姓们听说后也都纷纷落泪。郑畋得知后，说道：“我就知道人心尚未厌弃唐朝，叛贼很快就会毙命了！”遂刺破手指，写下血表，派遣心腹追赶僖宗，交给僖宗表明忠心，然后，他又召集将士们解释忠诚与忤逆的道理，众人纷纷表示愿意听从郑畋的指挥，又歃血为盟，整修城池，修缮武器，训练士兵，暗中与邻近各道约定合兵一处讨伐义军，各道也都纷纷响应，约定派兵到凤翔集中。当时，镇守关中各地的禁卫军尚有数万之众，听说僖宗逃往西川，群龙无首，郑畋派人前去招抚，纷纷前来投靠，郑畋拿出钱财赏赐给大家，凤翔的军威大振。

十二月十八日，僖宗来到兴元（今陕西省汉中市），下诏命令全国各道出动全部兵力，全力收复长安。二十日，黄巢下令，凡是唐朝百官前往赵璋家中投递名片的，一律官复原职。宰相豆卢瑑、崔沆以及尚书左仆射于琮、右仆射刘邺、太子少师裴谂、御史中丞赵濛、刑部侍郎李溥、京兆尹李汤因没有逃出京师，被义军搜出，全部被杀。于琮妻子、广德公主说道："我是大唐公主，一定与于仆射一起赴死！"抓住凶手的砍刀不让凶手砍下，凶手遂一并将公主砍死。黄巢还下令将卢携的尸体挖出，在市场上砍下头颅示众。将作监郑綦、库部郎中郑系拒不向黄巢称臣，全家一起自杀。张直方虽然投降了黄巢，却招徕亡命之徒，将很多公卿大臣藏匿夹墙之内，义军发现后，黄巢下令将其斩杀。

义武（今河北省定州市）节度使王处存听说京师陷落后，号哭数日，不等朝廷命令，率领全军入援，又派遣两千人从小路前往兴元保护僖宗。大齐使者来到成德镇，成德节度使王景崇立即斩杀了使者，与义武节度使王处存一起向邻近各道发布檄文，并把一部分军队交给王处存统领，入关讨伐黄巢。

王重荣投降黄巢后，黄巢屡屡派人来到河中征调各种物资，前后来了数百人，当地军民不胜其苦。王重荣对大家说："当初我之所以委屈自己，投降黄巢，只不过是为了减轻军府的灾难，如今，他们却不断索要财物，还要征召我们的军队，我行将灭亡了！不如发兵抵御。"众人都纷纷表示同意，遂将黄巢的使者全部杀掉了。黄巢派遣部将朱温率军从同州（今陕西省大荔县），弟弟黄思邺率军从华州（今陕西省渭南市华州区），合兵进攻河中，王重荣率部与义军交战，大破义军，缴获各类运粮和武器船只四十余艘，派人与王处存结盟，领兵在渭河北岸安营扎寨。在王重荣投降大齐政权上，《新唐书》与《资治通鉴》的记载并不相同，前者认为，在黄巢进入长安之后，派兵略地，河中无力抵抗，节度使李都暂时投降了大齐，此后，大齐政权不时征调物资，王重荣建议再归顺朝廷，李都自愿将节度使一职让给王重荣，而自己逃归兴元。僖宗任命前京兆尹窦潏为河中节度使，窦潏来到河中后，当众说道："天子任命大臣镇抚一方，谁敢擅自驱逐？给我说出谁是首谋者！”王重荣站在台阶上，说道：“我就是首谋者，你还要找谁！”盯着窦滈的侍从，示意赶紧给他备马，让其离去，王重荣遂当上了河中留后，《北梦琐言》也有类似记载，而《资治通鉴》则记载，在黄巢进入长安之前，王重荣已经于十一月发动了兵变，驱逐了李都。

据《册府元龟·将帅·忠》记载，“王景崇，广明中为镇州节度使，时僖宗西巡，屈伪廷者十三四。”也就是说，在黄巢三十余万大军进入关中之后，迫于形势压力，唐朝全国十之三四的藩镇向大齐政权投降。广明元年时，唐朝全国藩镇都防御使一个、观察使十个、节度使三十八个，共计四十九个，其中关内道有凤翔、泾原、邠宁、鄜坊、朔方、夏绥、振武七个，河南道有东都、陕虢、河阳、义成、宣武、忠武、感化、兖海、平卢、天平十个，河东道有大同、河东、河中、昭义四个，河北道有幽州、成德、义武、魏博、横海五个，山南道有山南东道、山南西道、荆南三个，陇右道有归义、秦成、河西三个，剑南道有剑南西川、剑南东川两个，淮南道有淮南一个，江南道有浙西、浙东、宣歙、镇海、福建、江西、湖南、黔中、鄂岳九个，岭南道有岭南西道、岭南东道、容管、桂管、安南五个。根据当时的情况，关内七个军镇在表面上归附了大齐政权，河南道的大部分藩镇，比如，忠武、东都、河阳、陕虢等镇也已归顺，至于其他各地的藩镇似乎都还在观望。

六九四　龙尾陂之战

陈敬瑄听说僖宗出逃后，派遣三千步骑前去迎接，并上书请求僖宗驾临成都。

当时，追随僖宗的军队人数逐渐增多，兴元的粮食逐渐供应不上，田令孜也劝说僖宗入川，僖宗最终答应了。当初，枢密使杨复恭举荐处士张濬，僖宗将其拜为太常博士，又晋升为度支员外郎。黄巢逼近潼关时，张濬逃往商山避难。僖宗在逃往兴元途中，沿途缺少物资供应，正发愁时，汉阴县令李康派来数百头满载粮食的骡子，随行将士们才吃饱喝足了。僖宗问李康："你只是个小小的县令，为何能想到这一点？"李康回答："臣想不到，是张濬员外告诉我的。"僖宗把张濬召来，当即拜为兵部郎中，不久，又拜其为谏议大夫。张濬，宪宗时期中书舍人、诗人张仲素之孙。张濬倜傥不群，涉猎文史，喜欢说大话，不为士人所看重。张濬郁郁不得志，遂到金凤山隐居，学习鬼谷子纵横之术，想以此取得富贵，后经杨复恭举荐入仕。

广明二年（公元 881 年，本年七月改元为中和元年）一月，僖宗开始从兴元启程，向成都进发。临行，僖宗加封兴元节度使牛勖为同平章事。有内园小儿先来到成都，在行宫之内参观，笑着说道："人们都说西川是蛮荒之地，现在看来，也算不错！"陈敬瑄认为扈从皇帝的亲随骄横难制，就借此将此人抓住，用棍棒打死，从此，侍从们都不敢怠慢了。陈敬瑄前往鹿头关（今四川省德阳市）迎候僖宗。

一月二十二日，僖宗进抵绵州（今四川省绵阳市），东川节度使杨师立前来觐见。二十三日，僖宗任命工部侍郎、判度支萧遘为同平章事。萧遘，是玄宗开元时期宰相萧嵩的四代孙。萧嵩生萧衡，萧衡生萧复，萧复是德宗朝宰相；萧复生萧湛，萧湛生萧寘，萧寘是懿宗咸通时期宰相；萧寘就是萧遘的父亲。萧遘在咸通五年登进士第，后历任秘书省校书郎、太原从事、右拾遗、起居舍人。萧遘与韦保衡同年登进士第，韦保衡对萧遘很是嫉妒，等韦保衡拜相后，就把萧遘贬为播州司马。韦保衡被杀后，萧遘被僖宗召回，拜为礼部员外郎，后历任考功员外郎、知制诰、翰林学士、中书舍人、户部侍郎、翰林承旨。僖宗出逃后，因供应短缺，需要近臣负责用度，改任其为工部侍郎、判度支。史称：萧遘“少负大节，以经济为己任。洎处台司，风望尤峻，奏对朗拔，天子器之”。至此，朝中宰相分别为：王徽（陷于长安）、裴澈、萧遘三人。

郑畋联络前朔方节度使田弘夫、泾原节度使程宗楚一起讨伐黄巢。黄巢派遣部将王晖携带诏书征召郑畋，郑畋命人将其斩杀，并派遣儿子郑凝绩追赶僖宗，在汉州（今四川省广汉市）赶上了僖宗。二十八日，僖宗来到成都，暂住节度使官邸，也开始了他长达四年的蜀中生活。

裴澈从长安逃到成都，当时，朝中文武百官都还未逃到成都，缺少撰写诏书的人选，右拾遗乐朋龟求见田令孜，见到田令孜后，跪下叩头，乐朋龟就此被拜为翰林学士。张濬过去也曾向田令孜跪下叩头，当上兵部郎中后，张濬再见到田令孜就不好意思再当众叩头了。一次，田令孜召来宰相和朝中权贵一起饮酒，张濬提前赶到，单独面见田令孜，叩头感谢赐宴。田令孜一眼就看穿了张濬的心思，等到客人们到齐后，田令孜对大家说道：“我与张郎中自然分属清浊两个世界，既然害怕我玷污了你，就不必害怕改变态度。今天在没人时叩头赐宴，就太不应该了。”张濬羞愧得无地自容。

此年，僖宗已二十岁了，他在震惊、恐惧之余，始终心系长安，此次逃离京师，让他有着切肤之痛，常常令他寝食难安。在他《赐薛应辞诏》中曾自称：“每北望山河，东瞻陵庙……未尝不当寝震惊，临食吁叹”，一心想着尽快收复长安，消灭黄巢。

二月一日，僖宗以太子少师王铎为守司徒兼门下侍郎、同平章事。至此，朝中宰相分别为：王铎、王徽、裴澈、萧遘四人。此时，僖宗君臣虽然对手握重兵的淮南节度使高骈非常不满，但又不敢得罪，同时，对他还是寄予厚望的，希望高骈能够发兵北上收复长安，遂向淮南屡屡派出中使催促高骈出兵，但高骈始终置若罔闻。僖宗入蜀之后，九日，向高骈下诏，再次要求他出兵勤王，并允许他对于辖区的刺史以及有功将士，下自监察御史，上到散骑常侍，可以直接任命（墨敕授官），然后报请朝廷备案。一说，僖宗此诏书是向全国各道节度使发布，不仅仅给予高骈一人此项权力。僖宗逃往西蜀，与前线军事统帅联络困难，而前线军情又瞬息万变，僖宗下放权力有其合理性，但是，在此时授予高骈和各地节度使这一权力，很大程度上是出于拉拢他们，然而，墨敕授官所带来的消极影响是巨大的，可谓抱薪救火。墨敕授官等于朝廷把本属于自己的人事任免权拱手让给了各地节度使，朝廷下放权力容易，但收回来就困难了，此后，各地节度使成了名副其实的割据政权，与朝廷的离心力越来越大，加速了唐帝国的最终灭亡。

广明二年二三月间，僖宗君臣接连发布一系列诏书，给各地军阀封官许愿，督促他们对长安发起进攻。二月，僖宗首先下诏加淮南节度使高骈为京城四面行营都统（一说是东面），给予高骈实际上帝国军事最高统帅的职务，又加封河东节度使郑从谠兼侍中，招讨使如故，以枢密使杨复光为京城西南面行营都统。然而，此时的高骈已经心怀异志，根本不愿率部北上，再替唐朝卖命，他在接到僖宗诏书后，只是“大阅军师，欲兼并两浙，为孙策三分之计”。见高骈对朝廷的命令置若罔闻，三月十三日，僖宗不得不任命使相、凤翔节度使郑畋为京城西面诸军行营都统，在给郑畋颁布的诏书中，僖宗也授予了他墨敕授官的权力：“凡是蕃汉有功将士，允许你墨敕授官。”又加西川节度使陈敬瑄同平章事。此时，群臣已不断有人从京城辗转逃到成都，南北司已有朝臣近二百人，各道以及四夷进贡的络绎不绝，成都府库开始充实起来，与京师无异。朝廷不时重赏来蜀士兵，将士们都很高兴。

代北监军陈景思率领沙陀酋长李友金以及萨葛、安庆、吐谷浑各部增援京师，他们行至绛州（今山西省新绛县），将要渡河，绛州刺史瞿缜也是沙陀人，对陈景思说：“敌人声势很盛，不可轻举妄动，不如暂且返回代北增兵。”遂与陈景思一起返回了代北。瞿缜、李友金行至代州，停留十余日，招募了三万人马，都是北方各少数民族，驻扎崞县（今山西省原平市以北）以西。这些士兵都是桀骜不驯，李友金和瞿缜弹压不住，就对陈景思说：“如今我们虽然拥有数万之众，但如果没有有威望之人统领，最终也难以成功。我哥哥司徒父子（指李国昌父子），智勇过人，为众人所服。大人如果能上奏天子赦免了他们的罪过，召来担任统帅，则代北将一呼百应，一定能够消灭叛贼。”陈景思认为有理，就派人赶赴成都向僖宗禀报，僖宗答应了。李友金派遣五百骑兵携带诏书前往鞑靼迎接李国昌、李克用父子，李克用遂率领鞑靼各部一万人南下。

就在李克用南下前后，刚刚当上京城西面行营都统的郑畋也在积极组织向长安发起反攻。郑畋上奏僖宗任命泾原节度使程宗楚为副都统，前朔方节度使唐弘夫为行军司马。黄巢派遣部将尚让、王播率领五万义军进攻凤翔，郑畋命令唐弘夫率部埋伏在险要地带，自己则率领数千人马，在高岗之上布阵，插满了旗帜。义军认为郑畋不过是一介书生，对其十分轻视，队伍散乱，毫无戒备。当行至龙尾陂（今陕西省岐山县以西）时，进入唐军的伏击圈，顿时山坡上一片喊杀声，唐军从四面八方冲了下来，义军顿时陷于混乱，大败而逃，被斩杀了两万余人，尸体布满数十里。

郑畋组织实施的龙尾陂大捷，极大地鼓舞了唐军的士气，让关中以及周边地区那些观望的唐朝藩镇增加了信心，逐渐开始站在了唐朝一边。

六九五 得而复失（一）

黄巢自从广明元年十二月五日进入长安以后，就一直忙着登基之事。

义军数十万大军集中在关中平原之内，给养很快就发生了困难，为了防备唐军从东南方向对长安构成威胁，并筹措到粮食，黄巢于广明二年二月即任命朱温为东南面行营都虞候，率军朝南阳一带杀来。三月三日，朱温所部义军攻克了邓州，生擒刺史赵戎。攻克邓州后，朱温就率部驻扎那里，以抵御可能来自荆襄地区的唐军进攻。

黄巢起兵以来，屡经沉浮，从他渡过淮河进入中原以来，充分利用唐朝政府内部的矛盾，对沿途藩镇采取了恐吓手段，取得了很好的效果，几乎是兵不血刃，一路杀到长安。然而，这一策略有利有弊。天下没有便宜的事，尤其是在夺取政权这类大事上，容不得投机取巧，要想牢固地建立新的政权，就必须彻底消灭旧政权中一些大的军事集团，此后，才有可能达成所谓的“传檄而定”的局面。假如黄巢在北渡淮河之后，不急于占领长安，而是逐一攻取中原各个藩镇，建立稳固的后方，局面可能与如今大不一样。虽然那种办法会耽误时间，也非常辛苦，但得一地就是自己的，自己有一个稳固的后方，然后再进兵长安，就是稳扎稳打。然而，黄巢采取了一种投机取巧的办法，不占领沿途藩镇，不消灭唐朝各藩镇的有生力量，寄希望于占领长安，从而威慑天下，这显然是一种豪赌。在没有进入长安之前，黄巢对唐朝藩镇提出的口号是“清君侧”，清除僖宗身边的奸臣，虽然这一口号由黄巢提出来原本就不伦不类，但毕竟这一口号的前提是保留唐王朝，也在一定程度上迷惑了一部分唐朝官员，然而，如果你无法控制住僖宗，这一口号就失去了号召力。等黄巢进入长安之后，又非常失策地大肆杀戮唐朝重臣和宗室，急于登基称帝，这就让一些处于观望状态的藩镇看清了黄巢“清君侧”的本来面目，不再与其合作。黄巢顺利进入长安，长安周边唐朝藩镇对其臣服，也让黄巢产生了麻痹心理，以为可以轻松取唐朝而代之了。实际上，在关中地区，数十万义军对于各个处于孤立地位的唐朝藩镇来说，有局部优势，这些藩镇只好表示归顺，但义军并没有有效予以控制，地盘其实还不是大齐政权的，他们随时都有可能反水。

果然，唐朝藩镇并没有臣服黄巢多久。关中藩镇中河中王重荣率先反抗，河北藩镇中义武节度使王处存最先赴难，继而，凤翔节度使郑畋与泾原节度使、前朔方节度使唐弘夫在龙尾陂大破义军。龙尾陂大捷，让长安城内以及周边地区已经投降义军的唐朝官僚们开始摇摆：王徽陷于长安，黄巢逼迫其出来做官，但他佯装得病，口不能言，在长安一个多月之后，逃到了河中，又从河中派人辗转来到成都上书，僖宗改任其为兵部尚书；前夏绥节度使诸葛爽被黄巢任命为河阳（今河南省孟州市）节度使后，又派人来到成都表示回归，僖宗遂任命其为河阳节度使；宥州（今内蒙古自治区额克托前旗东南）刺史拓跋思恭（党项人），纠集蕃汉兵马来到鄜州（今陕西省富县），与鄜州、延州节度使李孝昌合兵一处，结盟讨伐黄巢；奉天（今陕西省乾县）镇使齐克俭也派使者来到郑畋那里，请求效命。

至此，东都附近的河阳、长安周边的河中、鄜延、凤翔、奉天都已重新归顺朝廷，三月十六日，京城西面行营都统、使相郑畋向全国藩镇发布讨伐黄巢檄文，称其已与泾原节度使程宗楚、秦州节度使仇公遇等人结盟，号召各地藩镇合兵一处收复长安。当时，僖宗远在蜀地，诏书不通，各地藩镇都觉得唐朝也许就此灭亡了，等接到郑畋的檄文，遂争相发兵响应，黄巢方面遂不敢再进攻凤翔等地了，而就在这时，长安城内又爆发了一场规模很大的文字狱。有人在尚书省大门上题诗，嘲笑大齐官员，尚让看到后大怒，下令将凡是在尚书省值班的警卫和官吏，全部挖出双眼，倒挂起来，又下令在长安城内搜捕会写诗的士人，全部杀死，将识字之人都罚做卑贱的差役。这场因一件小事引发的冤狱，竟然被杀了三千余人。

四月一日，僖宗加封王铎兼侍中，又以拓跋思恭为权知夏绥节度使。黄巢任命部将王玫为邠宁（今陕西省彬县）节度使，邠州通塞镇将朱玫起兵诛杀了王玫，以别将李重古为节度使，而朱玫则亲自率军讨伐黄巢。当时，唐弘夫率部驻扎渭河北岸，王重荣驻扎沙苑（今陕西省大荔县南），王处存驻扎渭桥（今陕西省西安市高陵区南），拓跋思恭驻扎武功（今陕西省武功县），郑畋驻扎盩厔（今陕西省周至县）。

程宗楚和唐弘夫率先向咸阳发起进攻，在攻克咸阳之后，用浮桥渡过军队，义军伏兵慌忙撤回长安，程宗楚和唐弘夫所部乘胜直扑长安。四月五日，黄巢放弃长安东撤。副都统程宗楚所部从延秋门进入长安，唐弘夫所部随后赶到，王处存率领五千精锐部队也于当晚进入城内。见唐军回到了长安，长安百姓欢呼雀跃，争相出门迎接唐军，有人用瓦块打击齐军，有人从路上捡拾箭来送给唐军。程宗楚等人唯恐其他将领入城后，会分了他们的头功，就未将收复长安的消息禀报凤翔（郑畋军）、鄜夏（拓跋思恭、李孝昌）等部。士兵们进入长安城内后，纷纷丢掉铠甲，闯入官府衙门，劫掠金银财宝和妇女姬妾。王处存下令本部将士头裹白布以示区别，长安城内的一些恶少们也纷纷效仿，趁机大肆抢劫，长安城内一片大乱。

黄巢退出长安后，驻军霸上，派人返回长安侦察情况，结果发现长安城内的唐军毫无戒备，且唐军其他各部并未到来，遂派遣大将孟楷率部伪装成邠宁、泾原的军队又杀回了长安。齐军从长安各个城门分头入城，城内的唐军猝不及防，与齐军在城内发生激战，程宗楚和唐弘夫二人战死，士兵们身上携带了很多财物，根本无法作战，跑也跑不动，因此大败，被齐军杀死了十之八九。邠宁将朱玫在长安城西的开远门与齐军交战，被长枪刺中咽喉，侥幸未死。王处存收拾残兵败将，退出长安，返回驻地。

四月十日，黄巢再次返回长安，把一腔怒火都发泄到长安百姓身上，纵兵大肆诛杀，顿时长安城内血流成河，称之为“洗城”。《新旧唐书》称，此番屠杀，黄巢共杀害长安壮丁七八万人，于是，长安周边唐军纷纷后撤，黄巢的声势更大了。当黄巢撤出长安时，黄巢任命的同州刺史王溥、华州刺史乔谦、商州刺史宋岩纷纷弃城，率部逃往邓州，朱温斩杀了王溥、乔谦，释放了宋岩，命其返回了商州。十三日，齐军又与拓跋思恭、李孝昌的唐军在王桥（今陕西省旬邑县东南）会战，唐军再次战败。重新收复长安后，义军给黄巢上尊号为“承天应运启圣睿文宣武皇帝”。

虽然黄巢收复了长安，但接下来的四五月份，关外局势朝着不利于黄巢的方向发展。忠武节度使周岌原本投降了黄巢，但其实心有不甘，一次深夜喝酒，他突然派人要请监军杨复光一叙。杨复光身边的人劝阻道：“周大人已投降了叛贼，恐怕会对大人您不利，还是不去的好。”杨复光回答：“事已至此，大义不允许我再计较个人安危了。”遂义无反顾地来到了周岌家中。酒酣耳热之际，周岌谈到唐朝，杨复光泪流满面，过了很久，他说道：“大丈夫永志不忘的就是恩义。

大人从一介平民被朝廷提拔为公侯，为何丢弃十八代的天子而向叛贼称臣呢！”周岌也泫然泪下，说道：“我独自一人无法抵御叛贼，所以才表面上投降而内心是要除掉他们，今天请你来就是为的此事啊！”遂洒酒盟誓。当晚，杨复光派遣养子杨守亮在馆驿内杀掉了黄巢派来的使者。

当时，秦宗权盘踞蔡州，并不听从周岌的指挥。杨复光就率领三千忠武军队赶到蔡州，说服秦宗权一起发兵讨伐黄巢。秦宗权就派遣部将王淑率领三千（一说一万人）蔡州兵与杨复光一起进攻邓州，但王淑在途中逗留不进，杨复光就将其斩杀，兼并了这支蔡州军队，而后，杨复光又把忠武军的八千讨伐军分为八个作战单位，分别由牙将鹿晏弘、晋晖、王建、韩建、张造、李师泰、庞从等八人统领，号称八都将。王建，字光图，许州舞阳人。史称，其“隆眉广颡，状貌伟然。少无赖，以屠牛、盗驴、贩私盐为事，里人谓之‘贼王八’”。《册府元龟》卷二二〇记载，一位武当山的和尚处常见其相貌不同常人，惋惜地对他说：“你骨相很奇特，何不从军以求豹变，为何甘心当一个小贼呢？”王建听后，大为感悟，就结束了强盗生涯，当了忠武军的一名士兵，后因作战勇敢被节度使杜审权晋升为校尉（十人之长为伙长、五十人之长为队长、三百人之长为校尉）。王建就是五代十国前蜀的开国皇帝。韩建，字佐时，许州长社人。

杨复光率领八都将与朱温、何勤交战，将其击败，遂收复了邓州，又乘胜追击，一直追杀到蓝桥（今陕西省蓝田县东）才收兵。与此同时，昭义节度使高浔也联络河中节度使王重荣一起收复了华州（今陕西省渭南市华州区）。

不久，杨复光又奏请僖宗将蔡州升格为奉国军，以秦宗权为奉国军防御使。寿州屠夫王绪和妹夫刘行全聚众五百人，占据寿州，一个月后，又攻陷了光州，自称将军，拥有上万部众。秦宗权上表任命王绪为光州刺史。固始县佐王潮和弟弟王审邽、王审知，据说系秦朝名将王翦的后代，在当地很有名，王绪遂以王潮为军正，命其负责军中辎重、训练士兵，对其十分信任。

六九六 得而复失（二）

据《旧唐书·王铎传》记载，自从杨复光收复邓州之后，黄巢在关中的势力范围大大缩小："东西不过岐（岐山）、华（华州），南北只及山（秦岭）、河（渭河）"。

与此同时，被朝廷寄予厚望的另外两支军队却并没有起到预期的作用，一支就是高骈的淮南军；另外一支就是李克用的沙陀军。

广明二年五月，一对野鸡飞到广陵府衙门屋顶上，一向迷信的高骈就让术士们占卜，占卜结果是：野鸟飞来，预示着城池将要一空，这让高骈十分不安，遂向各地发布檄文，对外声称将要率军入关，讨伐黄巢，以应预兆。高骈将辖区八万军队全部调出，五月十二日，驻军东塘（今江苏省扬州市东），拥有战舰两千余艘，声势浩大。高骈又给浙西节度使周宝写信，请求周宝与自己一起出兵，周宝大喜，遂召集部将，整顿军队，准备出发。然而，高骈并非真心要北上收复长安，长安陷落后，高骈与朝廷之间矛盾加深，再加上其与淮南周边地区的感化军时溥、浙西周宝、宣歙景虔贞、浙东刘汉宏等人矛盾重重（分见《桂苑笔耕集》《北梦琐言》等书），一旦他倾巢出动，淮南后方空虚，这些军阀难保不会乘虚而入，这也是高骈不愿出兵的另外一个原因。

高骈一直在东塘驻军九十余日，众将每每询问出兵日期，高骈要么称风高浪急，要么以日期不吉利为由，迟迟推脱，最后，又谎称接到了朝廷诏书，称长安周边军力已足，令其守护好江淮粮仓，到九月六日高骈最终取消了北上计划。僖宗屡屡下诏催促高骈，高骈向朝廷回复称，一旦自己离开淮南，周宝和刘汉宏一定会袭击自己的老巢。原来高骈和周宝都出自神策军，高骈一直把周宝看成自己的老兄，等高骈先立功登上高位后，就逐渐轻视周宝起来，不久，二人一个在淮南任职，一个在浙西任职，两镇相邻，经常为一些小事争吵，遂产生了矛盾。等高骈发布檄文北上后，周宝奇怪高骈迟迟不行，就询问自己的幕僚，有人判断："高大人乐于见到朝廷多难，他有吞并江东之志，声称入援，未必不是想要偷袭我们，应该做好充分的准备。"周宝还不太相信，就派人去扬州察看，果然见淮南军并无北上的迹象。正巧高骈请周宝到瓜州会面商议，周宝就觉得幕僚的话有理，遂拒绝了高骈的邀请，还对高骈的使者说道："我可不是李康，高大人难道还要拿祖父高崇文的故技来杀了我求取富贵吗？"高骈听了大怒，又派人斥责周宝道："你岂敢轻易污蔑大臣？"周宝反唇相讥："你我彼此隔江为节度使，你是大臣，难道我就是守门小卒吗？"二人遂彻底决裂。高骈还召石镜镇将董昌到广陵，宣称一起讨伐黄巢。董昌部将钱镠说道："我看高大人并没有讨伐黄巢之心，不如以防御乡里加以拒绝。"董昌就按钱镠的意思拒绝了，高骈放董昌回去。当时，新任杭州刺史路审中行至嘉兴，董昌从石镜率部杀入杭州，路审中吓得返回，董昌遂自称杭州都押牙、知州事，派遣将吏请周宝批准。周宝无力讨伐，只好上表推荐其为杭州刺史。

另外一支是李克用的沙陀军。

李克用南下后，行至河东，给河东节度使郑从谠下书称，自己率领五万大军讨伐黄巢，请河东准备酒食和运输工具，郑从谠关闭城门，严加戒备。李克用的军队驻扎汾水东岸，郑从谠派人前去慰问，送给李克用一些军粮，但李克用的军队停留数日，毫无出发的迹象。李克用在城下大喊，要求与郑从谠见面，郑从谠来到城墙上道歉，不与其见面。五月十六日，李克用要求再给自己军中发些赏赐，郑从谠送给了他们一千串钱、一千斛米。十七日，李克用纵兵劫掠晋阳城外居民，城内大惊。郑从谠向振武节度使契苾璋求救，契苾璋率领突厥、吐谷浑之兵赶来救援，击破沙陀两座营寨，李克用率军追击，契苾璋逃入晋阳城内，李克用遂率领沙陀军又转兵劫掠阳曲、榆次而回。六月，天降大雨，二十三日，李克用率军开始北撤，相继攻克了忻州和代州，遂驻扎代州。郑从谠派遣教练使论安等部进驻百井（今山西省阳曲县以北），以备李克用。此后，论安擅自从百井撤回，郑从谠大怒，连便服、鞋袜都没换，就升堂下令将其斩杀，并灭了论安全家，另外派遣都将温汉臣领兵进驻百井。契苾璋率军退回了振武。邠宁节度副使朱玫驻扎兴平（今陕西省兴平市），大齐将领王璠率军包围了兴平，朱玫又退守奉天和龙尾陂。西川黄头军使李铤率领一万人马、巩咸率领五千人进驻兴平，修建两座营寨，与义军多次交战，都取得了胜利。黄巢军把蜀军称为鸦儿，经常相互告诫不要与鸦儿们相斗。陈敬瑄又派遣神机营高仁厚率领两千人前去增援。

七月十一日，僖宗下诏改元为中和元年，大赦天下。十四日，僖宗又任命翰林学士承旨、兵部侍郎韦昭度为同平章事。韦昭度，字正纪，京兆人。咸通八年进士。乾符中，累迁尚书郎、知制诰、中书舍人。《北梦琐言》记载，韦昭度是通过一位名叫僧澈的和尚结交内廷权贵才得以拜相的，此后，田令孜曾在檄文中指斥韦昭度："顷因和尚，方始登庸。在中书则开铺卖官，居翰林则借人把笔。"

长安那里黄巢暂时是转危为安，而成都城内却是暗流涌动，危机四伏。当初，僖宗刚到成都时，赏赐给西川军队每人三串钱，等田令孜当上行在都指挥处置使以后，凡是各地进贡的财物，他都赏赐给从驾各军，不再给西川军队了，这让西川的士兵们颇有怨言。中和元年七月二十日，田令孜宴请各军都将们，以黄金铸成的酒杯给众将倒酒，随即就将酒杯赏赐给众将，众人纷纷叩头拜谢，唯独西川黄头军使郭琪不接受，起身说道："众将每月的俸禄和赏赐，已非常丰厚，常常想到国恩深厚，难以报答，怎敢贪得无厌。只是想起我们西川军队与各军都负责保卫皇帝，可是赏赐差别太大，军中颇为不满，我十分担心会发生兵变。希望军容大人减少众将们的赏赐，平均发给西川将士，让各军赏赐一样，则对大家都有好处。"田令孜沉默良久，才说道："你有什么功劳？"郭琪回答："我生长在山东，戍守边防，与党项人作战十七次，与契丹作战十余次，满身是伤。又曾经征讨吐谷浑，肋骨受伤，肠子流出，缝好后又继续作战。"田令孜拿起另外一个杯子，亲自给郭琪敬了一杯酒。郭琪虽然知道那是一杯毒酒，但又不能不喝。喝下毒酒后，郭琪回到家中，杀掉一个婢女，喝她的鲜血来解毒，吐出数升黑水，遂率领本部起兵作乱。二十一日，郭琪率军焚烧劫掠成都市场。田令孜保护着僖宗退守东城，关闭城门，登上城楼，下令各军讨伐郭琪乱兵。郭琪率军返回军营，陈敬瑄命令都押牙安金山率军反攻，郭琪趁夜突围，逃奔广都（今四川省成都市双流区东南）。途中，追随的士兵们都纷纷溃散，唯独一名小吏一直跟着郭琪，二人在江岸边休息。郭琪对这名小吏说道："陈大人知道我没有罪，然而军府受此惊吓，要是不讨伐我，人心就安定不下来。你侍奉我有始有终，如今，我就来报答你。你拿着我的宝剑、官印前去陈大人那里，就说：'郭琪行至江边，我用剑砍他，他跌落水中，尸体已经随着激流冲下了。我夺得了他宝剑、官印献上。'陈大人一定会根据你所说的，悬挂我的宝剑、官印来安抚众人，你也一定会受到重赏，我全家也会安然无恙了。我将前往广陵，投奔高骈大人，再过数日，你可偷偷告诉我的家人。”遂解下宝剑、官印而逃。小吏献给陈敬瑄后，果然陈敬瑄饶了郭琪全家。

僖宗到成都后，整天与宦官们混在一起，商议天下大事，对外臣非常疏远、冷淡。《田令孜传》称：“帝见蜀狭陋，稍郁郁，日与嫔侍博饮，时时攘袂北望，怊然流涕。令孜伺间开释，呼万岁，帝为怡悦，因盛称郑畋、王鐸、程宗楚、李铤、敬瑄方并力，贼不足虞。”七月二十四日，左拾遗孟昭图上书认为：“天下安定之时，远近就该同心协力；国家多难之际，内外更应团结一致。去年冬天陛下西逃，也不告知南司群臣，致使宰相、仆射以下朝廷重臣都为黄巢所杀，唯独北司内臣们都安然无恙。况且，如今来到成都的群臣都是历经千辛万苦，来侍奉君王，理应与宦官们的待遇一样。臣见前几天发生的黄头军叛乱，陛下只与田令孜、陈敬瑄以及内大臣们关闭城门，登上城楼，也不召来王铎以下朝廷群臣入城。次日，既不接见宰相，也不安抚群臣。臣身为谏官，至今还不知道陛下身体是否安康，更何况是那些疏远的朝臣呢！如果群臣不顾君王，固然罪不容诛；如果陛下不体恤群臣，那大义何在！天下是高祖、太宗的天下，不是北司宦官们的天下；天子，是四海九州的天子，也不是北司内臣们的天子。北司宦官们也不一定全都值得信任，南司群臣们也未必都是无用之人。难道天子与宰相之间毫无瓜葛？与朝臣都是路人？要是继续这样下去，臣恐怕收复长安之日，还需陛下您自己思虑，而那些尸位素餐之臣，却得以偷欢度日。”孟昭图的奏疏送入宫后，田令孜给截留下来了，僖宗并没有看到。二十五日，田令孜假传圣旨，将孟昭图贬为嘉州司户，又派人在蟆颐津（今四川省眉山市东北）将其溺死。消息传来，群臣无不胆战心惊，不敢说话。

六九七　你来我往

从中和元年（公元 881 年）下半年开始，唐军与大齐军队在关中地区进入相持阶段。

七月，鄜延节度使李孝昌、权夏州节度使拓跋思恭率部驻扎东渭桥，黄巢派遣朱温率部抵御。僖宗任命义武节度使王处存为京城东南面行营招讨使，以邠宁节度副使朱玫为邠宁节度使。不久，又任命权知夏绥节度使拓跋思恭为夏绥节度使。

八月，昭义节度使高浔率部在石桥（今陕西省渭南市华州区西南）与黄巢部将李详作战，唐军战败，高浔逃往河中，李详乘胜重新夺回了华州。黄巢任命李详为华州刺史。

九月，凤翔行军司马李孝昌、夏绥节度使拓跋思恭与黄巢部将尚让、朱温在东渭桥（今陕西省西安市高陵区南）作战，唐军再次战败，撤离。同月，昭义十将成麟杀害了节度使高浔，率军返回了潞州（昭义本部、今山西省长治市），天井关（今山西省晋城市南）守将孟方立又率军杀死了成麟。忠武监军杨复光率军入关，进驻武功（今陕西省武功县）。凤翔行军司马李昌言率领本军驻扎兴平（今陕西省兴平市）。当时，凤翔城内仓库空竭，将士们的赏赐很少，粮食也难以为继。李昌言见状，也知道凤翔城内的守军很少，就激怒部众，企图发动兵变。

十月，李昌言率军从兴平撤回，袭击凤翔。郑畋登上城楼与将士们说话，部众纷纷下马叩拜，说道："相公确实没有对不起我们。"郑畋说道："行军司马如果真能约束住士兵，爱护百姓，为国杀敌，也可以当凤翔之主。"遂将凤翔军务都交给了李昌言，当日即离开凤翔。天平节度使、南面招讨使曹全晸在与黄巢军的作战中战死，军中拥立其侄儿曹存实为留后。

十一月一日，黄巢军部将孟楷、朱温率部在富平（今陕西省富平县）偷袭鄜州和夏州的唐军，两军战败，鄜州延州节度使李孝恭和夏绥节度使拓跋思恭各自逃归本道。

长安之战后，黄巢军相继击败唐邠宁军、昭义军、夏绥军、鄜延军，迫使不少唐军退回本镇，缓解了长安的压力。

郑畋被李昌言从凤翔赶走之后，朝廷很快就面临一个前线没有都统的问题。虽说高骈也还是名义上的都统，但拥兵自重，毫无讨伐黄巢之心，而失去了都统的前线各军各自为战，纷纷失利，王铎见高骈无心讨伐黄巢，自以为身为首相，再次主动请缨，请求僖宗任命自己为诸道都统，亲自领兵收复长安。

中和二年（公元 882 年）一月八日，僖宗任命王铎为侍中兼中书令、滑州刺史、义成军节度使，充诸道行营都都统，等罢兵之后再入朝任职；撤销高骈诸道都统，只保留盐铁转运使一职。另据《桂苑笔耕集》记载，该诏书发布于中和元年十一月一日，加授高骈侍中、加实封食邑一百户，撤销其诸道盐铁转运使。在给高骈的诏书中，僖宗解释道："你安然停留在芜城，今年春上郑畋回到成都，遂任命首相王铎亲率大军，遂撤销了你的都统职务，这也符合惯例。"又允许王铎自行挑选将佐，王铎遂以太子少师崔安潜为副都统，中书舍人郑昌图为义成节度使行军司马，给事中郑畯为判官，直弘文馆王抟为推官，司勋员外郎裴贽为掌书记。郑昌图，是郑从谠的从祖兄弟，他身材魁梧，胸怀大志，咸通十三年进士状元及第。郑畯，是郑畋的弟弟。王抟，是肃宗时期的宰相王玙的曾孙。裴贽，字敬臣，是懿宗时期宰相裴坦的儿子。

二十八日，朝廷又以忠武节度使周岌、河中节度使王重荣为都都统左右司马，河阳节度使诸葛爽、宣武节度使康实为左右先锋使，平卢节度使安师儒为后军，武宁节度使时溥（时溥发动兵变当上武宁节度使一事，见下）为催遣纲运租赋防遏使，右神策观军容使西门思恭为诸道行营都都监（不久因其年老多病，改以杨复光担任）；以义武节度使王处存为京城东面都统，鄜坊节度使李孝昌为京城北面都统，夏绥节度使拓跋思恭为京城西面都统，以杨复光为京城南面行营都监使，以陕虢观察使王重盈为京城东面供军使。《北梦琐言》记载，西门思恭，曾任监军，郑亚被贬后，曾将儿子郑畋托付给了西门思恭，此后，西门思恭又担任神策军中尉，对郑畋视如自己的晚辈，等黄巢进入长安后，西门思恭逃往终南山，郑畋派人将他找出，像对待父亲一样对他。王重盈，是河中节度使王重荣的哥哥，曾任汾州刺史。二月六日，僖宗又任命太子少傅、分司郑畋为司空兼门下侍郎、同平章事，命其从凤县赶赴成都；又以王铎兼任判户部事。不久，又任命凤翔节度使李昌言为京城西面都统，邠宁节度使朱玫为河南都统。泾原节度使胡公素去世，军中向都都统王铎请示，王铎代行皇帝职权，以大将张均为泾原留后。三月，僖宗又任命右神策将军齐克俭为左右神策军内外八镇兼博野、奉天节度使；改鄜坊镇为保大镇。

王铎上任后，即向天下发布讨伐黄巢的檄文，并率领东西川、兴元、禁军共计三万人马，进驻盩厔（今陕西省周至县）以东，驻扎灵感寺（当在今陕西省周至县以东地区，一说在今陕西省富平县以西）。其他各军也重新回到长安周边地区：泾原张均所部进驻京西，义武王处存所部、河中王重荣所部进驻渭北，邠宁朱玫所部、凤翔李昌言所部进驻兴平，保大（原鄜坊）李孝昌所部、定难（原夏绥镇）拓跋思恭所部进驻渭桥（今陕西省西安市高陵区南），忠武杨复光所部进驻武功，同时，还有不少其他藩镇派兵入关，如义昌节度使杨全玫派遣部将卢彦威、贾滔率领两千沧州军队入关（《册府元龟·将帅·豪横》）；淮南下属的寿州刺史张翱派遣军队加入忠武军中，入关（《册府元龟·内臣·立功》）；荆南节度使也响应杨复光的号召，派遣军队入关。黄巢的长安再次陷于唐军的团团包围之中，关中百姓纷纷逃入深山躲避，再也无人在田间耕作，长安城内一斗米卖到三十串钱。齐军有时将掳掠来的百姓送给唐军，来换取粮食，有时唐军也会掳掠山中百姓去贩卖，每个人根据肥瘦论价，大约能卖数百串钱。

继中和元年黄巢打败了唐军的围困之后，曾试图从长安东北方向取得突破，以占领河中地区这一战略要地，扼守河东之军和沙陀军进入关中的跳板。中和二年年初，黄巢就任命朱温为同州（今陕西省大荔县）刺史，令朱温率部自行夺取。二月，朱温引兵进攻同州，唐同州刺史米诚逃往河中，朱温遂占领了同州。继而，朱温又领兵继续向河中发起进攻，唐河中节度使王重荣将其击败。虽然朱温占领了同州，暂时解除了长安东北方的威胁，却无力夺下河中，长安东北方向的攻守态势并未从根本上得以扭转。朱温占领同州之后，黄巢腾出手来，组织力量，试图打破唐军对长安西北方面的威胁。黄巢很快就率军进攻兴平，兴平邠宁朱玫所部、凤翔李昌言所部退守奉天，继而，黄巢部将尚让又率军进攻宜君寨（今陕西省宜君县），当时，天降大雪，唐北路军定难军节度使拓跋思恭、保大军节度使东方逵（原节度使李孝昌下落不明）上奏称，唐军在宜君以南地区斩杀齐军两万余人，活捉三千人（《桂苑笔耕集》）。

黄巢倾尽全力试图打破唐军在西北方向对长安的威胁，但因宜君之战的失败而泡汤，与此同时，在取得宜君大捷之后，唐军又及时调整了部署，任命保大节度使东方逵为京城东面行营招讨使，转兵东向，配合东路唐军对同州的朱温进行打击，以期夺回同州，打开长安东北方向的通道。朱温很快就感到了唐军的压力，他屡屡向大齐朝廷上书请求增兵，以抵御来自河中等地唐军的进攻，大齐知军事孟楷迟迟不予理睬。朱温见黄巢的力量逐渐削弱，预感到行将灭亡，其心腹部将胡真、谢瞳趁机劝说朱温投降。谢瞳劝朱温道："黄家以数十万之师，值唐朝久安，人不习战，因利乘便，遂下两京。然始窃伪号，任用已失其所。今将军勇冠三军，力战于外，而孟楷专务壅蔽，奏章不达，下为庸才所制，无独断之明，破亡之兆必矣。况土德未厌，外兵四集，漕运波注，日以收复为名，惟将军察之。"朱温说道："我意素决，尔又如是，复何疑哉！"胡真，年轻时为县吏，他身材魁梧，身高七尺，在黄巢军中被视为名将，与朱温一起降唐后，被委任为元从都将。谢瞳，字子明，福州人。唐咸通末举进士，遂滞留长安，三年仍不中第。黄巢攻克长安后，谢瞳就投靠了朱温，成为朱温的亲信。

到了中和二年九月十七日，朱温杀掉监军严实，投降了河中节度使王重荣。朱温投降后，因其母姓王，就以舅舅之礼侍奉王重荣，王铎代行皇帝职权任命朱温为同州、华州节度使，派遣谢瞳携带奏表前往成都向僖宗禀报，不久，朝廷就又晋升朱温为右金吾大将军、河中行营招讨副使，赐名朱全忠，时年，朱全忠三十一岁。《鉴诫录》称，昭宗改朱温为朱全忠，显属错误，但称，当时的人们认为"全"字是"人王"，又在"中心"，这很不好，皇帝很是后悔。大齐华州刺史李详见朱全忠投降后，唐朝政府对其很是厚待，也想效仿，但事情败露，被其监军告发，黄巢派人将其诛杀，另外派遣弟弟黄思邺担任华州刺史。

六九八 渐趋瓦解（一）

各路唐军在长安周边地区逐渐取得了优势，但从全国范围来看，黄巢起义对唐朝政府的冲击已凸显，那就是朝廷对地方的控制力在急速地下降。

《旧五代史·孟方立传》称：“黄巢犯关辅，州郡易帅，有如博弈。”这一现象从黄巢起义之后，就时有发生，等黄巢把僖宗从长安赶走之后，情况就更加严重起来了。

第一，武宁镇。

中和元年八月，武宁节度使支详派遣牙将时溥及其副将陈璠率领五千人马入关讨伐黄巢，当他们行至东都后，谎称接到了支详的命令，返回徐州，遂将河阳屠城，又劫掠了郑州返回。回到彭城后，支详为了安抚二人，赏赐给他们很多财物。时溥派遣亲信对支详说：“众人逼迫，请大人把印绶交给我吧。”支详无力反抗，只好离开衙门，居于大彭馆，时溥遂自称武宁军留后。陈璠又对时溥说道：“支大人有恩于徐州，不杀了他，恐怕会留下后患。”时溥没有答应，礼送支详回朝，但是，陈璠在七里亭埋下伏兵，将支详全家杀害。朝廷知道后，也无可奈何，就任命时溥为留后。时溥举荐陈璠为宿州刺史，陈璠到任后，贪婪残暴，时溥又派都将张友取代了他，并将其杀死。时溥接管武宁军之后，为了取得朝廷的认可，另外又派遣了三千人马赶赴关中，参加讨伐黄巢的战争。

第二，昭义镇。

中和元年九月，昭义十将成麟杀害节度使高浔之后，又为天井关守将孟方立所杀。孟方立是邢州人，他杀死成麟后，并没有留在昭义治所潞州，而是率军回到了老家邢州。潞州人奏请朝廷任命监军吴全勖为昭义留后。到中和二年，王铎代行皇帝职权以墨敕授予孟方立为知邢州事，但孟方立拒不接受，反而囚禁了吴全勖，并给王铎写信，希望朝廷另派文官到潞州上任，担任昭义节度使，王铎遂以郑昌图为知昭义军事。不久，僖宗任命尚书右仆射、租庸使王徽担任同平章事、昭义节度使，王徽见中原大乱，孟方立割据昭义镇太行山以东的邢州、洺州、磁州三州，料到朝廷无力控制，就推辞不上任，请求朝廷还是让郑昌图暂时管理昭义，僖宗就改任王徽为大明宫留守、京畿安抚制置修奉园陵使。郑昌图来到潞州后，也看到自己不是孟方立的对手，还不到三个月就逃出了潞州，孟方立就把昭义镇的治所迁至邢州，自称昭义留后，奏请朝廷任命其部将李殷锐为潞州刺史。

凤翔的李昌言已见前述，在此不提。

第三，荆南、湖南。

中和元年十二月，江西将领闵勖率部戍守湖南，返回时，途经潭州（今湖南省长沙市），驱逐了湖南观察使李裕，自称湖南留后。当初，高骈镇守荆南时，以武陵山蛮雷满（《新唐书》称其字秉仁）为牙将，统领山蛮军队，等高骈改任淮南节度使后，雷满也率领蛮兵去了淮南。到淮南不久，雷满就逃了回来，聚集了上千部众，偷袭朗州（今湖南省常德市），杀掉了朗州刺史崔翥，朝廷只好任命雷满为朗州留后。虽然雷满得到了朝廷的承认，但仍然每年都会率领军队劫掠荆南三四次，攻入江陵外城，焚烧劫掠一番而去。陬溪（今湖南省常德市境内）人周岳过去曾经与雷满一起打猎，为争夺猎取的肉而发生争斗，想杀死雷满未果。听说雷满占据了朗州，也聚集部众，偷袭了衡州（今湖南省衡阳市），赶跑了衡州刺史徐颢，朝廷也下诏任命了周岳为衡州刺史。石门（今湖南省石门县）的山蛮向瑰也聚集山蛮攻克了澧州（今湖南省澧县），杀害刺史吕自牧，自称澧州刺史。荆南节度使段彦谟与监军朱敬玫关系恶劣，朱敬玫另行挑选了三千名壮士，组成一支军队，号称忠勇军。到中和二年，段彦谟阴谋杀害朱敬玫，结果，朱敬玫提前动手，于六月二十八日杀死了段彦谟，推举少尹李燧为荆南留后。当初朝廷任命郑绍业担任荆南节度使，因段彦谟还在荆南，郑绍业不敢上任，过了半年才上任。等僖宗逃到成都后，又将郑绍业召回了成都，正式任命段彦谟为荆南节度使。朱敬玫杀了段彦谟后，僖宗再次任命郑绍业为节度使，可是，郑绍业害怕朱敬玫，再次不敢上任。荆南军中一直没有主帅，朱敬玫就又任命押牙陈儒知荆南府事。

第四，江西。

王仙芝骚扰江西时，高安（今江西省高安市）人钟传聚集山蛮，依托山险，构筑山寨，拥有五万之众。等王仙芝打下抚州（今江西省抚州市临川区）后，未能守住，钟传就率众占领了抚州，朝廷遂任命其为抚州刺史。等到中和二年，钟传又将江西观察使高茂卿赶跑，占领了洪州（今江西省南昌市）。闵勖占领潭州之后，屡屡请求得到朝廷的承认，朝廷方面虽然认可了雷满等刺史级别的人，却担心一旦承认了闵勖节度使一级，会引发连锁反应，始终没有答应。等钟传占领洪州后，朝廷认为闵勖本是江西将领，就想到了两虎相斗之计，遂重新设置了镇南军，任命闵勖为镇南军节度使，让闵勖率军前去上任，如果钟传拒不接受，就出兵讨伐。闵勖情知这是朝廷一计，遂推辞拒不上任。到中和二年七月，在高骈的请求下，朝廷不得不又任命钟传为江西观察使。钟传离开抚州后，南城（今江西省南城县）人危全讽又率众占据了抚州，另派遣其弟弟危仔倡占领了信州（今江西省上饶市）。

第五，两浙。

浙东观察使刘汉宏一直野心勃勃，他曾与客人们饮宴，酒酣耳热之际，对众人说道："天下大乱，金刀之谶，谁能说不会应在我的身上？"遂拍手大笑，后来，衙门里的树上有一群乌鸦聒噪，刘汉宏命人砍树，有人说："这棵树有年头了，乌鸦叫很正常，不用奇怪。"刘汉宏自比汉高祖刘邦，说道："我还将斩杀白蛇，岂止一棵老树！"遂派遣弟弟刘汉宥、马步军都虞候辛约率领两万人马进驻西陵（今浙江省杭州市萧山区西），企图兼并浙西，杭州刺史董昌派遣都知兵马使钱镠率军抵御。实际上，说刘汉宏试图兼并浙西是有疑问的，这是因为，虽然史书上称周宝上书请求朝廷任命董昌为杭州刺史，但朝廷方面未见下文，显然，朝廷对于把路审中赶走的董昌是不认可的，也说明朝廷十分重视浙西地区的地位，不愿把这一鱼米之乡拱手让给割据势力，由于周宝面临高骈的压力，无力对付董昌，朝廷方面命令浙东的刘汉宏讨伐董昌当在情理之中。至于说刘汉宏图谋称帝云云，出自野史，更重要的是对两浙割据出了汗马功劳的钱镠后来当上了吴越国王，篡改历史，给自己的出身漂白，也是可以想见的。

中和二年八月十三日，钱镠领兵在大雾的掩护下，趁夜渡过钱塘江，偷袭浙东军队大营，几乎全歼浙东军队，刘汉宥、辛约逃走。战败后，刘汉宏不甘心失败，再派登高镇将王镇率领七万大军进驻西陵，钱镠故技重演，再次趁夜渡江偷袭，大破浙东军，斩杀俘虏上万人，缴获刘汉宏私自签发的将官委任状二百余张。王镇逃往诸暨。

第六，魏博、天平。

魏博节度使韩简见天下大乱，也心生兼并之计，到中和二年八月，他亲自率领三万人马进攻河阳，在修武（今河南省修武县）击败河阳节度使诸葛爽。诸葛爽丢掉河阳而逃，韩简遂占领河阳，又劫掠邢州、洺州（孟方立所占）而还。回到魏州（今河北省大名县）后，韩简又领兵东进，进攻郓州（今山东省东平县、天平军治所），天平节度使曹存实领兵迎战，战败被杀。天平都将朱瑄召集残兵败将，登城固守，韩简迟迟未能攻下。朝廷下诏以朱瑄为权知天平留后。朱瑄，宋州人，其父朱庆为当地豪强，专门干些贩卖私盐、抢劫之事，后被官府捕获斩杀，朱瑄也受到牵连而被杖打，遂到平卢节度使王敬武军中当了兵，此后，朱瑄随王敬武部将曹全晸入关讨伐黄巢，因功被晋升为校尉。曹全晸当上天平节度使后，朱瑄也水涨船高，当上了濮州刺史、郓州马步军都将。

第七，桂州。

中和二年九月，桂州发生兵变，驱逐岭南西道节度使张从训，朝廷任命容管经略使崔焯为岭南西道节度使。

第八，平卢。

与桂州兵变同月，平卢（今山东省青州市）大将王敬武也驱逐了平卢节度使安师儒，自称留后，不久，朝廷就承认了王敬武。当时，很多军镇都向关中派遣了军队，唯独平卢未发一兵一卒，王铎派遣都统判官、谏议大夫张濬前去劝说王敬武。王敬武已经接受了黄巢的官爵，见张濬到来，拒不出门迎接。张濬见到王敬武后，斥责他道："大人身为天子藩臣，却怠慢天子使者，不能敬奉上级，你又怎么指挥下级！"王敬武听了，无言以对，遂向张濬道歉。张濬宣布诏书后，王敬武手下的将士们都接受，张濬又耐心地向大家解释："人生在世，就该先懂得顺逆，其次要知道利害。黄巢，不过是一个私盐贩子罢了，你们难道要抛弃历代皇家，而去侍奉一个私盐贩子吗？这有什么利益呢？如今天下勤王之师已齐聚京师，而唯独你们的军队不去，一旦朝廷消灭了黄巢，天子回到长安，你们又有什么脸面再见天下之人呢？倒不如赶紧前去抢夺功名、夺取富贵，再晚就来不及了！"平卢将士们听后，都换了一副脸色，纷纷向张濬谢罪，并说："谏议大夫的话说得对。"王敬武遂派兵跟着张濬入关了。

第九，河东。

当初，朝廷任命庞勋的降将汤群担任岚州刺史，汤群暗中联络沙陀李克用，朝廷对此有所察觉，就将其调任怀州刺史。河东节度使郑从谠派遣使者携带诏书，送给汤群。中和二年十月一日，汤群诛杀了郑从谠的使者，发动兵变，投靠了李克用。三日，郑从谠派遣马步都虞候张彦球领兵前去讨伐。不久，郑从谠上奏朝廷已经攻克了岚州，斩杀了汤群。

第十，宣歙。

此时的淮南节度使高骈已野心暴露，他怂恿朝廷承认江西的钟传其实就是想培植自己的势力，不仅如此，他还利用自己墨敕授官的权力，任命变民头领孙端为宣歙观察使。朝廷接到镇海节度使周宝的禀报后，中和二年七月，僖宗就下诏命令周宝和宣歙观察使裴虔余领兵抵御。此后战事不详，但裴虔余被窦潏取代。高骈仍不死心，到了十二月，和州刺史秦彦（黄巢降将、成为高骈部下）又派遣其子率领数千人马偷袭宣州，将窦潏赶走，自称宣歙观察使。

除了上述各地的兵变之外，各地民变也风起云涌。

中和元年九月，临海变民杜熊率众攻克台州（今浙江省临海市），同月，永嘉变民朱褒率众攻克温州（今浙江省温州市）。十一月，遂昌变民卢约率众攻克处州（今浙江省丽水市）。中和二年，变民首领韩秀升、屈行从起兵，切断了峡江路（今长江三峡），十月十四日，陈敬瑄派遣押牙庄梦蝶率领两千人马前去讨伐，又派遣押牙胡弘略率领一千人马为后援。到中和三年（公元883年）年初，庄梦蝶被韩秀升和屈行从击败，退守忠州，胡弘略也被变民军击败，江淮进贡之路被切断，成都城内无钱给百官发放俸禄，云安（今重庆市云阳县）、淯井（今四川省珙县）民变四起，道路不通，西川百姓开始缺乏食盐。陈敬瑄奏请僖宗派遣高仁厚为西川行军司马，率领三千人马前去讨伐。此是后话，暂且不提。

六九九 渐趋瓦解（二）

除了前述的兵变、民变之外，另外三方的情况也令朝廷十分不安：一是淮南；二是西川；三是代北。

高骈从中和元年五月出兵东塘，做出一副即将誓师北上的姿态，到九月回府，整整表演了一百余日。其间，其北面的武宁发生了兵变，时溥当上了节度使；南面又与镇海节度使周宝交恶，而镇海节度使下属董昌也自立为杭州刺史，临海、永嘉、遂昌的变民相继占领了台州、温州和处州。原本高骈就没有北上勤王之心，如今江淮局势又出现了进一步恶化的迹象，这更让他有理由滞留淮南了。

高骈原本就迷信道术，等他来到淮南任职后，有一位名叫吕用之的术士前来投靠。吕用之原本是鄱阳茶商的儿子，长期混迹于广陵，对当地的风土人情十分熟悉，在与高骈接触其间，时不时地提出一些意见建议，令高骈逐渐对其刮目相看，开始宠信起来。高骈原来的部将梁缵、陈珙、冯绶、董瑾、俞公楚、姚归礼素来受到高骈的厚待，吕用之想专权，逐渐用计离间诸人与高骈的关系，高骈遂夺去了梁缵的兵权，诛灭了陈珙全家，并疏远了冯绶、董瑾、俞公楚、姚归礼等人。

吕用之又引荐其同党张守一、诸葛殷一起蛊惑高骈。张守一原是沧州、景州之间的村夫，想以术数巴结高骈，遇到吕用之后，吕用之对他说："你只用听我的，就不用担忧不会富贵。"遂将他举荐给了高骈，高骈像对吕用之一样对其非常厚待。诸葛殷从鄱阳来见高骈，吕用之先对高骈说："玉皇大帝因公务繁忙，挑选身边一位尊贵之神来辅佐大人，大人应当好好对待他。大人要想让他在人间多待些时日，可以用高官羁縻他。"次日，诸葛殷前来拜见，言语纵横恣肆，说得天花乱坠，令高骈对其崇拜得五体投地，真的以为诸葛殷就是上天派来的天神，将其任命为主管盐铁的重要官员。高骈有很严重的洁癖，就算外甥、侄儿们也不可以挨着他坐在一起，而诸葛殷身患大疮，痛痒时手指不停抓挠，弄得满手脓血，而高骈却毫不介意，与他同席而坐，使用同一个酒杯、食器吃饭、喝酒。他身边的人提到此事，高骈却说："这是神仙故意用这来考验我呢！"高骈养了一个爱犬，闻到诸葛殷身上的腥味，总会来到诸葛殷身边。高骈感到很奇怪，诸葛殷笑道："我曾经在玉皇大帝跟前见到过此犬，离别数百年了，它竟然还认识我！"高骈与郑畋有矛盾，吕用之对高骈说："宰相派了刺客来刺杀大人，今晚上就到了！"高骈听了，很是害怕，就问该如何应付。吕用之装模作样地说道："张先生曾经学过剑术，可以对付。"高骈就请张守一出面，张守一满口答应下来，就让高骈身穿妇女的衣服，住在其他房间，而张守一则住在高骈的卧室之内，深夜将铜器扔在屋外台阶上，发出清脆的响声；又偷偷将口袋里装的猪血洒在庭院里，仿佛格斗之状。等第二天凌晨，张守一笑着对高骈说道："几乎落到那奴才的手里！"高骈深受感动，哭着道谢道："先生对我高骈，有再生之恩啊！"送给张守一很多财宝。有一个名叫萧胜的人给吕用之送了很多财物，想当盐城监，高骈听了，面露难色。吕用之说道："我不是替萧胜着想的。近日，我得到大仙的书信，称在盐城的井中有一把宝剑，必须有灵气的官员方能取得。因萧胜是神仙身边之人，所以才想让他取来宝剑罢了。"高骈就答应了。萧胜当了盐城监后数月，果然用木匣装了一把宝剑献给了高骈。吕用之见后，叩拜道："这是北方天帝佩带的，得到这把宝剑，方圆一百里之内，没有任何一种兵器能够冒犯大人。"高骈信以为真，用金玉装饰，经常放置自己身边。

吕用之自称磻溪真君，张守一为赤松子，诸葛殷是葛将军，萧胜是秦穆公的女婿。吕用之还在青石上刻字："玉皇授予白云先生高骈。"偷偷令人放在道院的香案之上。高骈见到后，又惊又喜。吕用之趁机说道："玉皇大帝因大人焚香修行，功德显著，行将在天上给大人一个仙职，不会太久，就会派来仙鹤迎接。届时，我们几个人贬谪下凡的日子也都届满，一定也会陪着大人一起上天。"高骈深信不疑，就在道院中放置了一只巨大的木制仙鹤，自己时常身穿羽毛编织的衣服骑着仙鹤，日夜祈祷，修炼仙丹，耗费亿万钱。吕用之低贱之时，曾经住在江阳后土庙中，经常祈祷上天赐福，等受到高骈重用后，就建议高骈重修后土庙，每当遇到军旅大事，就要到后土庙中拿少牢祭奠。吕用之还说神仙喜欢住在高楼，劝说高骈修建迎仙楼，耗费了十五万串钱。又修建了一座延和阁，高出地表八丈。吕用之经常对着高骈装神弄鬼，一会儿呵斥风雨，一会儿又遥拜天空，声称有神仙在此经过，高骈听了，总是倒地叩拜。

吕用之还暗中给高骈身边的侍从们送去大量财物，命他们监视高骈的一举一动，与其一起欺瞒高骈，而高骈在他们的欺瞒下始终被蒙在鼓里。高骈身边只要有人稍稍提出异议，吕用之就会很快知道，并将其人诬陷处死，最后，高骈身边的人无人再敢提出异议，只有捶胸扼腕而已。高骈对吕用之言听计从，淮南大小事务全都由吕用之一手决定，他引进奸人，斥退贤才，刑赏错乱，淮南政务陷于混乱。吕用之也知道淮南上下对其切齿痛恨，担心突然出现意外，就请求高骈设置巡察使者，高骈遂以吕用之担任。吕用之招募一百余名狡诈险恶之人，出没于市井里巷之间，号称“察子”，百姓们与妻子吵架、责罚子女之类的琐事，他们无不知道。吕用之想夺取他人财物、妻女，总是诬陷人家叛逆，然后屈打成招，杀害其人，将妻女财物没收，就这样一共抄了数百家。在他的淫威之下，淮南军民无不道路以目，即便在家里也是胆战心惊。

吕用之还想以兵威震慑邻近各道，就建议高骈从军中挑选出两万骁勇之士，组成两支精锐部队，号称“左右莫邪都”。高骈就让张守一和吕用之担任左右莫邪军使，像节度使府一样配备幕僚，这两支部队武器精良，衣着华丽，吕用之和张守一每次出门，仪仗卫队就有上千人。吕用之身边还有上百名侍妾，他生活奢靡，俸禄不够用，就经常挪用进贡给朝廷的财物。由于吕用之作恶多端，虽然他采取了种种防范措施，却仍然担心有人会冒死揭发他的罪行，就对高骈建议道：“不难请来神仙，只是学道之人断绝不了世俗之事，所以神仙才不肯下凡啊。”高骈就把自己身边所有的姬妾都打发出门，拒绝接见他人，宾客、将吏们都没有机会与其相见。遇到不得不见的，高骈总是命令他们先洗干净，祭祀鬼神，然后才予接见，刚一见面，就又命人送出门外。在吕用之的这一番运作之下，高骈完全与世隔绝，吕用之得以作威作福，无所忌惮，而淮南境内军民逐渐不知道高骈是谁了。

僖宗罢免了高骈都统及盐铁转运使一职，这令高骈大为恼火，随即接连上书僖宗，言辞无礼，其奏章云：“神策六军，此时安在？陛下苍黄（同：仓皇）西出，内官奔命东来，黎庶尽被杀伤，衣冠悉遭屠戮……虽然，奸臣未悟，陛下犹迷，不思宗庙之焚烧，不痛园陵之开毁……陛下今用王铎，尽主兵权……陛下安忍委败军之将，陷一儒臣？崔安潜到处贪残，只如西川，可为验矣，委之副贰，讵可平戎？况天下兵骄，在处僭越，岂二儒士，能戢强兵，万一乖张，将何救助……今贤才在野，憸人满朝，致陛下为亡国之君，此等计将安出？伏乞戮卖官鬻爵之辈，征鲠直公正之臣，委之重难，置之左右，克复宫阙，莫尚于斯！若此时谤诽忠臣，沉埋烈士，匡复宗社，未见有期！”高骈大骂僖宗为亡国之君，指责王铎是败军之将，崔安潜贪婪残暴，自诩为贤才之人，在他给光州刺史李罕之（黄巢降将）的信中，也称，这是朝廷无计可施的表现，“遂将大任专付老儒，虽漫传声，必难济事。”（《桂苑笔耕集》）

高骈的狂妄让僖宗非常愤怒，到中和二年五月，僖宗命郑畋起草诏书，对高骈的奏表予以严厉批驳，诏书先肯定了高骈的功劳，笔锋一转，指斥其“自黄巢肆毒咸京，卿并不离隋苑。岂金陵苑水，能遮鹅鹳之雄；风伯雨师，终阻帆樯之利”。而后云：“卿表云：‘自是陛下不用微臣，固非微臣有负陛下’者。朕拔卿汶上，超领剑南，荆、润、维、扬，联居四镇……而乃贵作司徒，荣为太尉，以为不用，何名为用乎……卿又云：‘若不斥逐邪佞，亲近忠良，臣既不能保家，陛下岂能安国？忽当今日，弃若寒灰’者……岂有位兼将相，使带铜盐，自谓寒灰，真同浪语……卿又云：‘不通园陵之开毁，不念宗庙之焚烧，臣实痛之，实在兹也。’……卿手握强兵，身居大镇，不能遮围擒戮，致令脱漏猖狂，虽则上系天时，抑亦旁由人事。朕自到西蜀，不离一室之中，屏弃笙歌，杜绝游猎，蔬食适口，布服被身，焚香以望园陵，雪涕以思宗庙，省躬罪己，不敢遑安。‘奸臣未悟’之言，谁人肯认？‘陛下犹迷’之语，朕不敢当……卿又云：‘无使百代有抱恨之臣，千古留刮席之耻。但虑寇生东土，刘氏复兴，即轵道之灾，岂独往日’者。我国家景祚方远，天命未穷，海内人心，尚乐唐德。朕不荒酒色，不亏刑名，不结怨于生灵，不贪财于宇县……卿云‘刘氏复兴’，不知谁为其首？遽言‘刮席之耻’，比朕于刘盆子耶？仍忧‘轵道之灾’，方朕于秦子婴也……卿又云：‘贤才在野，憸人满朝，致陛下为亡国之君，此子等计将安出？伏乞戮卖官鬻爵之辈，征鲠直公正之臣’者。且唐、虞之世，未必尽是忠良；今岩野之间，安得不遗贤彦？朕每令铨择，亦遣访求。其于选将料兵，安人救物，但属收复之业，讲求理化之基，自有长才，同匡大计……且朕远违宫阙，寄寓巴邛，所失恩者甚多，尚不兴怨，卿落一都统，何足介怀……朕虽冲人，安得轻侮！”

僖宗与高骈已撕破脸皮，高骈再也不向朝廷进贡了。

七〇〇 渐趋瓦解（三）

自中和元年七月成都发生郭琪兵变之后，西川也不太平。

西川节度使陈敬瑄经常派人到各县巡查，人称这些人为寻事人，这些人所到之处，经常巧取豪夺，其中有两个人途经资阳镇（今四川省资阳市），偏偏就没有勒索一文钱。镇将谢弘让请二人喝酒，二人也推辞了，这让谢弘让吓得是心惊肉跳，怀疑自己是不是已经犯罪了，趁夜就弃官逃到变民中去了。实际上，谢弘让并没有犯罪，而这两个人确实是廉洁之人，次日一早二人就离开了。

捕盗使杨行迁引诱谢弘让自首，而将其逮捕送交节度使衙门，声称是清剿抓获的，以图得到赏赐。陈敬瑄也不审讯，就下令将谢弘让杖打二十棍，将其用铁钉钉在成都西城墙上十四天，用滚烫的热油泼到谢弘让身上，又用胶粘的麻刺挑开他身上的烂疮，刑罚极端残酷，见到的人都替他鸣冤。还有一个邛州的小吏阡能，因公务拖延了日期，害怕被杖打而逃入山中，当了强盗。杨行迁也派人前去诱降，阡能刚要自首，就听说了谢弘让蒙冤惨死的情况，遂大骂杨行迁，决心继续当强盗，驱赶百姓，不从者立即杀死全家，就这样，一个月之后，阡能的部众已多达一万余人，而后，阡能建立军中作战单位，横行于邛州和雅州之间，攻陷城池，所到之处，烧杀劫掠。过去，西川强盗很少，自此各地纷纷而起，州县无法抵御，中和二年三月，陈敬瑄派遣牙将杨行迁率领三千人，胡弘略、莫匡时各自率领两千人前去讨伐。

西川百姓罗浑擎、句胡僧、罗夫子、韩求也各自率领数千人，响应阡能，杨行迁等人与变民作战，屡屡战败，请求陈敬瑄增兵，可是，西川之军大部已经调往长安前线，府中再无多余之兵，陈敬瑄遂将仓库管理员以及府邸卫士们组织起来，送往前线。中和二年六月，唐军与变民在乾溪（今四川省成都市双流区境内）交战，唐军大败。杨行迁等人唯恐战败受到朝廷惩处，就搜捕来无辜村民送到官府充作俘虏，每天都会送来数十上百人，陈敬瑄也不审讯，一律下令斩首。被杀的人中还有很多老人和妇女，看热闹的人中有人问他们，这些“俘虏”纷纷说道：“我们正在纺织、种田，官军突然就闯进了村子，把我们押来，我们至今还不知道犯了什么罪！”

阡能的部众越来越多，逐渐侵入蜀州（今四川省崇州市）境内。陈敬瑄见杨行迁等人一直未能剿灭变民，就改任押牙高仁厚为都招讨指挥使，率领五百人前去接管杨行迁等人。临行前一天，有一个卖面的小贩，从早晨到中午，出入军营三四趟，引起了巡逻士兵的怀疑，就将其抓住审讯，果然是阡能派来的间谍。高仁厚下令解开捆绑此人的绳索，温和地询问他为什么前来，此人回答：“我是某村村民，只因阡能将父母妻子关了起来，对我说：‘你侦察得了实情，就放了你全家，不然，全部处死。’我不是自愿来刺探军情的。”高仁厚说道：“我知道了真实情况后，怎么还忍心杀了你！如今我放你回去，去救你父母妻子，只用替我给阡能说：‘高尚书明日出发，只带了五百人，没有很多军队。’然而，我救了你一命，你就该替我偷偷对阡能的部下们说：‘陈仆射怜悯你们都是良民，被强盗劫持，并非心甘情愿。高尚书想要拯救你们，等尚书一来，你们就扔掉武器投降，尚书就会让人们在你们的脊背上书写归顺二字，把你们释放回家。朝廷想诛杀的只有阡能、罗浑擎、句胡僧、罗夫子、韩求五个人罢了，一定不会株连百姓们。’”那位间谍说道：“这都是百姓们心中所思所想，而尚书你全知道，赦免了他们，谁不踊跃听命？一传十、十传百、百传千，就仿佛山川鼎沸、江河澎湃，无人能够抵挡。等尚书到后，百姓们一定会像婴儿见到慈母一样扑向您的怀抱，阡能孤单一人，一定会束手就擒。”高仁厚遂将此人送走。

次日，高仁厚率军出发，行至双流，把截使白文现出来迎接。高仁厚环视营栅，大怒说道：“阡能不过是一介匹夫，其部众都是农夫而已，你们倾尽一府之兵，经过一年还未能将其消灭，如今，看到这里的营寨如此牢固严密，真是可以高枕无忧，饱食终日，纵容强盗来请功啊！”当即下令将白文现推出斩首。监军竭力营救，过了很久，高仁厚才饶了白文现一命，而后，他下令将营寨的壕沟全部填平，只留下五百人守卫，剩余将士一律编入野战军，由自己统领，又召来各寨守军，各寨守军也相继赶来。

阡能听说高仁厚将至，就派遣部将罗浑擎在双流以西地区构筑了五座营寨，并在野桥箐（今四川省成都市双流区西南）设下一千伏兵，准备截杀唐军。高仁厚派人侦察，得知了这一消息，遂率军将这支伏兵团团包围，下令不得滥杀，并派人解下戎装到变民军中解释，如昨天那位间谍之言。变民们闻言大喜，争先恐后地丢掉武器，向唐军投降，如同山崩地裂一般。高仁厚一一予以抚慰，命人在他们的背上写上“归顺”二字，让他们再回到寨中告知那些尚未归降的，寨中变民也纷纷投降。罗浑擎狼狈越过壕沟而逃，被其部下抓获送给高仁厚。高仁厚说道：“这不过是个愚蠢之人，不值得与其对话。”遂命人将其打入囚车，送回成都；又命令焚毁了五个营寨、铠甲武器，只留下旗帜，一次就招安了四千余人。

次日，高仁厚又对那些归降之人说：“一开始，我就想立即释放了你们回家，只是担心前面各寨之人不知道我的真心，也许有人还心存疑虑，请你们替我打前站，经过穿口（今四川省新津县北）、新津（今四川省新津县）营寨，将你们背上的字展示给他们，等到延贡（今四川省大邑县东南），你们就可以回家了。”遂将罗浑擎的旗帜拿来，倒挂起来，每五十人为一队，一队一面旗帜，命这些降众走在队伍前面，摇摆旗帜大声呼喊：“罗浑擎已经被活捉了，送到了成都，大军行将到来。你们这些在营寨中的，快快像我们一样归降，马上就可以恢复百姓身份，一点事都没有了！”行至穿口，句胡僧设置了十一座营寨，寨中变民纷纷出寨投降。句胡僧大惊失色，拔出宝剑制止，众人拿起石块投掷，一起将其拿下献给了高仁厚，其手下五千余众全部投降。第二天，高仁厚又让句胡僧的降众拿着旗帜先行，就像双流的降众一样。行至新津，韩求设置的十三座营寨也全部归降。韩求跳入深谷之中，众人将其用铁钩钩出，发现已死，遂砍下头颅献给了高仁厚。将士们还想烧毁营寨，高仁厚制止道：“降众们还饿着肚子。”遂命人运出粮食后才焚烧了营寨。刚刚归降的人争相烧火做饭，拿出食物与原来投降的人一起吃，言谈欢笑，吹拉弹唱，彻夜不停。

第二天，高仁厚把双流、穿口投降的部众全部释放回家，让新津投降的人拿着旗帜先行，并对他们说：“等到了邛州境内，你们就可以回家啦！”罗夫子在延贡构筑了九座营寨，其部众夜里看到新津的火光，已经通宵不寐了，等新津人来到后，罗夫子丢掉部众，逃奔阡能，其部众全部归降。次日，罗夫子逃回阡能的大本营，二人商议整顿全部人马，与唐军决一死战。二人还没议定，天色已晚，延贡那里归降的人就已经赶到了，阡能、罗夫子赶忙骑上战马，巡视营寨，号令大家出寨迎战，营中却无人响应。高仁厚趁夜率军逼近，第二天一大早，各营寨都知道唐军已经到来，争相高呼涌出营寨，要去捉拿阡能请功。阡能跳入井中，被众人活捉；罗夫子自杀。众人押着阡能，拿着罗夫子的人头，迎接唐军。见到高仁厚后，簇拥着马头，高喊叩拜，哭着说道："百姓们含冤太久了，无处控诉。自从那位间谍回来后，百姓们抻长脖子遥望，度日如年。今天遇到尚书，就像是出了九泉之下，重见天日，死而复生了啊！"欢呼雀跃，不可停止。阡能其他各寨，高仁厚另外派人前去招降，均全部归降。

高仁厚出兵一共六天，就神奇地平定了阡能等五个变民头领。每占领一座县城、集镇，高仁厚总会留下一名镇遏使，让其安抚新归降的百姓。于是，陈敬瑄在成都街市上悬挂韩求、罗夫子的人头；将阡能、罗浑擎、句胡僧钉于西城七天，千刀万剐。阡能的孔目官张荣，原本是安仁的进士，屡次参加科举考试，都名落孙山，投奔阡能当上了智囊，替其起草檄文之类。阡能失败后，张荣写诗向高仁厚请求宽恕，高仁厚将其送交陈敬瑄，陈敬瑄下令将其钉死在马市内。其余没再滥杀一人。

中和二年十二月，高仁厚因此功而被朝廷任命为眉州防御使。

陈敬瑄在邛州张贴公告，声称凡是阡能的亲戚，朝廷一律不予追究，可是，没过多久，邛州刺史就奏报说逮捕了阡能叔父阡行全一家三十五人，请求依法论处。陈敬瑄询问孔目官唐溪，唐溪回答："大人已经发布了公告，要求一律不予追究，而刺史又将这些人逮捕，其中必有缘故。如果杀了，不仅大人失信于人，恐怕那些阡能的党羽又会纷纷起事了！"陈敬瑄采纳了唐溪的意见，派遣押牙牛晕前往邛州，将阡行全一家带到府门，全部释放。询问原因，果然是阡行全家有一处良田，刺史想买，阡行全不卖，刺史才怀恨在心。陈敬瑄召回刺史，打算问罪，那位刺史忧愁而死。后来，阡行全得知是唐溪救了他们全家，偷偷送给唐溪一百两黄金，唐溪大怒道："这都是太师仁爱英明，与我有什么关系，你这是要把祸患留给我！"遂返回黄金，将那人赶走了。

七〇一 收复长安

中和元年上半年，李克用从鞑靼返回后，率军南下勤王，遇雨又返回了代州。

到中和二年上半年，李克用率军骚扰蔚州，三月，振武节度使契苾璋上奏僖宗，请求与天德军、大同军一起讨伐李克用，僖宗同意，并命令河东节度使郑从谠出兵接应。四月，赫连铎、李可举与李克用交战，失利。八月，李国昌率领家眷从鞑靼回到代州。其间，岚州刺史汤群发动兵变，投靠李克用，河东节度使郑从谠派兵将其讨平。

虽然李克用屡屡上书朝廷，请求归降，却占据忻州（今山西省忻州市）、代州（今山西省代县），屡屡侵扰、劫掠并州（今山西省太原市）、汾州（今山西省汾阳市），争夺楼烦监（位于今山西省娄烦县的牧马场）。义武节度使王处存与李克用家世代结亲，僖宗下诏命王处存给李克用传话：“如果你真心实意归顺朝廷，就该暂且回到朔州，等到朝廷下一步的命令。如果还像以往那样骄横残暴，就当与河东军和大同军一起讨伐你。”

当时，虽然朱全忠已经降唐，但黄巢的军队仍然十分强盛，河中节度使王重荣深感忧虑，就对行营都监杨复光说：“投降叛贼，就辜负了国家；讨伐叛贼，又力量不足，你说该怎么办？”杨复光说道：“雁门李克用，骁勇异常，拥有强兵，其父李国昌曾经与家父杨玄价在盐州共过事，私交甚深，因此，我知道李克用一定有报国之志。他之所以不来，是与河东郑从谠有矛盾罢了。如果能够以朝廷之命训示郑从谠，再召请李克用前来，他一定会来的，如果李克用来了，就足以平定黄巢了。”京城东面宣慰使王徽也同意这种看法。当时，王铎在河中，遂以墨敕征召李克用，并训示郑从谠。十一月，李克用命令陈景思率领一万七千沙陀骑兵从岚州（今山西省岚县）、石州（今山西省吕梁市离石区）一路南下，前往河中，不敢进入河东境内。李克用只率领数百骑兵来到太原城下，与郑从谠道别，郑从谠赠予他良马、金币、器具。同月，黄巢华州刺史李详的旧部一起赶跑了黄巢的弟弟、华州刺史黄思邺，推举华阴镇使王遇为主，以华州向王重荣投降，王铎代行皇帝职权，任命王遇为华州刺史。

十二月，西川的高仁厚也讨平了阡能的民变，郑从谠也讨平了岚州汤群的兵变，而李克用也率领三万五千各少数民族骑兵来到了河中，朝廷正式任命李克用为雁门节度使。李克用先派堂弟李克修率领五百人渡过黄河，试探齐军。自从昭义节度使高浔战败后，唐军各部都畏惧齐军，不敢主动出击，等李克用大军来到后，齐军对其十分忌惮，说："乌鸦军来了，应当避开他们的兵锋。"因为沙陀军都身着黑色战袍，因此齐军称其为乌鸦军。当初，李克用的弟弟李可让为南山寺的和尚所杀，其仆人浑进通投降了黄巢。黄巢就搜捕来十余名南山寺和尚，派部将米重威带着诏书、钱财，通过浑进通来到李克用军中求和。李克用杀了和尚们，祭奠李可让，接受了钱财，分给众将，焚烧了黄巢的诏书，放回了黄巢的使者，而后，率军从夏阳（今陕西省合阳县东南）西渡黄河，驻军同州。

李克用率部来到之后，就立即投入战斗。中和三年（公元883年）一月一日，李克用部将李存贞率部在沙苑（今陕西省大荔县东南）击败黄巢弟弟黄揆，二日，李克用进驻沙苑。王铎代行皇帝职权，任命李克用为京城东北面行营都统，以杨复光为京城东面都统监军使，陈景思为京城北面都统监军使。

眼看王铎召来李克用、收复长安近在咫尺，成都的田令孜深感不安。他唯恐王铎夺取了头功，等收复长安以后，以王铎为首的朝臣会重新得势，因此，决定在长安收复之前罢免王铎，并取悦同为宦官的杨复光，于是，田令孜就在僖宗面前一直说王铎的坏话，称其在担任都统一年来迟迟未能收复长安，诸军不敢出战，在无计可施的情况下，才采纳了杨复光的建议，召来沙陀军击破了黄巢，僖宗遂于一月八日将王铎免去都统一职，贬为义成节度使，命其立即前去上任。王铎接到诏书后，内心愤愤不平，写诗发泄不满："用军何事敢迁延，恩重才轻份使然。黜诏已闻来阙下，檄书犹未遍军前……看却中兴扶大业，杀身无路好归田。"僖宗的八日诏书中，又将副都统崔安潜贬为东都留守，以都监西门思恭为右神策军中尉，充各道租庸兼催促诸道进军等使。田令孜自以为最先提出僖宗逃往西川、携带传国玉玺和历代皇帝画像、散去家财贴补军饷，令各地藩镇和宰相们一起替自己向僖宗求赏，僖宗遂下诏以田令孜为神策十军兼十二卫观军容使。田令孜的这一系列举措，都是为在收复长安以后进一步巩固宦官集团所采取的预防措施。

同月，成德节度使王景崇去世，军中拥立其年仅十岁的儿子、节度副使王镕为知留后事。

二月十五日，李克用进军乾阬（今陕西省大荔县西），与河中、义武、忠武的军队会师，唐军的计划是：移动至同州附近的沙苑、乾阬，再强渡渭河，沿长安洛阳驿道，西进长安。黄巢为了阻止唐军和李克用的进攻，遂派遣尚让率领十五万大军前去抵御，以王璠、林言军居左，赵璋、尚让军居右，两军在华州以西三十里的梁田陂对垒。

二月十六日，决定大齐生死存亡的梁田陂大战爆发。这场大战从中午一直持续到黄昏，齐军大败，被俘、被杀数万人，三十里之内横尸遍野。齐将王璠、黄揆袭击华州，王遇逃走。二十七日，李克用包围华州，黄思邺、黄揆登城固守。李克用分出一部分骑兵进驻渭河北岸。

梁田陂战败后，黄巢已经预感到无法守住长安了，遂暗中派遣三万人马控制了长安东南的蓝田道，以确保能够从长安顺利撤出、沿着武关东出南阳。三月六日，黄巢又派遣尚让率军东进，以解救被围的黄思邺和黄揆。这也正中了李克用和王重荣“围城打援”之计，二人立即部署兵力，在零口（为零水注入渭河处、在长安以东九十五里）迎战，再次将齐军击败。唐军乘胜攻克了华州，黄揆率众逃走。李克用进军渭桥，骑兵则进驻渭河北岸，每天夜里，李克用就派遣薛志勤、康君立率部偷袭长安，焚烧齐军的粮草，杀人放火，齐军大惊。

二月十六日，齐军败于梁田陂；三月六日，又败于零口，此后，齐军节节败退，四月八日，李克用与忠武部将庞从、河中部将白志迁等人率军先进，与齐军在长安东北面的东渭桥以南交战，一日之内接连发生三次会战，唐军三战三捷。义成、义武等军也相继投入战场，齐军大败。当时，泾原节度使张钧也说服吐蕃、浑族，与之同盟，吐蕃、浑族也加入讨伐黄巢的队伍，唐军各节度使之兵都士气大振，奋勇争先，从四面八方一起向长安压来。

四月十日，李克用等人率先从光泰门冲入长安。李克用亲自冲杀在前，喊杀声震天动地，黄巢苦战不胜，遂焚烧宫室，逃出长安。唐军一直追杀到望春门，进入升阳殿宫室之内，齐军被杀、投降的不计其数，而进入长安的唐军与强盗无异，四处杀人，劫掠财物，长安民居、百姓经历了一场前所未有的浩劫，残存下来的寥寥无几。安禄山攻克长安后，对长安宫室没有破坏；吐蕃人攻入长安后，也只是烧毁了一些房屋；朱泚之乱以后一百年间，唐朝历代皇帝又都对长安进行了修缮、整治，到晚唐时期，长安宫室已经与开元时期一样雄伟壮丽了。等黄巢撤出长安后，各方镇的唐军相互劫掠，大火烧毁了大明宫，大明宫内唯独含元殿还没被烧毁，大明宫外的西内、南内、光启宫幸免于火灾。

黄巢占领长安两年四个月，至此退出，尚有残余部众十五万人，他们从蓝田道向东南逃窜，退入商洛山中，沿途扔掉了很多金银财宝，唐军忙于捡拾，遂不急于追击，黄巢得以安全脱身。

杨复光派遣使者向僖宗告捷，百官庆贺。僖宗下诏命令忠武延州、凤翔、博野军加上东西神策等军共计两万人交给大明宫留守王徽以及京畿制置使田从异指挥，守卫长安，安抚百姓；尚书右仆射裴璩重修宫市、衙门，采购御用车辆，搜集图书，安排仪仗，等等。五月，僖宗下诏加邠宁节度使朱玫、雁门节度使李克用、保大节度使东方逵为同平章事；升陕州为节度使，晋升王重盈为陕州节度使；设立延州为保塞军，以保大行军司马、延州刺史李孝恭为保塞军节度使。僖宗又下诏，以崔璆当黄巢三年的宰相，在黄巢到来之际，不逃跑，也不躲藏，命入城唐军就地将其斩杀。

参与收复长安的有功将领有神策将横冲军使杨守亮、蹑云都将高周彝、忠顺都将胡真、天德将顾彦朗等七十人，而李克用时年二十八岁，在众将中年龄最小，功劳第一，军队最强，众将都对他十分敬畏，称其为“独眼龙”。

七〇二 破碎山河

虽然收复了长安，但其实唐朝朝廷还在风雨飘摇之中，各地依然混乱不堪。唐军收复长安前夕，魏博、淮南、三峡、两浙都在激战；在唐军收复长安之后，昭义、兴元等军也是狼烟四起。

就在唐军取得梁田陂大捷之时，魏博又发生了兵变。当初，光州刺史李罕之被蔡州刺史秦宗权进攻，丢掉光州，逃往项城，率领残余部众投奔了河阳的诸葛爽，诸葛爽以其为怀州刺史。魏博节度使赶跑河阳诸葛爽后，又转兵东向，进攻天平军的治所郓州，但打了半年，一直未能攻下。趁此机会，诸葛爽重新夺回了河阳，天平军的朱瑄向韩简求和，韩简答应后，就丢下郓州，再次领兵西进奔袭河阳。诸葛爽派遣李罕之率部在武陟迎战，结果长途跋涉而来的魏博军被打得大败而还。魏博大将、澶州刺史乐行达所部最先回到魏州，军中遂拥立他为魏博留后，韩简无处可逃，为部下所杀。朝廷遂就势任命乐行达为魏博留后。

魏博如此，淮南的庐州（今安徽省合肥市）也是这样。杨行愍，字化源，庐州合肥人。他自幼丧父，家境十分贫困，为人孔武有力，能轻松举起一百斤重的东西，还能日行三百里路。僖宗乾符年间，江淮民不聊生，纷纷沦为强盗，杨行愍也当了一名强盗。杨行愍因造反被官府抓获，刺史郑棨见其相貌奇特，竟将他释放了。此后，州里招募士兵，杨行愍应召入伍，屡立战功，被升为队长。后来，杨行愍被派到朔方戍边，戍边一年回来后，都将对杨行愍十分猜忌，就建议庐州刺史郎幼复再次让杨行愍戍边，这让杨行愍大为恼怒，他私下纠集了一百多名勇士，准备发动兵变。临行前，杨行愍到都将那里辞行，都将和颜悦色想取悦杨行愍，还装作关心地问他需要什么。杨行愍回答：“就要你这颗人头！”遂起身挥刀将其斩杀，兼并了庐州各营，自称八营都知兵马使。庐州刺史郎幼复也无可奈何，只好推荐给高骈，请让杨行愍代替自己当庐州刺史，高骈就任命杨行愍为淮南押牙、知庐州事，朝廷也批准了高骈的任用。

杨行愍是个胸怀大志的人，他听说庐州人王勯非常贤能，就派人召见了王勯，王勯却坚决推辞。杨行愍又问王勯子弟们有什么才能，王勯回答："我的儿子王潜，好学缜密，可以干事；侄儿王稔，有气节，可以当将领。"杨行愍就把王潜召至门下，充当幕僚，又把王稔以及定远人季章拜为骑兵将领。杨行愍就是五代十国时期的吴国开国皇帝。

当初，吕用之是通过淮南左骁雄军使俞公楚才得以见到高骈的，等吕用之得宠后，专权跋扈，有人就把责任推到俞公楚身上，俞公楚屡屡告诫吕用之要稍稍有所收敛，以免连累了自己，这让吕用之怀恨在心。右骁雄军使姚归礼直爽敢言，尤其看不惯吕用之的所作所为，经常当面指斥其罪过，还屡屡想亲手杀死他。中和三年三月，吕用之与其同党在一个歌姬家里聚会，姚归礼暗中派人纵火，趁乱杀了几个与吕用之长相相似之人，吕用之换了一身衣服得以脱身。次日，吕用之严查此事，抓获了纵火之人，发现都是骁雄军的士兵，吕用之遂在高骈面前诬陷俞公楚和姚归礼二人。不久，高骈命令二人率领三千骁雄军在慎县（今安徽省肥东县）袭击变民，吕用之偷偷派人告诉杨行愍说："俞公楚和姚归礼二人是想要偷袭庐州。"杨行愍听说后，赶忙派兵偷袭俞公楚和姚归礼所部，二人猝不及防，全军覆没。事后，杨行愍向高骈禀报称，二将将要谋反，高骈信以为真，重重赏赐了杨行愍。

三峡地区也在激战。庄梦蝶和胡弘略对付不了韩秀升和屈行从的变民，陈敬瑄只好调任刚刚平定了阡能变民的眉州防御使高仁厚，担任西川行军司马，命其率领三千兵马前去讨伐。退守忠州的庄梦蝶与韩秀升和屈行从再次交手，又被打败。残兵败将四散溃逃，所到之处，当地官员虽然百般劝说都无法阻止，途中，遇到高仁厚的援军，高仁厚当即下令斩杀了一名都虞候，命他们重整队伍，又召来当地的老人，询问山川捷径以及变民盘踞的地方。听了老人们的介绍后，高仁厚大喜，说道："变民的精兵都在船上，只有老弱留守营寨，而他们的粮食又都放在寨中，这就是所谓的重视作战而忽视防守，他们肯定失败了！"遂做出要渡江的架势。变民军昼夜戒备，派兵挑战，而高仁厚则拒不应战，暗中派出一千名勇士手持武器，携带干草，从小路进攻变民军的营寨，并将营寨焚毁。变民军在船上遥遥望见营寨被毁，分兵前去救援已来不及了，只好眼睁睁看着粮食被焚烧殆尽，军心大乱。高仁厚又招募水性很好的士兵凿坏变民军的船底，变民军的船只一艘接着一艘沉没，变民军在船只与船只之间来回奔跑，惊慌失措，无法相救，高仁厚又派兵切断了变民军逃跑的道路，派人前去招降，变民军纷纷投降。韩秀升和屈行从见部众不战而降，挥舞宝剑胡乱砍杀，想要制止。其手下部众更加愤怒，一起将二人活捉，交到高仁厚的手中。高仁厚斥责二人道："你们为何要谋反？"韩秀升回答："自从大中皇帝驾崩之后，天下再无公道可言，法纪败坏。如今造反之人，难道只有我韩秀升一人吗？成功了，他就干得对；失败了，他就做得是错的！我如今已经是案板上的一块肉了，是煮是烹，是杀是剐，你随便吧！"高仁厚听后，一脸沉重，命人好好款待，将其戴上手铐脚镣。四月，送到成都，朝廷将二人斩杀了。

两浙地区也是如此。刘汉宏继中和二年屡屡败于钱镠仍不死心，到中和三年，他卷土重来，分兵进驻黄岭、岩下、贞女三镇（均在今浙江省杭州市萧山区西南）。钱镠率领八都兵从富春（今浙江省杭州市富阳区）发起进攻，击破黄岭浙东军，生擒岩下守将史弁、贞女守将杨元宗。刘汉宏率领精兵驻扎诸暨（今浙江省诸暨市），又被钱镠击破，刘汉宏逃走。到中和三年下半年，刘汉宏率领十余万大军再次进驻西陵，将要进攻董昌，十月，钱镠渡江迎战，再次大破刘汉宏，刘汉宏逃走。次日，他收拾残兵败将，组织了四万人马又来寻战，钱镠又将其击败，并斩杀了刘汉宏的弟弟刘汉容及其大将辛约。

唐军收复长安之后，李克用率部从长安返回了雁门，不久，僖宗就下诏晋升其为河东节度使，并把郑从谠召回成都。李克用从东道经过榆次，前往雁门探望父亲李国昌，又发布公告安抚河东军民道："不要把往事挂在心上，各自安居乐业。"昭义节度使孟方立将治所迁往家乡邢州以后，担心潞州民风彪悍，地势险要，打算逐渐削弱潞州的地位，就将昭义大将的家眷以及潞州的富人们都迁往了邢州，潞州军民都非常不满。监军祁审诲趁机偷偷派武乡镇使安居受用蜡丸藏一封书信送交李克用，请李克用发兵，将昭义治所再迁回潞州。十月，李克用派遣部将贺公雅等人率军直扑潞州，但被孟方立击败；李克用再派李克修出战，十月十八日，终于攻克了潞州，杀了孟方立任命的潞州刺史李殷锐。从此以后，李克用遂连年出兵与孟方立作战，争夺昭义在山东的邢州、洺州、磁州三州，三州百姓再无宁日了。

中和三年七月，唐军收复长安之后，左骁卫上将军、宦官杨复光在河中去世。杨复光是晚唐不可多得的著名宦官，他为人正直豪爽，一腔忠义，善于带兵，对部下很有恩义，杨复光去世后，军中将士们失声痛哭了几天，其下辖的忠武军八都将鹿晏弘等将纷纷率领本部人马四散而去。田令孜素来对杨复光又猜忌又害怕，听说杨复光去世的消息后，心中大喜，再无顾忌，遂把杨复光的哥哥、枢密使杨复恭贬为飞龙使。田令孜专权跋扈，无人敢与其作对，唯独杨复恭屡屡与之争论是非曲直，故田令孜对其十分不满，杨复恭遂称病回到蓝田闲居了。

忠武大将鹿晏弘率领本部人马从河中一路南下，劫掠襄阳（今湖北省襄阳市）、邓州（今河南省邓州市）、金州（今陕西省安康市）、洋州（今陕西省洋县），所到之处，烧杀奸淫，无恶不作，又西进声称要去皇帝那里。十二月，鹿晏弘率部来到兴元（今陕西省汉中市），驱逐了山南西道节度使牛勖，自称留后，牛勖逃往龙州（今四川省平武县东南）西山。不久，僖宗只好承认事实，任命鹿晏弘为兴元留后。

七〇三 错围陈州

各地混乱不止，朝中也是内讧不断。

田令孜专权恣肆，与朝中群臣之间矛盾激化。虽然天子流落成都，但司徒、门下侍郎、同平章事郑畋仍然勉强维持着朝廷起码的规矩。田令孜想让自己的判官吴圆当一个郎官，但郑畋就是不答应；陈敬瑄自恃大权在握，在朝班之上想排在宰相之上，郑畋引经据典，认为使相品级虽高，但都位居真相之下，坚决不肯让步。田令孜和陈敬瑄二人就让凤翔节度使李昌言上书，称："军心不安，等陛下返回京师时，不可让郑畋护驾经过凤翔。"郑畋也心灰意冷，屡屡上书请求辞职，僖宗遂将其免相，改任太子太保，又让其子、兵部侍郎郑凝绩担任彭州刺史，让郑畋到彭州养老；提拔兵部尚书判度支裴澈为中书侍郎、同平章事。

感化节度使时溥食物中毒，怀疑判官李凝古所为，将其杀害。李凝古的父亲李损时任右散骑常侍，在成都，时溥上奏称李凝古与其父李损合谋要加害于他。田令孜收受了时溥的贿赂，就让御史台审理此案。侍御史王华替李损鸣冤，田令孜矫诏将李损打入神策军大牢，但王华拒不出卖李损。萧遘上奏称："李凝古之事，本就证据不足，已经为时溥所杀，其父李损与之相别数年，音讯不通，岂能合谋！时溥自恃功劳，败坏法纪，轻视朝廷，想杀害天子身边的重臣，如果满足了他的欲望，势必臣等也会朝不保夕，朝廷还怎么存在下去？"在萧遘等人抗争下，李损才得以免死，放归家乡。自从郑畋离开朝廷后，只有萧遘敢于与田令孜抗争，朝廷群臣都把他当成主心骨。

唐军收复长安之后，给了朝廷群臣一个胜利的假象，参加收复长安的各藩镇军队忙于论功请赏，划分新的势力范围，朝中南衙北司争斗更趋激烈，无暇继续追杀黄巢，实际上，唐军只是收复了长安一座空城，而各地仍然纷乱不已，局势更趋恶化，黄巢如果能够把握住机会，充分利用朝廷与各地军阀之间的矛盾，依然能够东山再起，然而，一件事让这一切化为泡影……

如前所述，黄巢自中和三年四月十日从长安撤离之后，身边尚有十五万大军，刚刚占领长安的各路唐军忙于四处劫掠，根本无暇继续追击，黄巢大军得以从容从商洛山经南阳盆地，进入豫中平原。黄巢以其猛将孟楷率领一万人为先锋，向蔡州（今河南省汝南县）发起进攻，蔡州节度使秦宗权迎战，被孟楷击败。义军向蔡州发起进攻，秦宗权自知不敌，遂向黄巢投降，与义军合兵一处。孟楷打下蔡州之后，就转兵进攻陈州（今河南省淮阳县），进驻项城（今河南省项城市东北）。当初，黄巢还在长安时，陈州刺史赵犨就对手下将佐们说："黄巢如果不死在长安，一定会向东逃窜，陈州正处于其逃窜的必经之地。况且，黄巢素来与忠武军有仇，不可不早做准备。"于是，他组织人力，构筑坚固的防御工事，修缮武器铠甲，囤积粮食；他还下令凡是城外方圆六十里有粮食的百姓，全部迁入城内；又从中招募了大量勇士，命其弟弟赵昶珝、儿子赵麓林统领。

当孟楷之军进攻陈州时，赵犨先示弱于敌，令孟楷放松了警惕，而后，趁义军不备，唐军突然发起进攻，将孟楷之军几乎斩杀殆尽，并生擒孟楷，斩首示众。黄巢惊闻孟楷被杀，顿时火冒三丈，亲率全军进驻溵水（今河南省项城市西北），发誓要踏平陈州。六月，黄巢与秦宗权合兵一处，将陈州团团包围，开挖了五道壕沟，从四面八方向陈州发起了猛烈的进攻。陈州守军见漫山遍野的义军，心里非常恐惧，赵犨安慰大家说："我忠武军素来以忠勇闻名天下，陈州子弟号称精兵，何况我们赵家一直吃陈州的俸禄，发誓与陈州共存亡。身为男儿理当死里求生，况且，为国而死，不是比臣服叛贼偷生要强得多吗！敢有异议者，斩！"赵犨趁义军进攻间隙，还屡屡率领精锐部队杀出城外，打败义军，这更让黄巢暴跳如雷。

失去理智的他干脆下令在陈州城北修筑宫室，修建百官衙门，储备粮食，以尚让驻扎太康，以黄思邺驻扎太华，做出长期围困陈州的打算。据《旧唐书·黄巢传》记载，当时民间已没有存粮，黄巢军劫掠百姓充当军粮，每天要杀害数千人；黄巢军中有一个舂磨寨，有数百个大磨，将活人扔入大磨之中，连同骨头一起活活捣碎吃掉，对此，现代学者们大多持否定态度，这是因为，《新唐书·黄巢传》记载，在唐军攻破太康时，还缴获了义军上万马、羊；《新唐书·赵犨传》和《旧五代史·赵犨传》还记载，黄巢在陈州城外建"八仙营"时，就储存了大量粮食。黄巢军还四处劫掠，从河南（今河南省洛阳市）、许州（今河南省许昌市）、汝州（今河南省汝州市）、唐州（今河南省泌阳县）、邓州（今河南省邓州市）、孟州（今河南省孟州市）、郑州（今河南省郑州市）、汴州（今河南省开封市）、曹州（今山东省菏泽市定陶区）、濮州（今山东省菏泽市鄄城县）、徐州（今江苏省徐州市）、兖州（今山东省济宁市兖州区）等数十州都受到侵扰。

还在中和三年三月的时候，朝廷就已任命河中行营招讨副使朱全忠为宣武节度使，命其待收复长安之后，再去上任。等收复长安之后，朱全忠就率领本部数百人前往汴州上任。七月三日，朱全忠一行进入汴州，时年，朱全忠三十二岁。当时，汴州、宋州一带非常困苦，宣武军又十分骄横，而黄巢的义军、变民又时时前来进攻，战斗一次比一次激烈，宣武内外危机重重，而朱全忠却毫不介意，勇气百倍。不久，朝廷又晋升其为东北面都招讨使。

黄巢包围陈州数月之后，朝廷才缓过神来，下诏任命感化军节度使时溥为东面兵马使，命其率军进驻溵水。与此同时，陈州城内的赵犨也趁机派人出城，向邻近各道求援，到中和三年年底，也就是黄巢包围陈州仅半年之后，忠武节度使周岌、宣武节度使朱全忠、感化军节度使时溥才亲率本部人马前来救援。朱全忠与黄巢所部在鹿邑（今河南省鹿邑县）交战，将其击败，斩杀二千余人，并趁机进入感化所属的亳州（今安徽省亳州市），据为己有。

中和四年（公元884年）一月，僖宗赐名魏博节度使乐行达为乐彦祯。同月，周岌、朱全忠、时溥一起向河东节度使李克用求救。

二月，李克用率领五万蕃汉军队从天井关（今山西省晋城市南）南下，想通过河阳进入中原，但河阳节度使诸葛爽以河桥还没有完工为由，驻军万善（今河南省沁阳市北），拒绝李克用借道。李克用不得已，只好回师，绕道陕州（今河南省三门峡市）、河中（今山西省永济市）渡过黄河，再向东杀来。同月，朱全忠率军攻克了黄巢的瓦子寨，杀伤黄巢军队数万人，黄巢部将李唐宾、王虔裕投降了朱全忠。《旧五代史·梁纪·太祖纪》：“与许州田从异诸军同收瓦子寨，杀贼数万众。”李唐宾，陕州陕县人，史称其“骁勇绝伦，善用矛，未尝不率先陷阵。其善于治军行师之道，亦与珍（朱珍）齐名”。王虔裕，琅琊临沂人。史称，其“少有胆勇，多力善射，以弋猎为事”。后追随诸葛爽。

黄巢包围陈州将近三百天，赵犨兄弟率军与义军打了大大小小数百次战斗，虽然城内兵员行将枯竭、粮食都快要吃尽，但守城军民的意志依然坚固。李克用与忠武（许昌）、宣武（汴州）、感化（徐州）、泰宁（兖州）各军在陈州城下会师。当时，尚让驻军太康（今河南省太康县），中和四年四月三日，各军收复了太康，接着，唐军又乘胜进攻黄思邺驻守的西华（今河南省西华县），当晚，天上下起瓢泼大雨，义军军中惊乱，黄思邺也放弃了西华营垒。黄巢听到后，开始害怕起来，遂退军故阳里（今河南省淮阳县以北），至此，陈州之围才算解除。

朱全忠听说黄巢推进到汴州附近，就率军返回了汴州（今河南省开封市）。五月三日，天降大雨，电闪雷鸣，平地水涨三尺，黄巢营寨为大水所淹，又听说李克用将至，黄巢遂领兵向东北朝汴州杀来，途经尉氏（今河南省尉氏县），屠杀了全城居民。尚让率领五千精锐骑兵逼近大梁（今河南省开封市），行至繁台（今河南省开封市东南禹王台公园内），宣武部将朱珍、庞师古将其击退。朱珍，徐州丰县人，从小就与庞师古一起追随朱全忠，在黄巢军中，他善于选拔人才，也懂得选将练兵，屡立战功。庞师古，曹州南华人，原名庞从。一直是朱全忠的亲信近臣，“性端愿，未尝离左右。”朱全忠刚到汴州时，最初得到了五百匹战马，组成第一支骑兵部队，就交给了庞师古统领。

朱全忠赶忙派人向李克用告急。五月六日，李克用与忠武都监使田从异从许州出发，北上救援朱全忠。八日，李克用率军在中牟（今河南省中牟县）以北的王满渡追上了黄巢的队伍，趁着义军渡过一半，发起猛烈进攻，大破义军，杀死义军一万余人，临阵斩杀义军将领李周、王济安、阳景彪等人，义军遂彻底溃散。尚让率领本部人马向感化节度使时溥投降，黄巢的其他将领李谠、霍存、葛从周、张归霸及其堂弟张归厚率众投降了朱全忠。

李谠，河中临晋人。史称，其“为人勇悍多力，甚有气谊”。曾与唐朝宦官集团过从甚密，经常出入于宫廷，黄巢攻陷长安后，他也落入义军，被黄巢任命为内枢密使，李谠投靠朱全忠后，被任命左德胜骑军都将。霍存，洺州曲周人，原为黄巢部将，非常骁勇，尤其擅长骑射，投降朱全忠后，屡立战功。葛从周，字通美，濮州鄄城人。他智勇双全，在黄巢军中逐渐被晋升为校尉。葛从周投降朱全忠不久，到了七月，朱全忠在西华进攻黄巢王夏寨，临阵马倒，葛从周扶朱全忠上马，在与义军格斗中，身中数枪，脸被砍伤，箭中胳臂，仍然拼死保护着朱全忠，幸赖张延寿回马转斗，朱全忠和葛从周二人才捡回性命。张归霸，字正臣，清河人。其祖父张进言，曾担任阳谷令。张归霸“少倜傥，好兵术”。与两个弟弟张归厚、张归弁一起加入黄巢义军，黄巢占领长安后，任命张归霸为左番功臣。张归厚，字德坤，“少骁勇，有机略，尤长于弓槊之用。”张归弁，字从冕。

黄巢渡过汴河向北逃窜，九日，李克用在封丘（今河南省封丘县）以北追上黄巢的败兵，再次将其击破。十日夜晚，天上再次突降大雨，雷电交加，黄巢已成惊弓之鸟，吓得连夜狂奔，继续向东逃窜。李克用继续领兵追赶，途经胙城（今河南省延津县以北）、匡城（今河南省长垣县西南）。黄巢收拾余众近千人，仓皇逃往兖州。十一日，李克用一直追赶到冤句（今山东省菏泽市西南马头集、黄巢家乡），身边能追上的骑兵只剩下数百人，昼夜不停追赶了二百余里，已人困马乏，军粮吃尽，只好返回汴州，打算再拿点干粮继续追赶。此战，李克用所部生擒黄巢最小的儿子，缴获黄巢御用车马、大印、御衣，将俘虏的上万男女，全部予以释放。

七〇四 师立之乱

当中和四年上半年，李克用全力围剿黄巢之时，成都小朝廷内讧再起。

东川节度使杨师立见田令孜、陈敬瑄兄弟二人专制朝廷，心中很是不平，而陈敬瑄在派遣高仁厚讨伐韩秀升时，曾向高仁厚承诺：“等你成功之后，我当上奏天子，将东川交给你。”杨师立听到了这一消息，不禁大怒，说道：“你陈敬瑄与我都是朝廷藩镇，地位相同，竟然把我的官位许给他人，真是无法无天了！”田令孜唯恐杨师立发动兵变，借口杨师立未出兵防遏变民军，将其征召入朝改任尚书右仆射。

杨师立接到朝廷诏书后，不禁勃然大怒，拒不接受，并诛杀了朝廷使者以及监军。中和四年二月，当李克用从太原发兵南下之际，杨师立以讨伐陈敬瑄为名，起兵作乱。杀死前来劝谏的大将，进兵涪城（今四川省三台县西北），又派遣部将郝蠲率军偷袭绵州（今四川省绵阳市），但未能破城。二月十五日，僖宗任命陈敬瑄为西川、东川、山南西道都指挥、招讨、安抚、处置等使。三月三日，杨师立向成都百官以及各道将士、百姓们发布檄文，历数陈敬瑄十条罪状，自称已经调集本道十五万大军前来问罪。僖宗下诏剥夺杨师立官爵，任命眉州防御使高仁厚为东川留后，命其率领五千人前去讨伐，并以西川押牙杨茂言为行军副使。

五月十三日，就在李克用追击黄巢返回汴州之时，高仁厚驻军德阳（今四川省德阳市）。杨师立派遣部将郑君雄、张士安进驻鹿头关（今四川省德阳市以北）抵御。郑君雄、张士安坚守营寨，拒不出战，高仁厚说：“如果强攻，则对他们有利，对我们不利；如果围困，则他们困顿，而我们安逸。”遂修建了十二座营寨，将敌人围困起来。十七日夜半，郑君雄等人趁夜率领精锐部队偷袭城北的副使营寨，杨茂言不能抵挡，率众放弃营寨而逃，旁边的营寨见副使逃走，也纷纷弃寨而逃。叛军合兵一处，一起朝高仁厚所在中军营寨杀来。高仁厚见状，下令将士们大开营门，竖起火把，顿时大营之内灯火通明。高仁厚率领士兵们埋伏通往大营道路的两侧，叛军到大营跟前后，见到营门大开，反而不敢进入，收兵回营。这时，高仁厚下令伏兵发起进攻，叛军顿时大乱，仓皇逃窜。高仁厚率军穷追不舍，一直追到城下，把叛军挤压在壕沟之内，杀死了很多叛军，才撤军回营。

高仁厚想到各寨溃逃之人很多，罚不胜罚，就暗中召来孔目官张韶，对他说："你速速派遣数十名探子分头追赶逃兵，以你的意思对他们说：'幸亏大帅没有出营，对你们的情况一概不知，你们赶快回营，明天一早按时参见，不用担忧。'"张韶是位老实人，素来受人信赖，探子们说是张韶所云，都相信了，到四鼓时都返回了各自的营寨，唯独杨茂言逃到张把（今四川省三台县南），也被人追上。高仁厚听见各寨恢复了更鼓之声，高兴地说道："都回来了。"次日清晨，众将照常来到中军大帐，都以为高仁厚被蒙在鼓里。坐了很久以后，高仁厚才对杨茂言说道："昨晚听说副使身先士卒，走到张把，有这事吗？"杨茂言回答："昨夜，听说敌人进攻中军，身边的人说大人已经逃走，遂策马追随大人，不久就听说消息有假，又返回了营寨。"高仁厚说道："我与副使均受命天子，率军讨伐叛贼，如果我先逃跑，副使就该将我呵斥下马，军法从事，然后代我统领全军，然后上奏天子。如今，副使最先逃跑，现在又谎话连篇，你说该如何处置？"杨茂言说道："该死。"高仁厚说道："可以。"当即命人将其拉出，斩首，众将见状，无不吓得面如土色。高仁厚又将昨晚俘虏的数十名叛军全部释放。郑君雄等人听说后，说道："此人军法如此严明，从今往后，再也不能出兵厮杀了！"

二十三日，高仁厚列阵于鹿头关下，郑君雄等人率领全军出战。高仁厚在大阵后面埋下伏兵，假装败退，郑君雄等人率众追击，突然伏兵四起，郑君雄等人大败，当晚，逃归梓州（今四川省三台县）。陈敬瑄又派三千人增援高仁厚，高仁厚遂将梓州团团围住。

高仁厚包围梓州后，迟迟未能攻下，遂写信射入城内，信中称："我不忍心看到城内玉石俱焚，特意替诸位考虑，暂停进攻十天，给各位一个将功赎罪的机会。如果你们在十天之内不把杨师立的人头送来，我就将把现有部队一分为五，不分昼夜轮番攻城，我们这里的将士十分安逸，而你们肯定会很疲惫。五天不拿下你们城池，我们再从四面八方一起强攻，一定能够攻克。你们大家好好考虑考虑。"数日之后，城内的郑君雄大喊："天子要诛杀的只有元凶一人，不关我们大家的事！"众人高呼万岁，大声呼喊，冲入府衙之内，杨师立自杀，郑君雄提着他的人头开城投降。

六月三日，高仁厚上奏朝廷，称："郑君雄斩杀杨师立，出城投降。"将杨师立的人头送到成都，陈敬瑄下令把杨师立的儿子钉在成都城北。陈敬瑄的三个儿子骑马前来观看，杨师立的儿子高喊道："这事马上就要轮到你们头上了，到时候，你们可要努力领取啊！"陈敬瑄的三个儿子听了，匆忙骑马而回。朝廷任命高仁厚为东川节度使。

回过头来，继续说回到汴州的李克用。

中和四年五月十四日，李克用来到汴州，在城外安营扎寨。朱全忠在封禅寺迎接，反复请李克用入城，李克用遂率领三百名下属以及监军陈景思一起入城，朱全忠把李克用等人安排在上源馆驿内。不久，朱全忠安排丰盛的酒宴招待李克用一行，对李克用非常恭敬，酒酣耳热之际，李克用趁着酒醉，调戏身边的女伎，口不择言，说了很多令朱全忠难堪的胡话，让朱全忠内心很是气恼。夜幕降临，酒宴结束，李克用的随从们都喝得醉醺醺的。

朱全忠素来忌惮李克用，就秘密与部将杨彦洪商议，用大车、树木堵住街道，发兵包围李克用等人居住的馆驿，趁机一举将李克用除掉。当时，李克用已经喝得烂醉如泥，毫无知觉，宣武军杀来时，呼喊声震天动地，李克用身边的亲兵薛志勤、史敬思等十余人拼死格斗，保护着李克用。奴仆郭景铢急中生智，将火烛吹灭，用毛毯把赤身裸体的李克用裹住，拉到床底下，拿来冷水洒在他的脸上。郭景铢说道："朱全忠要谋害大人！"李克用这才从沉醉中惊醒，他睁开双眼，拿起弓箭而起。薛志勤射杀数十名宣武军士兵，不一会儿，浓烟滚滚，火光冲天，情况十分危急，而恰恰在这时，天上突然电闪雷鸣，大雨如注，天地一片黑暗，咫尺不辨人物，薛志勤趁机搀扶着李克用，率领身边几个人翻过院墙，突出包围，趁着惊心的响雷和耀眼的闪电，格斗而前。宣武士兵扼守着桥头，薛志勤等人死命拼杀，才勉强冲过了大桥，而史敬思断后，被宣武士兵们杀死。李克用爬上汴州的南大门尉氏门，从城楼上用绳索缒下，才侥幸逃出一命，监军陈景思以及李克用随行的三百余人全部为朱全忠所杀。当晚与李克用同行的还有他的养子、年仅十七岁的李嗣源。李嗣源，本是胡人，只知道名字叫邈佶烈，不知姓什么，他骁勇异常，当晚拼死保护李克用，后得到李克用的重用。李克用往往从军中挑选骁勇之将收为养子，除了李嗣源外，李克用的养子还有：回鹘怀化郡王李思忠部落人张君政的儿子张污落，李克用将其取名为李存信；振武人孙重进，李克用取名为李存进；许州王贤，李克用取名为李存贤；安敬思，李克用取名李存孝（此人在中国历史上与项羽齐名），后来，李克用的这些养子们加上儿子李存勖一共十三人，因这十三人都曾被授予检校太保一职，故被人称为“十三太保”。

事变前，杨彦洪对朱全忠说：“胡人危急时刻就会骑马，只要见到骑马的就射杀了他。”当晚，杨彦洪恰巧骑马冲过朱全忠眼前，朱全忠弯弓搭箭，一箭竟将其射死。

李克用的妻子刘氏足智多谋，一些最先从汴州城内逃出的人告知汴州城内发生了事变，刘夫人声色不动，下令立即将其斩杀，而暗中召来大将们整顿军队，做好全军撤离的准备。等到天亮，李克用终于回到了军中，与刘夫人相对痛哭，打算立即整军攻打汴州。刘夫人劝阻道：“大人刚替国家讨伐叛贼，解救山东诸侯们的危急，如今，朱全忠无道，想谋害大人，我们自当向朝廷禀报，由朝廷处理。如果现在就发兵进攻汴州，那么理屈的就成了我们，天下之人谁还能分辨出是非曲直呢？他们反而有话可说了。”李克用终于听从了夫人之言，强咽下了这口恶气，率军而去，只是留下书信责备了朱全忠。朱全忠回信辩解道：“当晚之变，我也毫不知情，后来才知道是朝廷使者与杨彦洪二人的阴谋，如今杨彦洪已被处死，还望你多多原谅、详察。”

五月十六日，李克用率部来到曾在许州驻扎过的营寨，向忠武节度使周岌借粮，但周岌以粮食短缺予以拒绝，李克用无奈，只好率军从虎牢关向西，经过陕州、河中，北渡黄河，于七月返回了太原。在李克用经过东都时，时任河南尹、东都留守的李罕之有三千人马，以洛阳兴善寺为府衙，对李克用一行热情款待，二人由此也结下了友谊。

七〇五 黄巢之死

上源驿之变，让李克用打消了继续追杀黄巢的计划，这也给其他军阀立功的机会。

中和四年五月二十日，得知李克用已经西撤之后，感化军节度使时溥赶忙派遣部将李师悦率领一万军队，与降将尚让一起前去追击黄巢。

六月十五日，感化军在瑕丘（今山东省济宁市兖州区）追上了黄巢，将黄巢击败。此时，黄巢身边已经没有几个人了，他们继续向东逃窜，进入狼虎谷（今山东省莱芜市西南）。

十七日，走投无路的黄巢对外甥林言说道：“我本欲讨伐国家奸臣，荡涤朝廷，功成而身不退，我也是错了啊。如果取下我的人头献给天子，可以富贵，不要让外人得了好处。”林言听了，于心不忍。黄巢遂自刎，但还没有死，林言遂挥刀将其人头砍下；又杀死了黄巢的哥哥黄存、弟弟黄思邺、黄揆、黄钦、黄秉、黄万通、黄思厚以及黄巢的妻子，用木盒装上他们的人头，将要送给时溥。途中，遇到沙陀博野军，又杀了林言，夺下黄巢等人的人头，加上林言的人头一起送给了时溥。李师悦得到了黄巢的玉玺，被朝廷拜为湖州刺史。据后人考证，黄巢被杀的具体地点是：今山东省莱芜市西南三十里莱芜谷襄王村一户翁姓人家里。

黄巢死后，其侄儿黄浩还拥有七千部众，后来纵横江湖之间，当了强盗，自称“浪荡军”。唐昭宗天复年间，曾打算盘踞湖南，攻陷浏阳，后为当地豪强所杀。

《广卓异记》称，黄巢兴起之时，有谶语称：“黄蛇独吼，天下人走。”又有：“金色虾蟆争怒眼，翻却曹州天下反。”到中和初年时，天下又有一种谣言称：“黄巢须走泰山东，死在翁家翁。”说的是黄巢死的地方那家人姓翁。

正史记载，黄巢是其外甥林言所杀，但在很多野史上，还有另外一种说法，即黄巢并没有死在狼虎谷，而是剃发为僧了。《邵氏闻见后录》称：《唐史》说，中和四年六月，时溥呈给朝廷的黄巢人头是假的，长安、洛阳的老人们都传说，黄巢当时并没有死，陷于狼虎谷之后，剃发为僧，得以脱身，投奔旧部、河南尹张全义。二人装作不认识，张全义只是将黄巢安排到了南禅寺，作者曾到过南禅寺，寺中墙壁上所画僧人其实就是黄巢，形象与平常人无异，只是一双蛇眼与众不同。黄巢在此还题写了一首诗，诗称："独忆当年草上飞，铁衣脱尽挂僧衣。天津桥上无人识，独凭栏杆看落晖。"

《挥麈后录》也记载，作者曾见《洛城漫录》上记载，张全义为西京留守，在群僧之中认出了黄巢。《五代乱纪》也记载了黄巢的那首诗。《僧史》还称，黄巢的塔在西京龙门，号称翠微禅师。黄巢又称雪宝禅师，明州雪宝山有黄巢墓。

《贵耳集》称，黄巢败后，落发为僧，临死之际，以手指脚下，人见黄巢二字。

但也有人提出异议，《宾退录》就曾指出，其实，各书所云黄巢之诗，其实是元稹的两首诗组合、拼接，稍加改动而成的。元稹一首诗是："四十年前马上飞，功名藏尽拥僧衣。石榴园下擒生处，独自闲行独自归。"另一首是："三陷思明三突围，铁衣抛尽衲禅衣。天津桥上无人识，闲凭栏干望落晖。"

七月二十四日，时溥将黄巢和家人的人头以及黄巢的姬妾送到了成都，僖宗驾临大玄楼（成都外城正南门）受降。僖宗让人询问黄巢的那些姬妾们："你们都是皇亲国戚、贵胄子弟，世代受到国家的恩典，为何要顺从叛贼？"为首的姬妾回答："叛贼凶狠猖狂，国家以百万之众尚且抵御不住，失去了宗庙，逃往巴蜀，如今，陛下以不能抵御叛贼来责备我们这些弱小女子，又把那些公卿将帅们的脸面置于何地呢？"僖宗听了，无言以对，遂不再询问，下令将她们全部在街市上诛杀。观看行刑的百姓们争相给这些可怜的女子们送来临行酒，其余女子要么悲痛恐怖，要么喝得大醉，唯独最前面回答的那位女子不喝，也不哭，临刑之际，神情庄重。

黄巢起义，前后历经十年，闹得天下大乱，极大地动摇了唐王朝的统治基础，削弱了朝廷对各地的控制力。如今，黄巢虽然死了，但唐王朝已经接近于名存实亡了，就让我们再来看看唐朝帝国的现状吧。

黄巢虽然被杀，但已经投降了黄巢的秦宗权还在四处劫掠，侵扰邻近各道。天平节度使朱瑄手下有三万人马，其堂弟朱瑾勇冠三军，史称：其"雄武绝伦，性颇残忍"。宣武节度使朱全忠被秦宗权击败，形势非常危急，遂向朱瑄求救。朱瑄派遣朱瑾领兵救援，在合乡（今地不详）击败了秦宗权，让宣武转危为安。

朱全忠对朱瑄非常感激，二人结为兄弟。不久，朱全忠发起反攻，在溵水击败了秦宗权。

鹿晏弘盘踞兴元后，忠武八都将中的其他几个人诸如晋晖、王建、韩建、张造、李师泰也都跟着他来到了兴元，鹿晏弘将几人都任命为辖区的刺史，但把这些人滞留自己身边，不让他们上任。鹿晏弘为人猜忌，众人都不服气，王建和韩建二人私交甚深，尤其受到鹿晏弘的猜忌，然而，一段时期之内，鹿晏弘突然对二人亲近起来，屡屡请二人到自己的卧室之内谈话。二人私下说道："鹿晏弘对我们甜言蜜语，是怀疑我们啊，大祸将至了！"鹿晏弘等人控制了兴元，就等于挡住了僖宗君臣的回京之路。在返京的必经之路上，由一个乱将、一支乱军卡在那里，僖宗君臣无论如何都不会放心，因此，田令孜派人以高官厚禄引诱鹿晏弘的部下们，到了中和四年十一月，也就是鹿晏弘盘踞兴元一年后，韩建、王建与张造、晋晖、李师泰五人在田令孜的引诱下，各自率领本部人马脱离了鹿晏弘，逃往成都，田令孜将他们都收为自己的养子，赏赐给他们很多财物，拜为诸卫将军，令他们仍旧统领各自的部众，号称"随驾五都"。瓦解了鹿晏弘之后，田令孜又派兵前去讨伐，鹿晏弘不敌，只好率众逃离兴元。

除了兴元的鹿晏弘，占据嵯峨山（在今陕西省三原县西北）的宦官曹知悫也让田令孜心存忌惮。曹知悫有勇有谋，黄巢进入长安后，他回到家乡，招募壮士，占据了嵯峨山，修筑堡垒自保，还经常派人化装成齐军，趁夜混入齐军军营，杀人放火，弄得齐军惶恐不安，怀疑是部下发动叛乱。朝廷听说后，就晋升其为内常侍。曹知悫听说僖宗君臣将要返回长安，就放出大话："我略施小计就让各军立下大功，那些个随驾群臣只是跟着皇帝来回走一趟而已，等他们行至大散关，我要先看看哪个有功再放谁进来！"这话传到成都，立刻引起成都方面的警觉。田令孜暗中指令邠宁节度使朱玫消灭曹知悫，朱玫遂率军偷袭曹知悫，曹知悫毫无防备，全军覆没，邠宁镇也因此而被朝廷赐号为静难军。得知曹知悫被杀后，田令孜更加骄横，自此僖宗几乎成了傀儡，时常在亲信侍从跟前诉苦，说到动情处还会流下眼泪。

僖宗因长安皇宫已被焚毁，在返回之前需要修缮宫室，就任命尚书右仆射、大明宫留守王徽为知京兆尹事，负责此事。王徽招抚流民，整修宫室，长安状况稍稍有所好转。到中和四年十月，关东诸侯联名上书请求僖宗返回长安，而这时的鹿晏弘已经逃离了兴元，他率部向东朝襄州（今湖北省襄阳市）杀来。秦宗权派遣部将秦浩、赵德諲率军前去接应，一起进攻襄州，将襄州攻破，秦宗权即任命赵德諲为襄州刺史。山南东道节度使刘巨容逃奔成都。攻克襄州之后，鹿晏弘又率军劫掠邓州、均州、房州、庐州、寿州等地，而后返回了许州。忠武节度使周岌听说鹿晏弘率军前来，也吓得弃城而逃，鹿晏弘遂占领许州，自称留后，朝廷无力讨伐，只好承认事实，任命其为忠武节度使。

在鹿晏弘的配合下，秦宗权的势力更大了。他派遣部将陈彦向东南进攻淮南，秦贤进攻江南，秦浩攻克襄州、唐州、邓州，孙儒攻克东都、孟州、陕州、虢州，张晊攻克汝州、郑州，卢瑭进攻汴州、宋州，所到之处，烧杀劫掠，扫地无余，其残暴程度远远超过了黄巢，其军队从不携带辎重，将尸体用盐腌后装入车中作为军粮。在秦宗权乱兵的蹂躏之下，北到卫州、滑州，西至潼关，东到青州、齐州，南到江淮，千里无人烟，各地州郡只孤零零地保留一座城池，田野荒芜，村庄被摧毁，僖宗打算从成都返回长安，但因惧怕秦宗权而迟迟不敢动身。

朱全忠投降时，王铎还是都统，代行皇帝职权，给朱全忠任命了官职，不久，王铎就因朝中政治斗争而被罢相，担任了义成节度使。等朱全忠被任命为宣武节度使后，对王铎很是谦恭，王铎也把朱全忠当作自己在地方上的一个依靠，但是，好景不长，随着朱全忠在讨伐黄巢过程中实力逐渐增强，也慢慢对王铎傲慢起来，王铎意识到朱全忠此人不可靠，就上书请求还朝，而此时的朝中是田令孜的天下，当然不愿让他回来，僖宗就改任他为义昌节度使。王铎平素厚自奉养，在离任前往义昌上任时，随行车马众多，妻妾成群，衣着华丽，如同太平时日一般。殊不知，如今的节度使们大多是叛臣、强盗、乱将出身，朝廷法纪已荡然无存，就在王铎一行经过魏州时，魏博节度使乐彦祯的儿子乐从训素来无赖，觊觎王铎的车马、姬妾，就与其父的幕僚李山甫商量。李山甫曾在咸通中屡次参加科举考试，一直未能中举，特别怨恨朝中权贵，遂撺掇乐从训劫杀王铎一行。于是，乐从训就纠集了数百骑兵埋伏在漳南高鸡泊，将王铎一行团团围住，把王铎一行三百余人全部杀死，将他们的财物、姬妾掳掠而去。乐彦祯上奏称王铎为强盗所杀，朝廷也不敢深究下去。

七〇六 风雨飘摇

王铎身为前宰相、现任中书令、节度使，竟然为乐彦祯父子所杀，而朝廷竟然不予深究。朝廷的姑息，既是一种无奈，也开了一个坏头，让各地藩镇更加肆无忌惮，更不把朝廷放在眼里了。

朝廷的这种姑息政策，也反映在对待李克用和朱全忠二人的矛盾上。李克用出兵中原完全是为了解救朱全忠等人，按理说，李克用是朱全忠等人的恩人，然而，在中原藩镇节度使们心中，多多少少有一种华夷之辨，并且，很多人在不久以前还曾讨伐过李克用，内心的隔阂根本无法在短时间里消除；再者说，刚刚归降的李克用兵强马壮，还立下了收复长安的头功，这让各地藩将们都对他心生忌惮、嫉妒，出于个人私心，自然而然地会把李克用作为自己未来的敌人，只不过，其他藩镇一是没有机会；二是多少还顾及朝廷方面的态度，不敢出头罢了，而朱全忠就不同了。首先，朱全忠虽然归降了朝廷，但匪气不改，根本不懂得朝廷规矩；其次，朱全忠很有野心，当他看到沙陀军和李克用的实力后，早已将李克用视为自己最大的威胁，必欲处之而后快。因此，他丝毫不顾及自己与李克用同为朝廷藩臣，仅仅因为李克用酒后狂言就痛下杀手。从李克用放心进入汴州城内又酒后失言等种种表现来看，他和他的刘夫人相对于阴险狡诈的朱全忠就单纯了许多，当李克用逃出汴州之后，如果组织毫发未损的沙陀军进攻汴州的话，朱全忠未必能抵挡得住，而刘夫人的一席话，显然把希望寄托于朝廷身上，唯恐在朝廷那里自己输理了，殊不知此时的朝廷已全无规矩，到朝廷那里又能怎么样呢？

李克用回到晋阳之后，始终咽不下这口恶气，一方面整顿军队；另一方面派遣榆次镇将李承嗣携带奏表赶赴成都，向僖宗诉冤，他在奏表上称：“我立下消灭黄巢的大功，却被朱全忠谋害，仅仅逃出一命，三百余名将佐身首异处，官印、令牌都被朱全忠劫掠。朱全忠还在东都、陕州、孟州张贴公告，谎称臣已经死了，行营军队已经溃散，要求各地见到我军进行截击、屠杀，不令漏网。我全军将士号哭诉冤，请求报仇雪恨，臣认为朝廷非常公正，应当等待朝廷的命令，约束将士，命令他们返回本道。请求朝廷派出使者前去责问，下令发兵讨伐，臣派遣弟弟李克勤率领一万骑兵在河中待命。”

接到李克用的奏表后，朝廷方面大为恐惧，以为刚刚平定了黄巢之乱，只想一味姑息，赶忙派遣使者前往太原去平息李克用的怒气。李克用前前后后上了八道奏表，称：“朱全忠嫉贤妒能，阴险狡诈，将来一定会给国家带来灾祸。臣现在退一步，不让朝廷发兵，只请朝廷下诏免去其官爵，臣自己率领本道军队前去讨伐，也不需要朝廷度支供应粮饷。”此时，秦宗权、鹿晏弘已经把中原搞得千里萧条了，朝廷还指望着朱全忠去对付二人，怎么可能答应李克用的请求呢？如果下诏免去朱全忠的官爵，那不是把朱全忠，甚至天平军的朱瑄都推到秦宗权、鹿晏弘的怀抱里去吗？因此，僖宗屡屡派遣大宦官杨复恭等人前去晋阳劝说李克用，称：“朕内心深知爱卿是冤枉的，只是如今正值多难之秋，姑且保存些朝廷大体吧。”李克用还是愤愤不平，无法释怀。为了安抚李克用和朱全忠二人，朝廷方面作出了极大的让步：一方面，极力满足李克用的要求。李克用请求：⑴把原属于振武节度使的麟州（今陕西省神木市）划归河东；⑵任命弟弟李克修为昭义节度使；⑶撤销云蔚防御使，将其下辖的云州、蔚州、朔州仍然划归河东，朝廷均一一满足了他的要求，还晋封其为陇西郡王，从此以后，昭义镇就有了两个节度使，太行山以东的邢州、洺州、磁州属孟方立，太行山以西的潞州、泽州属李克修。显然，李克用通过向朝廷诉苦，给朝廷施加压力，迫使朝廷给予自己更多的实惠。另一方面，朝廷还得指望朱全忠来对付蔡州的秦宗权等人，在给予李克用很大实惠的同时，又破格晋升朱全忠为同平章事。

当时，全国各地藩镇之间相互进攻，朝廷再也不辨是非曲直了，这样一来，这种姑息政策不仅没有起到天下太平的效果，相反，各地藩镇唯力是视，相互吞并，天下也更乱了。

李克用如果知道两浙已经相斗了两年，朝廷都没有理会的话，想必当初就不会寄希望于朝廷，直接与朱全忠开战了。浙东的刘汉宏是强盗出身，浙西的董昌是乱将（中和元年九月驱逐刺史路审中），也是一对天然的对头，几乎与李克用、朱全忠二人如出一辙。从中和二年开始，刘汉宏就想吞并了浙西，双方一直打到如今，刘汉宏逐渐陷于颓势。董昌部将钱镠屡屡击败刘汉宏，到了本年年初，婺州（今浙江省金华市）人王镇挟持刺史黄碣投降了钱镠。刘汉宏派遣部将娄赉领兵又杀死了王镇，浦阳（今浙江省浦江县）镇将蒋瓌召来钱镠的军队，一起进攻婺州，又将娄赉生擒而去。

中和四年，朝廷方面虽然剿灭了黄巢、平定了杨师立，但是，各地战乱依然没有平息，除了秦宗权、鹿晏弘在中原猖獗之外，江淮、山南东道等地的民变也是此起彼伏。淮南节度使高骈的侄儿、左骁卫大将军高澞，写了二十多页吕用之的罪状，偷偷交给高骈，哭着劝高骈说："吕用之在您面前借神仙之说蛊惑视听，在外面却作威作福，残害百姓，将佐们都害怕为您所杀，均敢怒而不敢言。日子一长，他的羽翼逐渐丰满，如果不赶紧除掉他，恐怕我们高家世代功勋，就会一扫而空了！"高骈说道："我看你是喝醉了。"命人将其搀扶出门。此时的高骈已经完全失去了起码的分辨能力，第二天，就把高澞的信让吕用之看了。吕用之说道："四十郎曾经问我借钱，我没借给他，所以他才对我怀恨在心。"遂拿出高澞写给自己的借钱信来，高骈看后，一脸羞愧，从此再也不让高澞进入自己的家了。一个月之后，就把高澞打发出外，担任知舒州事。正巧强盗陈儒（与荆南节度使陈儒同名）进攻舒州，高澞向庐州刺史杨行愍求救。杨行愍自感无能为力，就向部将李神福问计，李神福称不用打仗就能把陈儒赶走，于是，李神福就命人带上很多军旗，从小路进入舒州，然后，又让舒州的军队打着庐州的军旗从城内出来，四处比画，做出一副布下大阵的架势，果然，变民看到后，吓得当晚就撤离了。又过了一段时间，强盗吴迥、李本再次进攻舒州，高澞抵挡不住，弃城而逃，高骈派人就地将其斩杀。杨行愍派遣部将陶雅、张训等人率军进攻，将二人生擒，遂以陶雅为代理舒州刺史。秦宗权派遣弟弟秦贤率军进攻庐州，进驻舒城（今安徽省舒城县），杨行愍派遣部将田頵将其击退。

均州（今湖北省十堰市东）变民孙喜聚集了数千人，打算进攻州城，刺史吕烨不知该如何是好。都将冯行袭将部队埋伏汉水南岸，自己驾着小船来到江北，迎接孙喜，说道："均州军民有您这么好的刺史，无不欢喜，可是您率领的军队人数太多了，我们都害怕被劫掠，还都很担心。不如您把部队留在江北，只带着心腹骑兵前来，我愿意给你们当向导，向大家解释，就没人不服从您了。"孙喜信以为真，竟然答应了。一行人渡过汉水后，均州官吏们出门迎接，正在这时，伏兵突然杀出，冯行袭亲自将孙喜一刀砍死，孙喜的随从也全部被杀，江北的孙喜部众一见，顿时四散而逃。山南东道节度使奏请朝廷任命冯行袭为均州刺史。

均州城西有一座长山，是襄州、邓州通往巴蜀的要道，很多强盗盘踞那里，经常劫掠各道的进贡物资，冯行袭上任后，派兵讨伐，这条道路才恢复畅通。

在与变民的反抗与镇压过程中，朝廷与藩镇之间的纽带越来越松弛（如王铎被杀），藩镇与藩镇之间的争斗越来越激烈（如二浙相持、李朱交恶），各地藩镇下辖的州郡与藩镇之间的离心力越来越大，州郡对属地百姓控制力也越来越减弱。

前杭州刺史路审中被董昌驱逐之后，寄住黄州（今湖北省黄冈市），当他听说鄂州（今湖北省武汉市）刺史崔绍去世的消息后，也学起了董昌的故技，就招募了三千人马闯入鄂州，自己让自己当上了鄂州刺史；鄂州的牙将杜洪见样学样，也把岳州（今湖南省岳阳市）刺史给赶跑了，自封为刺史，《旧五代史》称，杜洪是江夏的伶人；余杭镇使陈晟也驱逐了睦州（今浙江省建德市）刺史柳超，自任刺史；颍州都知兵马使王敬荛驱逐颍州（安徽省阜阳市）刺史，自任刺史，朝廷承认了陈晟和王敬荛二人。王敬荛，颍州汝阴人，世代为郡里的武吏。史称，他“魁杰沈（沉）勇，多力善战，所用枪矢，皆以纯铁锻就，枪重三十余斤，摧锋突阵，率以此胜”。王敬荛自任刺史后，黄巢数十万之众就驻扎颍州城南，他率众极力抵御，黄巢遂撤离而去。黄巢进攻福建时，陈岩聚集数千人保卫本乡，号称九龙军，福建观察使郑镒奏请朝廷任命其为团练副使。此后，泉州刺史、左厢都虞候李连犯了法，逃入山洞，聚众反攻福州，被陈岩击败。有了实力之后，陈岩就开始觊觎观察使的位置了，郑镒自感不是陈岩的对手，主动请求朝廷让陈岩接替自己，朝廷只好任命陈岩为福建观察使。不过，陈岩治理地方很有一套，福建逐渐安定下来了。

七〇七 光启之乱（一）

公元885年一月二日，僖宗下诏招抚秦宗权。二十三日，僖宗从成都出发，踏上了回京之路，西川节度使陈敬瑄护驾至汉州（今四川省广汉市）而回。

二月十日，僖宗一行抵达凤翔（今陕西省凤翔县）。三月十二日，回到京师。看到昔日繁华的长安，如今是满目疮痍，荆棘满城，狐狸野兔纵横，僖宗一阵凄凉，难掩悲伤，很不高兴。十四日，僖宗下诏大赦天下，改元为光启元年。当时，全国听命于朝廷的藩镇只剩下河西（今黄河以西、陕西省北部）、山南（今秦岭以南、陕西省南部）、剑南（今剑阁以南，即四川省）、岭南（今大庾岭以南，即广东、广西）几十个州而已。正如《旧唐书·僖宗本纪》记载的那样："时李昌符据凤翔，王重荣据蒲、陕，诸葛爽据河阳、洛阳，孟方立据邢、洺，李克用据太原、上党，朱全忠据汴、滑，秦宗权据许、蔡，时溥据徐、泗，朱瑄据郓、齐、曹、濮，王敬武据淄、青，高骈据淮南八州，秦彦据宣、歙，刘汉宏据浙东，皆自擅兵赋，迭相吞噬，朝廷不能制。江淮转运路绝，两河、江淮赋不上供，但岁时献奉而已。国命所能制者，河西、山南、剑南、岭南四道数十州。大约郡将自擅，常赋殆绝，藩侯废置，不自朝廷，王业于是荡然。"

此时，朝中重臣分别是：太尉高骈（在淮南）；司徒兼平章事萧遘；司空兼同平章事韦昭度；同平章事裴澈加尚书左仆射；东北面都招讨使朱全忠（在宣武）；蔡州四面行营都统时溥（在武宁）；度支使裴澈；转运使韦昭度；观军容使田令孜。

僖宗一行回到长安之后，立刻就出现了新的问题，引发了新的矛盾。当初，田令孜在西川时招募了五十四都的新军，每一个都有一千人，分别隶属于左右神策军，分成十个军，每一军有五千四百人；再加上南衙北司官员另有一万余人。僖宗回到长安时，全国各地藩镇都已不再向朝廷上缴赋税，中央财政的盐铁、户部、度支三司也没有了收入来源，度支部门只能收取京畿、同州、华州、凤翔等长安附近几个州的赋税，根本无力负担如此庞大的支出，由于失去了经济来源，朝廷根本拿不出足够的钱来发给将士们，军中将士开始口出怨言。军心出现动摇，这让田令孜十分担忧，可是又无计可施。过去，安邑（今山西省运城市）、解县（今山西省运城市西南解州镇）两处的盐池，隶属于朝廷的盐铁转运使，黄巢占领长安、僖宗逃往西川之后，河中节度使王重荣就把持了两地的盐池，每年只向朝廷上缴三千车食盐。为了解决中央财政收入不足的问题，田令孜想到了收回两地盐池，遂上书僖宗请求恢复过去由盐铁转运使管理两地盐池的办法。僖宗同意了，四月，任命田令孜兼任两地盐池专卖使，以食盐专卖的收入充作军饷。

两地盐池每年都给王重荣带来丰厚的利益，朝廷的这一做法直接触动了王重荣的利益，立即引起了王重荣的不满。王重荣多次上书反对，僖宗派遣中使前往河中解释，但王重荣始终不同意。僖宗回到长安以后，田令孜为了加强对各地藩镇的控制，向藩镇派去了大量亲信到藩镇任职，以监视节度使，对于那些不听命于己的节度使，往往予以撤换。田令孜也把自己的养子田匡祐派到了河中，起初王重荣对田匡祐很是尊重，可是田匡祐非常傲慢，令河中全军都非常怨恨，等到王重荣因盐池问题与朝廷剑拔弩张之际，就公开指责田令孜的各种罪恶，斥责田匡祐无礼，要将其杀掉。在河中监军的一再劝说下，王重荣才饶了田匡祐一命，让其逃回了长安。田匡祐回到长安后，向田令孜汇报了王重荣的所作所为，并劝说田令孜对付王重荣。

五月，在田令孜的建议下，僖宗下诏调任王重荣为泰宁（治所兖州）节度使，而调任泰宁节度使齐可让担任义武（治所定州）节度使，由较为忠诚的义武节度使王处存担任河中节度使；为了防止王重荣拒不从命，僖宗还下诏命令河东节度使李克用派兵交由王处存指挥，协助王处存上任；另外，为了安抚王重荣兄弟，又加封王重荣哥哥、陕虢节度使王重盈为同平章事。

僖宗君臣知道王处存与李克用关系很好，有姻亲关系，因此，他们的打算是：以武力强大的李克用为后盾，促使王重荣从命，以听命于朝廷的王处存为河中节度使，完成朝廷将两地盐池收归朝廷的计划。然而，僖宗君臣忽视了三个问题：一是李克用的态度。李克用与朱全忠交恶后，屡屡向僖宗请求讨伐朱全忠，但僖宗君臣考虑到还需要依靠朱全忠对付日益猖獗的秦宗权，不得不虚与委蛇，最终没有答应李克用的请求，甚至李克用提出只需朝廷免去朱全忠的职务，讨伐任务全由河东军独立承担，朝廷仍未答应，只是一味地满足李克用的各种要求，但又顾及朱全忠的感受，也给朱全忠加官晋爵，这一做法，不仅未能平息李克用的怒火，反而对僖宗君臣非常不满。二是王处存、李克用与王重荣的关系。黄巢占领长安后，王处存和王重荣是两位最先反抗黄巢的节度使，王处存之兵由义武长途跋涉来到京畿，就是依附于王重荣，二人合兵一处，结下了深厚的友谊，当局势岌岌可危之后，还是在王重荣、王处存的建议下，王铎召来了兵强马壮的李克用，才最终赶跑了黄巢，收复了长安，因此，李克用之所以能够得到朝廷的重新承认，虽然有客观原因，但也与王处存、王重荣的努力是密不可分的。如今，朝廷要拿王重荣开刀，不论是李克用还是王处存肯定都是会另有想法的，态度也不积极。三是王处存的义武现状。在僖宗回到长安前后，义武刚刚经历了一场浩劫。

事情经过是这样的：李克用占据河东，其父李国昌占据代州，其弟李克修占据半个昭义，实力膨胀，这让卢龙节度使李可举和成德节度使王镕深为忌惮，而王处存又与李克用是姻亲，给侄儿王邺娶了李克用的女儿为妻。李可举在奉命讨伐李克用之乱中，曾在药儿岭大破沙陀军，与李克用结下了深仇大恨，因此，在他看来，王处存就是李克用伸向河北腹地的一把尖刀，时刻威胁到自身的安全。与此同时，李克用奏请朝廷撤销了云州蔚州防御使，把二州纳入自己的管辖，同样侵害了仇敌、云中节度使赫连铎的利益，于是，李可举就决定先发制人，拔掉王处存这颗钉子，遂与王镕商议："易州、定州原本就是燕赵之地。"二人与赫连铎约定灭掉王处存，一起分割其地，令赫连铎从侧背进攻王处存。议定之后，李可举派遣部将李全忠率领六万大军进攻易州（今河北省易县），王镕派遣部将率军进攻无极（今河北省无极县）。王处存向李克用告急，李克用遂派遣部将康君立等人率军前去救援。

卢龙、成德军有备而来，义武局势十分危急。李克用只好亲自率领大军救援无极，击败成德军队。成德军队退守新城（今河北省无极县以西），李克用向新城发起猛烈进攻，大破成德军，一举攻克了新城。成德军仓皇退去，李克用乘胜追击，一直追到九门（今河北省石家庄市藁城区西北），斩杀一万多人。卢龙军队强攻易州，迟迟未能攻下。卢龙将领刘仁恭率部挖掘地道，一直挖进城内，卢龙军队遂攻克了易州。攻克易州后，卢龙将士得意扬扬，放松了警惕，王处存用三千轻装部队身披羊皮，趁夜散布易州城外，而以精锐骑兵埋伏附近，城内的卢龙军以为城外是羊群，纷纷从城内杀出争抢，王处存下令骑兵突然杀出，卢龙军大败，又夺回了易州。李全忠率部撤回，他担心受到李可举的责罚，收拾残兵败将，又袭占了幽州，六月，李可举无路可逃，全家登上高楼，自焚而死。李全忠遂自称为卢龙留后，七月，朝廷任命李全忠为卢龙留后。

据《新唐书·王镕传》记载："僖宗还自蜀，献马牛戎械万计。"让一个相对忠诚的李可举、王镕集团，去削弱强大而又跋扈的李克用，未必不符合僖宗君臣的利益，因此，在双方大战之时，僖宗君臣不仅没有支持李克用，也没有派人前去和解双方，而是选择了沉默，其中就非常耐人寻味。僖宗君臣的暧昧态度，也招致朝中有识之士的不满，右补阙常浚就上书称："陛下对藩镇姑息太甚，是非功过，人人都看着朝廷的态度，而今天下如此纷乱，陛下却仍然不明白这个道理，难道就忘了逃难西川的教训了吗？还想再次逃亡吗？请求多少整肃一下朝纲，以在各地藩镇面前立威。"田令孜之党对僖宗说道："这篇奏疏如果传到藩镇那里，难道不会引起他们的猜忌、愤恨吗？"僖宗遂下令将常浚贬为万州司户，不久又赐死了。

僖宗君臣在易州、无极之战中的暧昧态度，肯定会让李克用、王处存寒心，如今，他们又想利用二人来挟制王重荣，这无异于缘木求鱼。

果然，到七月，在探明了李克用、王处存二人的态度之后，王重荣公开拒绝了朝廷的要求，不肯到兖州上任，并屡屡上书朝廷指斥田令孜离间君臣，历数其罪恶。田令孜见李克用和王处存靠不住，就联结邠宁节度使朱玫、凤翔节度使李昌符（僖宗入京之前，李昌言就去世了，以其弟李昌符为凤翔留后，朝廷任命其为凤翔节度使），以对抗王重荣。

七〇八 光启之乱（二）

王处存也上书僖宗，替王重荣说话，他认为：“幽州和镇州之兵刚刚从义武退去，臣不敢轻易离开易州、定州。况且，王重荣不仅无罪，反而于国有大功，不宜轻易调整，动摇各地藩镇的人心。”但田令孜根本不听，迫使僖宗下诏勒令王处存速速上路。

光启元年八月，王处存率军行至晋州（今山西省临汾市），晋州刺史冀君武紧闭城门，不让王处存入城，王处存遂率部返回了。晋州是河中府的下辖州郡，冀君武系河中部将，见冀君武不接受自己，王处存也就顺水推舟，领兵返回了。王处存一走，让田令孜驱虎吞狼之计就泡汤了，只好把希望都寄托到了邠宁节度使朱玫和凤翔节度使李昌符的身上。

王重荣自知不敌，就派人向李克用求救，而李克用在上半年击败成德王镕之后，正招兵买马，聚集部众，准备先取汴州，消灭朱全忠，就回复王重荣说：“等我先灭了朱全忠，回来再扫清这些个鼠辈，将如秋风扫落叶一般！”王重荣回信恳求道：“等大人从关东回来，我早就完蛋了，不如大人先除掉君王身边的奸臣，再回头消灭朱全忠，就容易多了。”当时，朱玫和李昌符也暗中与朱全忠结为一党，李克用遂上书说：“朱玫、李昌符与朱全忠相互呼应，想一起灭了臣，臣不得不自救，已调集十五万蕃汉人马，决定明年西渡黄河，从渭河北岸讨伐朱玫和李昌符二人。臣的大军保证不会接近长安，一定不会引起当地百姓的惊恐，等臣消灭了朱玫和李昌符二人后，再回师消灭朱全忠，以报仇雪恨。”朝廷方面原本是想利用王处存和李克用来对付王重荣，如今见了李克用的奏表，顿时大惊失色，僖宗赶忙派遣使者前往太原，向李克用解释，想平息李克用的怒气。

然而，树欲静而风不止。

朱玫却是个喜乱乐祸之人，他正想利用这一时机，促使朝廷下决心举天下之力来讨伐李克用，遂屡屡派人潜入长安，焚烧物资，或者刺杀僖宗身边的近臣，并对外声称系李克用所为，弄得长安城内一片震恐，谣言四起，最终令僖宗不惜一战，决定先发制人，提前发起对王重荣的进攻。

光启元年十月，田令孜派遣朱玫、李昌符率领本军以及神策军鄜州、延州、灵州、夏州等军各三万人，进驻沙苑，进攻王重荣。王重荣向李克用告急，李克用当即率军前来增援。十一月，王重荣派兵进攻同州，同州刺史郭璋领兵出战，战败被杀。王重荣与朱玫等人的军队在沙苑一带相持了一个多月，等李克用的军队加入后，二人均在沙苑构筑工事，一起上书朝廷请求诛杀朱玫、李昌符二人。僖宗下诏和解双方，李克用不从，为了安抚王重荣，僖宗又下诏给河中赐名为护国军，但一切已无济于事。十二月二十三日，双方会战，朱玫、李昌符二人大败，各自逃归本镇，败兵们所过之处，又是一番焚烧劫掠。李克用乘胜逼近长安，二十五日夜晚，田令孜保护着僖宗从开远门再次逃出长安，逃到了凤翔。

当初，黄巢焚烧长安宫室而去，各道兵进入长安后，大肆劫掠焚烧，烧毁官府衙门、百姓房屋十之六七，等王徽经过一两年的修缮，仅仅恢复了十之一二，如今，僖宗再次逃出长安，乱兵们又焚烧劫掠一番，长安城内再也不剩一座完整的房屋了。

光启二年（公元 886 年）一月，李克用和王重荣回到河中，二人一起上书请求僖宗返回长安，并指斥田令孜的罪状，请求杀掉田令孜。僖宗又提拔飞龙使杨复恭为枢密使。一月八日，田令孜请求僖宗再次逃往兴元（今陕西省汉中市），但僖宗不从。

当天夜晚，田令孜率军进入行宫，逼迫僖宗离开凤翔（今陕西省凤翔县），前往宝鸡（今陕西省宝鸡市），僖宗身边的卫士从驾的才数百人，宰相、朝臣们一概不知。翰林学士承旨杜让能恰巧在行宫中值班，听说消息后，步行追赶僖宗车马，出城十余里，遇到一匹被人遗弃的马，没有鞍鞯，杜让能解下自己的腰带绑住那匹马的脖子，终于在宝鸡追上了僖宗。僖宗停在宝鸡，派遣中使赶回通知百官，次日，太子少保孔纬等六七人才相继赶来。杜让能，字群懿，是杜如晦的七世族孙，系宣宗朝尚书右仆射杜审权的长子。杜让能咸通十四年进士及第，历任节度使幕僚，后入朝担任右补阙，历任侍御史，起居郎，礼部、兵部员外郎；僖宗避难西川，杜让能赶赴成都，被拜为礼部郎中、史馆修撰，不久晋升为中书舍人、翰林学士。杜让能才思敏捷，文不加点，深得僖宗的赏识，回京之后，他又被僖宗晋升为兵部尚书、翰林学士承旨。孔纬，字化文，曲阜人，孔子子孙，是前礼部尚书孔戣之孙。孔纬大中十三年进士及第，后担任崔慎由的幕僚，入朝担任监察御史、礼部员外郎、考功员外郎、翰林学士、考功郎中、知制诰、中书舍人、户部侍郎、御史中丞。史称，他“器志方雅，嫉恶如仇……居选曹，动循格令。权要有所托，私书盈几，不之省”。因此得罪了朝中权贵，被贬为太常卿。僖宗避难成都时，晋升孔纬为刑部尚书，判户部事，因宰相萧遘在翰林院时与孔纬不和，将其改为太子少保。

宗正携带历代皇帝牌位行至鄠县（今陕西省西安市鄠邑区），遇到强盗，牌位尽失；追赶僖宗的群臣行至盩厔（今陕西省周至县），也被乱兵劫掠，行装被洗劫一空，很多人只好又返回了凤翔。一月十日，僖宗任命孔纬为御史大夫，命其返回召回百官。当时，田令孜专权，致使僖宗再次逃离长安，令天下之人都非常气愤。朱玫和李昌符在战败之后，也发生了动摇，既忌惮李克用、王重荣之强，又耻于为田令孜所用，遂主动与李克用、王重荣和好了。

田令孜劫持僖宗出逃，令外朝宰相、群臣心生不满。宰相萧遘等人趁着邠宁奏事官李松年来凤翔公干之际，命其返回邠宁，召朱玫速速派兵接回僖宗。一月十三日，朱玫率领五千步骑从邠宁赶到了凤翔，而这时，孔纬也奉僖宗之命到了凤翔。宰相萧遘、裴澈因僖宗在田令孜的控制之下，不愿前往宝鸡，推辞生病，拒不与孔纬见面。孔纬无奈，只好命令御史台官员勒令百官前往，但百官均以没有官服、笏板为由，拒绝前去。孔纬无可奈何，就找来殿中、侍、监察三院御史们，哭着说道：“就算是平民百姓，亲戚遇到灾难，还会极力帮助的，岂有天子蒙难，我们身为臣子的，天子屡屡征召竟然不去的道理！”御史们请求再给几天，等办好行装之后再行。孔纬拂袖而起，说道：“我的妻子重病在身，行将去世，我尚且不顾，你们好自为之，我就此告辞！”遂去见李昌符，请其派五十名骑兵护送自己回到宝鸡，李昌符深受感动，就送给他五十串钱，派遣骑兵送其前往。

此时，邠宁和凤翔的军队已经逼近宝鸡，试图把僖宗夺回。两军在潘氏（今陕西省宝鸡市东北）击败了神策军指挥使杨晟的军队，战鼓之声已传至行宫。孔纬回到宝鸡后，向僖宗报告：“关城小县，不能驻扎六军，请陛下速速前往梁州。”次日，田令孜劫持僖宗从宝鸡继续南逃，留下禁军驻守石鼻（今陕西省宝鸡市东）抵御；又把凤州（今陕西省凤县）、兴州（今陕西省略阳县）划为感义军，任命杨晟为感义军节度使，让其驻守大散关（今陕西省宝鸡市南）。

当时，逃往汉中的道路崎岖难行，军民混在一起，拥挤不堪，田令孜以神策军使王建、晋晖担任清道斩斫使，王建以五百名手持长剑的士兵在前开道，左砍右杀，才勉强开出一条通道，僖宗的车驾才得以通行。僖宗把传国玉玺交给王建，让他背着紧紧跟着自己，登上了大散岭。凤翔的追兵焚毁栈道一丈有余，栈道行将崩塌，王建搀扶着僖宗从烟焰中跳过。夜里，君臣留宿木屋之内，僖宗枕着王建的大腿而卧，一觉醒来，僖宗才开始进食，他把自己的御袍赏赐给王建，说道："因为上面有泪痕，特意相赠以资纪念。"僖宗一行刚进入大散关，朱玫的军队就包围了宝鸡。僖宗留守石鼻的军队一触即溃，朱玫遂长驱直入，向大散关发起进攻，但一时之间难以攻克。嗣襄王李煴，是肃宗的玄孙，肃宗第九子襄王李僙的曾孙，史称，李煴"性谨柔，材无过人者"。李煴生病，没能赶上僖宗，留在石鼻城内的遵涂驿，结果被朱玫抓住，带回了凤翔。

二月，王重荣、朱玫、李昌符一起再次上书请求诛杀田令孜。僖宗以东都留守郑从谠为守太傅兼侍中。朱玫、李昌符命令山南西道节度使石君涉用栅栏堵塞险要通道，烧毁沿途驿站，僖宗一行开山辟路，从其他小路继续朝汉中进发。一路上，道路崎岖，而朱玫的追兵又在后面追赶，有好几次僖宗都差一点被追兵追上，最后总算逃到了山南西道。三月三日，得知僖宗行将到来的消息，石君涉丢弃兴元，逃奔朱玫。四日，留在凤翔的朝廷百官也以宰相萧遘等人为首上书指斥田令孜及其党羽宰相韦昭度的罪状，请求僖宗将二人诛杀。山南西道监军严遵美来到西县（今陕西省勉县）迎接僖宗一行，三月十七日，僖宗来到了兴元（今陕西省汉中市）。

七〇九 光启之乱（三）

僖宗从回到长安到这一次再度逃离，仅仅一年。

在这一年里，全国各地的叛乱也是愈演愈烈，正如《新唐书·兵志》所云：“自国门以外，皆分裂于方镇”。除了光启元年幽州、成德与河东、义武之间的大战之外，引人注目的还有荆南兵乱、王绪南下、宗权称帝、沧州兵变等。

先说荆南。

荆南监军朱敬玫招募的忠勇军非常骄横残暴，令荆南节度使陈儒很是头疼。郑绍业担任荆南节度使其间，曾派遣大将申屠琮率领五千人马北上长安，进攻黄巢，等申屠琮回来后，陈儒就让申屠琮除掉忠勇军。不料，此事被忠勇军将领陈君从听说了，就率领本军逃奔朗州（今湖南省常德市），想投靠变民雷满，申屠琮出兵追击，杀了一百余人，陈君从的部众全部溃散，从此以后，申屠琮又开始掌握了荆南的军政大权。

盘踞朗州的雷满屡屡侵扰荆南，陈儒给雷满送去了大量财物，雷满领兵撤离，荆南也暂时消除了危机。高骈的部将张瓌、韩师德二人因受到吕用之的排挤而从高骈那里叛逃到荆南，领兵占领了复州（今湖北省天门市）和岳州（今湖南省岳阳市），二人都与雷满（朗州）、周岳（衡州）一样自封为本州刺史。陈儒不得不承认现状，又把张瓌拜为代理行军司马、韩师德拜为节度副使，命二人领兵进攻雷满。谁知二人根本不听陈儒的，韩师德领兵西进，大肆劫掠一番后，又回到了岳阳，而张瓌更是率军来到江陵，把陈儒赶跑，自封为荆南节度使。陈儒打算逃奔朝廷所在地，张瓌又派人将其追回，囚禁了起来。张瓌贪婪残暴，他来到江陵后，将荆南旧将诛杀殆尽。

过去，朱敬玫屡屡诛杀荆南大将以及富商，搜刮了很多财富，朝廷知道后，将朱敬玫免职，改派中使杨玄晦担任荆南监军。朱敬玫免职后，就留在了江陵，一次，朱敬玫晾晒衣服，张瓌见其衣服非常华丽，就派遣士兵们趁夜攻入朱敬玫家中，将其杀害，把其家财全部据为己有。荆南牙将郭禹，原名成汭，年少无赖，曾因酒后杀人，加入强盗中，改名郭禹。此后，郭禹投奔荆南节度使陈儒，当上了一名牙将。郭禹十分强悍，令张瓌非常忌惮，总想借机杀掉他。郭禹得知后，率领一千余人逃离江陵，光启元年一月四日，郭禹领兵偷袭归州（今湖北省秭归县），一举占领了州城，自称归州刺史。

再说王绪南下。

王绪原为光州刺史，秦宗权要求王绪送上赋税，王绪未能完成任务，惹得秦宗权勃然大怒，遂发兵进攻光州。王绪自知不敌，遂率领光州、寿州五千人，离开光州，驱赶二州军民渡过长江南下，以刘行全为先锋，劫掠江州（今江西省九江市）、洪州（今江西省南昌市）、虔州（今江西省赣州市），光启元年一月，他们继续南下，又攻克了汀州（今福建省长汀县）和漳州（今福建省漳州市），但无法守住。

王绪来到漳州后，因道路艰险，军中粮食短缺，下令："不得将老弱带在军中，违抗军令者斩！"只有军正王潮兄弟搀扶着老母董氏在山路上艰难行军，王绪见到后，斥责二人道："军中都有军法，从未有无法之军，你们违抗了我的军令，我如果不杀掉你们，就等于没有了军法！"王潮兄弟三人说道："人人都有母亲，从无没有母亲之人，将军为何让人丢掉自己的母亲呢！"王绪听后大怒，命人杀了王潮兄弟之母。王潮兄弟说道："我们兄弟侍奉老母如同侍奉将军一样，既然杀了我母亲，将军要我们干什么用？还请先杀了我们吧！"众将纷纷替王潮兄弟求情，王绪这才作罢。

军中有一位望气者对王绪说："军中有王者之气。"王绪听了，见到军中身躯伟岸之人或者勇敢超过自己的都统统杀掉，甚至把先锋刘行全也杀掉了，弄得军中人人自危。众人相互说道："刘行全是王绪的妹夫，还是先锋官，尚且性命难保，何况是我们呢？"行至南安（今福建省南安县），王潮对先锋将说道："我们众人离开家乡，抛弃妻子，逃到外乡当一个强盗，岂是我们的本心？还不是受到王绪的胁迫吗？如今王绪猜忌不仁，滥杀无辜，军中稍稍有才能的人都已经被杀殆尽了，你眉目如画，骑射过人，又担任先锋，我从内心替你感到担忧啊！"那位先锋将听了，紧紧握住王潮的双手，哭着问计。王潮替其设计，在竹林里埋伏数十名壮士，等王绪经过时，大喊着拔剑冲出，王绪还未来得及下马，就已经被擒，反绑着示众，军中皆高呼万岁。

王潮推举那位先锋将担任头领，那人推辞道：“如今我等还能活着，全靠王先生，上天以王先生为主，谁敢占先！”退让三四次，最终王潮当上了将军。王绪见状，叹息道：“这小子在我手中，竟然未为我所杀，这难道不就是天意吗！”王潮遂率领部众返回光州，约束众人，所到之处秋毫无犯。经过沙县（今福建省沙县）时，泉州人张延鲁等人因泉州刺史廖彦若贪婪残暴，率领本州百姓携带酒肉，在道路上拦住王潮军，请王潮当泉州的州将，王潮遂率军包围了泉州（今福建省泉州市）。

泉州之战经过将近一年，直到次年（光启二年、公元 886 年）八月，王潮军才攻克了泉州，杀掉刺史廖彦若。王潮听说福建观察使陈岩有威名，不敢侵犯福州辖境，并派人向陈岩投降，陈岩上表以王潮为泉州刺史。王潮深谋远虑，有胆有谋，得到泉州后，招徕流民，整顿军队，平均土地，百姓安居乐业。其将王绪软禁起来，不久王绪就羞愧自杀了。王潮是五代十国闽国的奠基者，其三弟王审知最后建立了闽国。

第三，我们说说秦宗权称帝。

秦宗权逼走了王绪之后，光启元年一月又发兵进攻颍州、亳州，朱全忠派兵在焦夷（今安徽省亳州市东南）将其击败，生擒叛将殷铁林，将其斩首示众。二月，秦宗权登基称帝，设置百官，僖宗遂放弃了招安计划，下诏任命武宁节度使时溥为蔡州四面行营兵马都统，率领各道军队前去讨伐。闰二月，秦宗权派遣其弟秦宗言领兵入侵张瓌占据的荆南。与此同时，他还派遣部将孙儒领兵进攻东都，东都留守李罕之与孙儒相持数月之久，最终因众寡不敌，粮食吃尽而弃城而逃，退守渑池（今河南省渑池县），也就是在幽州、成德军与义武、河东军大战之时，到光启元年六月，秦宗权的军队终于攻克了东都洛阳。孙儒占据洛阳一个多月，焚烧了宫室、衙门、民居，大肆劫掠一番而去，洛阳城内杳无人烟，连鸡犬之声都听不到。见孙儒离去之后，李罕之又进入东都城内，在市场以西修筑工事，驻守在那里。孙儒原为忠武决胜军指挥使，当初，他与龙骧指挥使刘建锋一起戍守蔡州，抵御黄巢，等秦宗权反叛之后，二人都替秦宗权效命。孙儒攻陷东都之后，秦宗权又命令孙儒率军进攻郑州（今河南省郑州市），郑州刺史李璠逃奔朱全忠，到光启二年，河阳节度使诸葛爽去世，军中大将刘经、刘全义拥立诸葛爽之子诸葛仲方为留后，孙儒趁机又攻克了河阳，并自称留后，张全义退守怀州，李罕之退守泽州。当初，长安人张佶担任宣歙观察使秦彦的幕僚，厌恶秦彦的为人，弃官回乡，路过蔡州时，被秦宗权滞留，任命其为行军司马。张佶对刘建锋说："秦大人刚强阴险而又猜忌，不久就会灭亡的，我等该如何才能脱身？"刘建锋正为自己的前途担心，遂与张佶接近起来。

其间，秦宗权的兵锋甚锐，相继攻陷了蔡州邻近各道二十多个州。据《旧五代史·梁纪·太祖纪》称："蔡贼益炽。时唐室微弱，诸道州兵不为王室所用，故宗权得以纵毒，连陷汝、洛、怀、孟、唐、邓、许、郑，圜幅数千里，殆绝人烟，惟宋、亳、滑、颍仅能闭垒而已。帝（指朱全忠）累出兵与之交战，然或胜或负，人甚危之。"唯独陈州距离蔡州仅一百余里，陈州刺史赵犨率领弱兵连日与秦宗权苦战，秦宗权始终未能拿下陈州。僖宗下诏晋升赵犨为蔡州节度使。赵犨对朱全忠感恩戴德，以次子赵岩娶朱全忠之女，二人结为儿女亲家，《旧五代史·赵犨传》称：赵犨"虽尽忠唐室，保全陈州，然默识太祖（朱全忠）雄杰，每降心托迹，为子孙之计，故因解围之后，以爱子结亲。又请为太祖立生祠于陈州，朝夕拜谒。数年之间，悉力委输，凡所征调，无不率先，故能保其功名"。

九月，在蔡州军队包围江陵其间，荆南马步使赵匡打算拥戴前荆南节度使陈儒，留后张瓌发觉后，杀掉了赵匡和陈儒。此后，秦宗言包围荆南两年，张瓌据城固守，城内一斗米高达四十串钱，断粮之后，军民把皮甲、战鼓都快吃完了，靠着敲击门板巡夜，死者一个接着一个，但秦宗言最终仍然未能拿下荆南，到光启二年年底只好撤围而去。

秦宗权在派遣孙儒向西北进攻郑洛、秦宗言向西南进攻荆南的同时，不断派兵进攻东北的朱全忠，光启元年十月二日，秦宗权在八角（今河南省开封市西）击败了朱全忠；次年五月，他又将进攻东南庐州方向的秦贤调回，再次进攻朱全忠，但被朱全忠在尉氏（今河南省尉氏县）以南击败；接着，朱全忠派遣都将郭言乘胜率领三万步骑反击蔡州。《旧五代史·梁纪·太祖纪》称："七月，蔡人逼许州，节度使鹿晏弘使来求救，帝（指朱全忠）遣葛从周等率师赴援。师未至而城陷，晏弘为蔡贼所害。"据此，这次大战似乎是由秦宗权进攻许州的鹿晏弘引起，秦宗权亲自率领主力包围了许州，而以部将秦贤所部阻击朱全忠援军，然而，秦贤被朱全忠击败，朱全忠遂派郭言、葛从周等将一起南下救援许州，但是，他们救援不及，许州就陷落了。光启二年七月，秦宗权亲率大军攻克了许州，杀掉了节度使鹿晏弘。郭言，太原人，迁居于南阳新野，是个本分的庄稼人。黄巢西进长安时，郭言被劫至义军中，后被分配到朱温军中，因战功为晋升为骑兵校尉。史称，“言性刚直，有权略，勤于戎事，或以家财分给将士之贫者，由是颇得士心。”

光启元年，各地兵变、民变仍在持续。一月，南康（今江西省赣州市南康区）变民头领卢光稠也攻克了虔州（今江西省赣州市），自称虔州刺史，其同乡谭全播担任他的幕僚。据称，卢光稠，字茂晞，远祖为东汉末年北中郎将卢植。卢光稠的父亲卢卓曾任虔州刺史，卢光稠自幼习武，高大魁梧，虎背熊腰，臂力过人，相貌威严，智勇双全，从此统治赣南二十六年之久，后世称其为卢王。七月，沧州发生兵变，乱兵驱逐义昌节度使杨全玫，拥立牙将卢彦威为留后，杨全玫逃往幽州。僖宗任命保銮都将曹诚为义昌节度使，以卢彦威为德州刺史。八月，洺州刺史马爽与昭义行军司马奚忠信不和，起兵进逼邢州以南，胁迫孟方立诛杀奚忠信，不久，马爽部众溃散，逃往魏州，奚忠信给魏博节度使乐彦祯送去很多财物，乐彦祯遂杀死了马爽。